亳州
抗战纪事

中共亳州市委党史和地方志研究室 |主编|

时明金　魏腾飞 |编著|

人民东方出版传媒
People's Oriental Publishing & Media

东方出版社
The Oriental Press

图书在版编目（CIP）数据

亳州抗战纪事 / 中共亳州市委党史和地方志研究室主编；时明金，魏腾飞编著 . — 北京：东方出版社，
2022.12
ISBN 978-7-5207-3054-9

Ⅰ.①亳… Ⅱ.①中…②时…③魏… Ⅲ.①抗日战争－史料－亳州市 Ⅳ.① K265.06

中国版本图书馆 CIP 数据核字（2022）第 219169 号

亳州抗战纪事

（ BOZHOU KANGZHAN JISHI ）

- -

主　　编：中共亳州市委党史和地方志研究室
编　　著：时明金　魏腾飞
责任编辑：李　森　张永俊
责任审校：金学勇
出　　版：东方出版社
发　　行：人民东方出版传媒有限公司
地　　址：北京市东城区朝阳门内大街 166 号
邮　　编：100010
印　　刷：北京联兴盛业印刷股份有限公司
版　　次：2022 年 12 月第 1 版
印　　次：2022 年 12 月第 1 次印刷
开　　本：710 毫米 ×1000 毫米　1/16
印　　张：18.5
字　　数：210 千字
书　　号：ISBN 978-7-5207-3054-9
定　　价：68.00 元
发行电话：（010）85924663　85924644　85924641

- -

编纂委员会

主　　编：时明金

副 主 编：张　峡　魏腾飞　李之平

执行主编：魏腾飞

编　　辑：李之平

前　言

2022 年是纪念中国人民抗日战争暨世界反法西斯战争胜利 77 周年。77 年前，中国人民经过 14 年不屈不挠的浴血奋战，打败了穷凶极恶的日本帝国主义侵略者，取得了抗日战争的伟大胜利！这是近代以来中国人民反抗外敌入侵持续时间最长、规模最大、牺牲最多的民族解放斗争，也是第一次取得完全胜利的民族解放斗争。

亳州是革命老区，有着光荣的红色革命历史。抗日战争时期，素有革命斗争精神的亳州人民，在中国共产党的领导下，开展了前仆后继的英勇斗争，谱写了一曲波澜壮阔的辉煌赞歌。回顾抗战岁月，全国烽火连天，涡河两岸的亳州大地，同样硝烟弥漫。1938 年 9 月，彭雪枫带领新组建的新四军游击支队，共 370 多人，誓师东征，开创了以涡阳县新兴集为中心的豫皖苏边抗日根据地。在亳期间，彭雪枫带领亳县广大军民浴血奋战，粉碎了日伪军的一次次疯狂进攻，取得了一系列胜利，为抗日战争的胜利建立了不朽的功勋。许许多多的英雄儿女也因此献出了宝贵的生命，他们用热血和勇气铸就了民族不朽的丰碑。

为总结和宣传抗日战争胜利的历史经验，弘扬伟大的抗战精神，重温亳州抗战的光辉岁月，中共亳州市委党史和地方志研究室组织编写了《亳州抗战纪事》，通过对亳州境内抗战事迹的深入挖掘，梳理抗战史料，回顾抗战事件，以最深的感情、最真的笔触，纪念 77 年前伟大的历史性胜利，致敬在抗日战争中冲锋陷阵、舍生忘死的英雄们。

"历史是最好的教科书。" 77 年后的今天，亳州大地正发生着历史性的深刻变化，呈现出前所未有的蓬勃生机。前进路上，尤其需要我们重温抗战历史，缅怀革命先辈，从历史的艰辛奋斗中吸收养分，从民族的苦难辉煌中汲取力量，不断用伟大的抗战精神激励全市广大干群砥砺前行、奋发作为。让我们共同铭记历史、缅怀先烈、珍爱和平、开创未来，筑牢信仰的基石，凝聚奋进的力量，为实现中华民族伟大复兴的中国梦做出更大贡献。

编　者

2022 年 6 月

目　录

引　言

1931 年九一八事变后，日本侵略军于 1932 年 1 月 2 日占领锦州及绥中一带，侵占了我国东北三省全部，而后进一步加快侵略中国的步伐。

1937 年 7 月 7 日，日军炮轰北平西南的卢沟桥，震惊中外的卢沟桥事变爆发。卢沟桥事变拉开了全国抗战的序幕。7 月 8 日，中共中央从延安发出《中国共产党为日军进攻卢沟桥通电》，呼吁只有全民族实行抗战，才是我们的出路，号召国共合作，建立抗日民族统一战线。7 月 17 日，中华民国政府军事委员会委员长蒋介石在庐山先后发表对于卢沟桥事件的谈话，提出"地无分南北，年无分老幼，无论何人，皆有守土抗战之责任，皆应抱定牺牲一切之决心"[①]。7 月 31 日，蒋介石发表《告全体将士书》："和平既然绝望，只有抗战到底"，宣告抗日战争已经全面爆发。1937 年 8 月 25 日，红军主力部队改编为国民革命军第八路军（简称"八路军"）。1937 年 10 月 12 日，南方八省的红军和游击队改编为国民革命军陆军新编第四军（简称"新四军"）。

[①] 蒋介石:《对日一贯的方针和立场》，1937 年 7 月 17 日在庐山第二次谈话会上讲演。

东北沦陷！华北沦陷！覆巢之下，焉有完卵！安徽省地处中国腹地，交通要冲，岂能独善其身。1937 年 12 月 13 日，日军侵占南京，守将唐生智弃城逃跑，仅仅 4 天，南京城便陷落敌手。日军为摧毁中国民众的斗志，对手无寸铁的中国百姓展开持续数月的屠杀，30 万无辜的中国人惨遭日本侵略军屠戮。1937 年底，南京陷落之后，中华民国国民政府节节抵抗，节节败退。在攻占南京后，侵华日军南北对进，日本华北方面军在北路沿津浦路向南进攻，日本华中派遣军在南路沿津浦路向北进攻，图谋攻占徐州。1937 年 11 月 26 日，日军牛岛师团 4000 余人，在 27 架飞机的空中支援下，向安徽省广德县城发起进攻，守军在一四四师师长郭勋祺、一四五师师长饶国华指挥下与日军激战。11 月 30 日广德失守，饶国华拔手枪自戕殉国。[①] 12 月底，日军占领滁县、天长等地。

1938 年三、四月间，在第五战区司令长官李宗仁的指挥下，中国军队虽然取得了台儿庄战役的重大胜利，但是日军南北两线源源不断增兵，中国军队仍然没能扭转徐州战场的局势。5 月 19 日军占领徐州，6 月 6 日占领河南省会开封，之后，安徽省皖北各地城镇相继沦陷。为了给中国军队撤退争取时间，阻滞日军南下，6 月 9 日，花园口黄河南岸大坝被炸，造成黄河下游人为的大规模水灾，百万民众直接死亡或间接因饥荒而死。整个黄泛区由西北至东南，长达 400 余公里，流经豫、皖、苏 3 省 44 个县 30 多万平方公里的地区，兵灾人祸水患，皖北人民一片哀鸿。据不完全统计，河南民宅被冲毁 140 余万家，耕地被淹没 800 余万亩；安徽、江苏耕地被淹没 1100 余万亩，倾家荡产

---

① 胡秉璋：《记太湖、泗安、广德之战》，载《川军抗战亲历记》，四川人民出版社 1985 年版，第 143 页。

黄水漫灌的平原和无家可归的人民

者达480万人。

豫东、皖北17县尽为泽国，兵患水灾，人民苦不堪言。此时，国民党地方官员望风而逃，地痞、土匪则蜂起为祸乡里，土豪劣绅伺机拉起武装，设立关卡，搜刮民脂民膏，为虎作伥，人民生活于水火之中。当是时，皖北和全国敌占区一样，各种势力竞雄，三里一队长，五里一司令，积极抗日者有之，一些地方势力，也借抗日之名相继成立了各种名色的地方武装。①

1938年5月9日，驻防蒙城县城国民党第一七三师副师长周元率第一〇三三团，与日军血战三昼夜，因孤军无援，蒙城失守，2000余名将士和周元以身殉国。

5月11日，日军飞机轰炸亳县飞机

被泛滥的黄河水围困的日本侵略军

场，炸毁国民党飞机5架，炸死2人。日军又先后轰炸了亳县、涡阳

---

① 张胜：《从战争中走来：两代军人的对话》，中国青年出版社2008年版，第26页。

县的县城和高炉、义门、古城、十河、龙德、张集等集镇，对涡阳张村、标里、丹城、龙山和亳县刘集等乡村烧杀抢掠。月底，亳县县城和涡阳县城相继沦陷。

至此，亳州全境大部分沦陷于日军的铁蹄之下，老百姓苦不堪言。在中国共产党的领导下，亳州人民抗日的大幕也随之拉开，在这里上演了一幕幕悲喜剧，展现了亳州人民誓死保卫家园的铁血赤胆，涌现了许多可歌可泣的英雄人物，谱写下壮丽的诗篇，永载亳州人民的记忆档案。

亳州抗战前的形势

　　1937 年 7 月 17 日，蒋介石在庐山发表谈话后，7 月 21 日，广西桂系军阀李宗仁、白崇禧联名通电，拥护蒋介石对日作战的主张。国民政府军事委员会即任命李宗仁为第五战区司令长官，白崇禧为陆海空最高统帅部副参谋总长兼军训部长。赋予桂系第十一集团军番号，总司令李品仙，下辖第七军，军长廖磊；第三十一军，军长刘士毅；第四十八军，军长韦云淞。各军奉命开赴驻地徐州附近。为便于指挥，不久第七军及第四十八军另编为第二十一集团军，第七军军长廖磊升任第二十一集团军总司令。原第十一集团军总司令李品仙升任第五战区副司令长官仍兼第十一集团军总司令。①

　　日军为打通华北、华东的陆上联系，切断陇海路，歼灭在鲁南与徐州附近的国民党军主力，逼蒋介石投降，在攻占南京以后决定南北对进，攻占徐州。1937 年 12 月下旬，日军第十三师团外加 3 个联队在师团长荻洲立兵率领下，从南京渡江攻陷六合，与浦口之敌会合后，沿津浦路向北进攻滁县，其第十一师团则由瓜州攻占扬州，而后进出天长。国民党第五战区皖北正面战场保卫战的大幕就此拉开。②

---

① 李品仙：《李品仙回忆录》，台湾中外图书出版社 1975 年版，第 131 页。
② 《安徽现代革命史资料长编》第三卷，安徽人民出版社 1995 年版，第 26 页。

第五战区的任务是：保卫徐州，确保津浦、陇海两线枢纽，巩固武汉东北战线。规定战区在北线实施攻势行动，击破北路日军；在南线实施防御作战，阻止日军于淮河一线。为此，李宗仁除在北线调动第一线兵团利用黄河延缓日军南进速度，部署第二线兵团在徐州准备决战外，要求津浦路南段各兵团之目的，是要于浦口、滁县、明光等处逐次抵抗，最后将北进之日军阻止于淮河南岸。

为防堵日军北上，李宗仁于12月下旬从海州调桂系李品仙第十一集团军（辖刘士毅第三十一军）赶到津浦路南段，组成淮南兵团，在滁州、明光、定远丘陵湖沼地区做纵深配备，设防堵截；同时调东北军于学忠第五十一军从山东南下，在淮河北岸构筑防御阵地拒敌北进；调徐源泉第十军向合肥推进，以策应杨森第二十军警戒江防。

1937年12月底，日军沿津浦线北上，连陷滁县、盱眙。1938年1月，日军第十三师团继续向明光进攻。

1938年1月18日日军占领明光。之后，日军于1月28日分三路纵队发动对淮河地区的攻击战。

2月2日日军占领临淮关、凤阳、定远、蚌埠，2月4日占领怀远，9日占领淮河北岸的小蚌埠①，直达淮河南岸，并企图渡过淮河。这时李宗仁从青岛调来的东北军于学忠部第五十一军适时赶到，固守淮河北岸。

2月3日，日军2.5万余人攻陷蚌埠、凤阳后，中国军队全部撤回淮河北岸防守，并将淮河铁桥炸毁，阻敌北进。

以桂系为首的中国军队，对日军进行了顽强抵抗，取得了淮河阻

---

① 小蚌埠是淮河北岸的一个古镇。现为安徽省蚌埠市淮上区人民政府所在地，地处淮河北岸，与蚌埠市老城区隔河相望。

1938年5月，日本大阪每日新闻社出版的《支那事变画报》第28期、29期，日本战地记者对津浦路前线战事的报道

击战的胜利。当时，中国军队上下同仇敌忾，广大农民自觉支援前线，帮助部队送水送饭，运送伤兵。由于李宗仁调来汤恩伯、张自忠、缪澂流等部阻击，日军被迫退回淮河南岸。日军慑于腹背受敌，只得暂时将主力撤回，与桂系军队形成胶着状态，一直相持到4月初。中国军队在津浦路南段正面战场将北上日军拖住4月之久，为李宗仁指挥第五战区主力取得台儿庄大捷创造了有利条件。

在津浦路南段正面战场的抗战中，广大人民群众和中国共产党领导的抗日武装间接参与，积极配合，发挥了很大的作用。早在1937年12月28日，日军沿津浦路北犯之初，毛泽东就致电周恩来、项英："高敬亭部可沿皖山山脉进至蚌埠、徐州、合肥三点之间作战。"[①]与此同时，中共皖中工委也积极组织民众起来抗日。1938年徐州会战前，周恩来、叶剑英亲自到白崇禧寓所与其讨论作战指导方针。当时在场的程思远回忆道："周公对白建议：在津浦线南段，已令新四军第四支队协同李品仙、廖磊两集团军，采取以运动战为主、游击战为辅的联合行动，运动于辽阔的淮河流域，使津浦线南段的日军时刻受到威胁，不敢贸

---

① 《新四军·文献》(1)，解放军出版社1988年版，第374页。

然北上支援南下日军。同时在徐州以北又必须采取阵地战与运动战相结合的方针，守点打援，以达到各个击破的目的。白崇禧对此建议，深加赞赏。他到徐州后，协助李宗仁指挥，基本上采取了周公所指出的方针，从而取得台儿庄大捷。"[1]

日军进攻怀远时，怀远上窑镇红枪会3000余人主动与桂系第三十一军接洽，要求参战，结果"每五十名红枪会配步兵五十名，步枪五十枝"，一共6000多人，在凤阳一带对日军开展游击战，并一度攻入怀远古西门。[2] 新四军第四支队也于4月挺进皖中，开展敌后游击，并归入李品仙淮南兵团指挥序列。在日军准备渡淮河总攻徐州的前夕，5月4日深夜，中共安徽省工委领导人张如屏率凤阳抗日游击大队冲进被日军占领的凤阳城，全歼伪军守备队，逮捕伪维特会长，部队在城内与日军激战至5日中午才撤出县城。[3] 然而，在合肥设防的国民党第二十六集团军总司令徐源泉部，防守不力，一触即溃。合肥一失，日军可迂回攻击徐州，而中国军队遂失去了从淮南侧击津浦路的有利态势。

5月5日，日军3个师团从淮河、淝河、涡河、浍河自南向北发动全线进攻。在蒙城，攻城日军遭到桂军第一七三师副师长周元率领的第一○三三团的顽强抵抗，守军不惧强敌，英勇拼搏，除21名官兵突围外，周元及以下官兵2000余人大部分以身殉国，仅16人突围至凤台，攻城日军也受到重大损失。

面对日军的凶恶进攻，当时国民党桂系迫于抗战形势的需要，也

---

① 程思远：《政坛回忆》，广西人民出版社1983年版，第116页。
② 《李宗仁3月13日战况电报》，原件存于中国第二历史档案馆。
③ 张如屏：《关于安徽工作对中共中央组织部地方科的谈话》，1938年11月20日，原件存于中央档案馆。

是为了在安徽站稳脚跟，决定借助安徽地方进步力量，于1938年3月5日在六安成立安徽省民众动员委员会（简称"动委会"），由李宗仁兼任主任委员。由于战事紧张，李宗仁不过问具体事务，日常工作由委员兼秘书章乃器代执行。[1]

章乃器是著名的上海救国会七君子之一，曾被蒋介石逮捕过，是我们党发动群众斗争迫使国民党释放的。桂系为了显示与蒋介石不同，邀请他来主持动委会工作，后来他担任了安徽省财政厅厅长。动委会委员有省府各厅处负责人和地方开明进步人士，如朱蕴山、常藩侯、沈子修、光明甫4人。朱蕴山任动委会总务部部长（管经费），沈子修任组织部部长，光明甫任宣传部部长，常藩侯任后勤部部长，只有一个情报部部长由投靠桂系的原十九路军将领丘国珍担任。共产党在动委会中有地下支部，由张劲夫领导，各部都有党的小组，直接和张劲夫联系。一批共产党员任中下级干部，对动委会的工作起到了很大的推动作用。

动委会在省内各地组织成立了工人、农民、妇女、学生等抗敌协会，还在金寨县的高庙举办了妇女训练班，在各县成立了县动委会，经费由省动委会发给。县动委会由县长兼任主任委员，由省动委会派人任指导员，掌握实际权力。这些指导员绝大多数是地下党员，少数是靠近党的进步人士。动委会发动群众的具体工作靠工作团去做，当时省动委会派到各县的工作团有40多个，还组织了几十个委托工作团，共有1000多人。工作团员都是爱国青年知识分子，每人每月发十几元生活费。地下党员大部分在工作团中，以团为单位成立支部，

---

① 张劲夫：《抗战初期国共合作在安徽的基本过程和概况》，载《抗战风云》（安徽文史集萃丛书之四），安徽人民出版社1987年版，第3页。

有的直接与张劲夫联系，有的与各地特委、县委联系。个别团内没有党员，但接受省动委会地下党的领导。总之，省动委会从组织上、经济上掌握了各县的民众动员工作，对推动全省的抗战工作起到较大作用。

武汉会战后，李宗仁推荐第二十一集团军总司令廖磊任安徽省政府主席兼省动委会主任、豫鄂皖边区游击总指挥等职。他上任后，发布《告全省民众书》，颁布实施《安徽省战时施政纲领》。在政治方面，他健全了安徽动委会各级机构，派出工作团、政工队，深入各部门，推行动员工作，从政治、思想上动员群众起来配合军事行政工作。同时，廖磊对安徽原有的地方武装也进行了新编和训练，改编为国民兵团，在各县组织县司令部，辖常备队、后备队，并要求全省各专署在有敌踪的各县及沦陷各县建立游击根据地；对安徽的行政机构进行调整，贯彻"政治与军事合一，政府与民众合一"的政策。由于廖磊受到反共分子的包围和挑唆，他加快了对动委会改组的步伐，改变动委会工作的方针和任务，不断安插亲信担任委员，排挤共产党和进步势力。但是，为了动员民众支持桂系在大别山敌后抗战，他加强了对各县动员工作的具体领导，增设了战时文化事业委员会和妇女工作委员会，同时采取措施，对动委会加紧控制。不久，沈子修、光明甫、周新民、朱蕴山、常恒芳等进步人士相继被排挤出动委会领导机关。廖磊主政安徽一年，较好地实行了国共合作抗日，对新四军还算比较友好。

国民党顽固派不断向重庆方面密报，说廖磊保护共产党，打击国民党的忠实同志，廖磊因此备受蒋介石和李宗仁、白崇禧的责备，于

1939 年 10 月 23 日因脑出血病逝于立煌县（今安徽省金寨县）。[①] 廖磊死后，第二十一集团军总司令李品仙继任安徽省政府主席，这时桂系已经在大别山和安徽站稳脚跟，与国民党嫡系的矛盾有所缓和，随后将中共和新四军视为心腹大患，开始积极推行国民党五届五中全会所定的反共方针，改组动委会，撤换进步官员，整肃党政机关，监视、杀害共产党人和动委会骨干。桂系完全控制了动委会，致使动委会最终名存实亡。

---

① 廖磊死后追晋二级上将，他治皖仅一年，各方面评价甚高。叶剑英、董必武等中共领导人到立煌送花圈致哀。李宗仁说："廖磊在大别山苦心孤诣经营的结果，竟形成令人羡慕的小康之局……廖君死时，大别山根据地内的军政设施已初具规模。"白崇禧认为，"继廖磊任安徽省主席的是李品仙，无论军政都比不上廖磊主持的时期了。我衷心佩服这人"。

日军侵占亳州及其暴行

日军占领蚌埠、怀远、合肥等地后，于 1938 年 5 月初，集中兵力向北发动进攻，伺机迂回进攻军事重镇江苏徐州。随着徐州会战进入尾声，中国军队按照命令于 5 月下旬逐步撤退到豫皖边界的山区。亳州地区三县相继陷落，遭到日军的轰炸和侵占。中国军队和亳州人民进行了顽强的抵抗，付出了重大牺牲，特别是蒙城保卫战，彪炳史册。日本侵略者对亳州的县城和村镇进行了狂轰滥炸，而后对占领区的亳州人民进行残酷奴役和蹂躏，其犯下的滔天罪行，可谓罄竹难书。

一、亳县^①沦陷

1938 年 5 月 11 日，亳州城发生令人震惊的一幕，日军 11 架飞机连续轰炸了亳州城。

"1938 年 5 月 11 日，日军出 11 乘飞机自东向西，追逐国民党的 5 架飞机至谯城西机场，然后折回向东低飞，对刚降落准备加油的飞

---

① 今亳州市谯城区。亳县，1986 年设立县级亳州市，2000 年 6 月整建制转为亳州市谯城区。

机进扫射、轰炸，顷刻间，飞机场一片火海，国民党飞机全部被炸毁，一名赶车百姓和国民党军事教官王友林被炸死。"[1] 19 日，日机又轰炸了亳县城关，炸死炸伤 40 余人。21 日，日机 3 架轰炸十河集，炸死炸伤 48 人，炸毁房屋 300 多间。城门拱门倒塌，死、伤百姓 40 余人。其中，躲在城楼下的一个卖油郎，因拱券门炸塌，被弹石击中，结果人死桶翻，骨肉横飞，血油混流，惨不忍睹。同时，日军飞机 3 架轰炸了古城集，炸死炸伤 20 余人，毁房 50 余间，另外轰炸了龙德寺、朱楼等地，死伤 30 余人。23 日，日军飞机向青云路和北门口投弹数十枚，炸毁民房无数，死、伤群众 60 多人。28 日，日机轰炸张集，死伤 3 人，毁房 10 余间。日军于 5 月 30 日从东向亳县县城进犯，守城国民党军队刘汝明部抵抗至 5 月 31 日清早撤离，亳县县城遂遭沦陷，日军蹂躏百日，直到 9 月 8 日退出。

《亳州市志》记载：1938 年 5 月，刘汝明的第六十八军向豫皖边境突围，5 月 24 日进入亳县，接替汤恩伯部的防务。25 日，军部驻扎城东于庄，并布置好作战部队。26 日午后，日本侵略军汽车 80 辆、战车 8 辆向大寺集进犯，遭到第六十八军第七二〇团阻击。是日夜，日军侵占大寺集。27 日晨，日军炮击涡河南岸，增兵 2000 人，在炮火掩护下强渡涡河。28 日，侵占丁庄、马寨等村庄，又增骑兵 800 余人、步兵 1000 余人、战车 12 辆、装甲车 20 辆、炮数门。一部向汪老家、李门楼一带猛攻，一部向县城发动进攻。城东日军 3000 余人，携炮数门，由张竹园、姜屯渡河。守军第七一八团、第八五三团与日军激战，损失甚重。日军至城郊与第四二九旅发生激战，为阻挡日军进攻，城防

---

① 中共亳州市谯城区委党史办公室著：《中国共产党谯城历史》第一卷，安徽人民出版社 2011 年版，第 46 页。

部队烧毁涡河大桥。29 日，第一一九师一部和日军在于庄、十九里一带激战，阻止日军西进。第四二九旅一个团保卫县城，其余部队在城郊以工事为防御，策应城里部队。当晚，日军约一个旅团由东南和北面两面夹击县城，双方相持于城下。第二日午后，日军又增炮火，守军第八五八团与日军激战一昼夜，伤亡严重。5 月 30 日夜，日军又从河南商丘调兵 1000 余人，至城北六里井与第四二九旅发生激战。拂晓，日军集中火力攻城，城墙东南半壁为敌炮轰塌，防守官兵均壮烈牺牲。日军进攻县城的同时，一部向板桥口、槐庄、张庄、阎庄一带反扑，第二十七旅阵地变为焦土，士兵伤亡惨重。日军冲破防线，将县城四面包围，并集中火力于东、南、西 3 门，用装甲车猛冲。步兵多次爬城，均被击退。日军又以重炮轰城，城厢里烟雾遮天。日军战车自东门、西门攻入，守城部队两面受敌，居民用家具堆于巷口，阻塞日军通行。日军步兵攻入城后，双方展开激烈的巷战，是日夜，第四二九旅向西南转移。5 月 31 日，亳县县城沦陷。

1938 年 5 月 26 日，日军"扫荡"亳县城东刘集。[①] 日军骑着 19 匹大洋马窜入亳县刘集街内。随后一支百余人的马队和几十辆坦克、汽车，把刘集围住。日军首先窜到国民党刘集镇公所，将郭兴仁、马明国等 3 人抓获枪杀。农民张克敬正在集边田里刨地，躲藏不及被枪杀。农民马步礼担水回家，日军要马步礼把水挑去让他们的马喝。他因语言不通，挑着水继续往家走，被日军开枪打死。日军杀害的还有于青山、张克俭、李保太等。周东海被日军用刺刀扎伤险些丧命，26 岁的张文远被打成残疾。日军还抢光刘集群众财物，把村民的粮食、食物、

---

① 《侵亳日军罪行录》，载亳州市地方志编纂委员会编：《亳州市志》，黄山书社 1996 年版，第 409 页。

家畜掠走，临走时把群众的锅、碗、盆、缸打碎，或在里面拉上屎、撒上尿，还把群众的 70 多合门板和部分桌椅、衣柜等家具抢去，在集南头浇上煤油架起来焚烧，集东北角的 10 多间民房也被放火烧掉。他们在刘集强奸、轮奸妇女，上至 60 多岁的白发老妪，下至 10 多岁的少年姊妹，一旦被发现无一幸免。年轻妇女，故意把头发弄乱，抹上一脸灰泥，躲藏起来，还是被日军搜出后强奸或轮奸。

日军占领亳县县城后，为控制群众，在占领区发良民证，各城门口及街头均设有岗哨，盘查出入行人。凡进出城要先向日军行 45 度鞠躬礼，稍不如意便遭到拳打脚踢或被刺刀戳。日军司令部设在姜家公馆①，姜公馆东、西、中 3 个院子，西院地下道是关押人的地方，被关进的人多是有进无出。东院是日军行刑的地方，刑罚有坐老虎凳、灌辣椒水、倒悬人身、刺刀挖心、抽钢丝鞭、过电和狗咬等。最残忍的是灌辣椒水，捏着鼻子往肚里灌，灌足后，再把人放在地上用脚踩。日军侵占亳州后，驻亳县县城侵略军百余人，烧杀奸淫，连 60 余岁的老妇也不放过。有的妇女被强奸后还被杀死。某妓女，为使其他姐妹免遭摧残，忍辱接待日本兵，一次竟遭 17 名日本兵的轮奸，数月不能起床。

---

① 原清朝直隶提督、武卫左军总统官姜桂题的私人住宅，清末民宅建筑，始建于 1880 年。有大小庭院数十座，互相连接成为一体，是一个庞大的建筑群，有房屋数百间，均为砖墙瓦顶，明柱走廊。亳州历史上的许多政治事件多发生于此。淮海战役期间曾为中原野战军后方总院所在地，共收治过 3 万多名伤员。现仅存有大门、过厅、正房等建筑，是亳州市重点文物保护单位。

二、蒙城沦陷

1937 年 10 月底，日军飞机开始在蒙城县城上空盘旋侦察，有一次在城东郊李竹竿园投下 6 枚小型炸弹，这是轰炸蒙城县城的开始。同年腊月初八 10 时，3 架轰炸机向三报司、黄家巷、嵇山坑和青云路投弹数十枚，炸毁民房 200 余间，马金全和韩八万等 20 余人遇难。1938 年农历四月初八上午，日军再次对蒙城轰炸，烧毁房屋 1400 余间，炸死炸伤居民 370 人，40 多家商铺被炸毁，200 多户居民无家可归。[①]

1938 年，日本大阪每日新闻社出版《支那事变画报》第 29 期，日本军旗下的蒙城县城

1938 年 5 月，日军进攻蒙城县，国民党第二十一集团军第四十八军第一七三师第一○三三团，在副师长周元率领下，奋勇抵抗，毙敌千余人，周元及以下守城将士 2000 余人，大部分以身殉国。9 日，蒙城失守后，日军在县城大肆抢掠居民、商店财物，烧毁"大观园"（浴池）等数家商店，打死打伤 50 余人。1938 年 5 月 10 日，盘踞在蒙城东南 13 里白寨等处的日军，到双涧区李寨乡戴塘庄抢粮。驻高隍庙的中国军队在路口埋下地雷炸死日军官 1 名，日军派兵火烧戴塘庄进行报复，全庄百户人家，除卢克信、徐长庆、徐长河 3 户的房子幸免外，其余人家的房屋、粮食、衣被、农具全部被焚烧。日军同时还火烧了杨桥、

[①]　中共蒙城县委党史办公室编：《中国共产党蒙城地方史》第一卷，黄山书社 2006 年版，第 51、57 页。

杨圩、李庄、张庄等处。

1938年5月11日，日军在冯楼进行大屠杀。日军从蒙城增援徐州，途经曹市集东南冯楼，杀害冯登云母亲及幼童多人。烧毁房屋100余间，冯从贤岳母及婴儿被烧死。牛兰亭、牛祖义、牛海臣等40余人被拉去当脚夫。因年老体弱，无力背负，全部被枪杀于路旁。

1938年5月底，蒙城县日军袭击涡河岸边的张老庄，制造了张老庄惨案。日军向逃跑的人群开枪，打死了一位苗姓男子，子弹从他的背后腰部射进，从腹部穿出来，血流满地。在庄头，日军强奸了一位杨姓妇女，并将其3岁的孩子打死。村民张修俊新婚不久的妻子姚氏，被日军抓住架到马上带走。马走到水塘边时，姚氏跳进大塘里，被日军开枪打死。

三、涡阳沦陷

1938年5月21日晨，8架日机飞临涡阳县城，投下几十颗炸弹和燃烧弹，轰炸持续到天黑，城内九成以上的民房被炸毁，炸死炸伤50余人。5月25日下午，3架日机轰炸了高炉集，炸死中国军民8人。5月26日下午，6架日机又来轰炸，烧毁房屋600余间。集上大火蔓延，东自文明街，西至顺河街，北至大坑，南至河埠，烧毁房屋600余间，损失财物难以数计。5月底，数架日机又轰炸了义门镇，镇上房倒屋塌，横尸遍野。东街老掌柜一家，无一人幸免。[①]

高炉集6个村庄遭屠杀。1938年5月29日上午7时，日军进犯高

[①] 中共涡阳县委党史办公室编著：《中国共产党涡阳历史》第一卷（1919—1949），中共党史出版社2013年版，第37—38页。

炉集西杨楼，将杨志栓等 5 人绑在一起，拉至西北角场上枪杀。上午 12 时，日军将村民杨建武、小利子、长山 3 人，枪杀于东北角场内。下午 1 时，日军捅死儿童杨轩、小芳、小转、小勋及张涤经年过花甲的奶奶等 6 人。同日上午 8 时，另一支日本兵窜入杨寨，杀死张麻子、张小志、施长乙、杨小红、杨铁头、杨小旺、杨登云、杨张氏、杨志黑、杨成国、杨小良、杨周氏 12 人。内有杨小良全家 4 口。30 日上午 8 时，日军渡过涡河，在李春庄杀李翠华、李玉山、李二慢子、小全、李恒太及李玉卜一家 5 口。杀李腰庄的大伸、李子明、王傻子，刘庄的刘东坡、刘东峰、刘均三、刘景山、王德修等人。朱庄也有 5 人遭害。共计杀害男女老幼 53 人。杨土楼、田小庙、杨庄、杨寨、李春庄及李腰庄，100 多名妇女被奸污。

6 月底，100 多名日本兵到义门"扫荡"，进镇后见人就杀，还把杀死的婴儿挑在刺刀上玩耍。居民邓诗化没有替日军找到妇女，日军就将他绑起来扔到河里淹死。居民李吉元因穿了一件破旧的灰军裤被日军一刺刀捅死。

据史料记载，日机轰炸涡阳共造成 400 多人死亡，7000 多间房屋被毁，数千人无家可归。

蒙城阻击战

1938 年春，桂系廖磊部第二十一集团军第四十八军之第一七三师第一〇三三团，原在田家庵以东洛河附近与敌对峙，于 5 月 4 日奉令固守蒙城，由副师长周元率领第一〇三三团，即日向蒙城开拔。周元立刻带队从凤台渡淮河，沿蒙凤公路前进。6 日上午，全团按照指定时间，抢在日军之前抵达蒙城。抵达蒙城后，团长凌云上即刻率领部下侦察地形，拟订作战方略。

蒙城地形易攻难守，县城狭小，城墙单薄，建筑物大多是土墙，民谚说："铁打的寿州，纸糊的蒙城。"近郊有小村庄数个，远处有几条小河。侦察完地形后，凌云上即刻做出战斗部署：以第三营（营长兰权）的主力在东门外各村庄占领阵地，其一部分出来构筑工事；第二营（营长李国文）以 1 个连占领河边街及西北角之小门，向涡河北岸警戒，防止敌人渡河，其主力为预备队，控制北城；以团搜索队 70 人，配机枪 2 组，步枪兵 30 人，每人持一柄大刀在涡河北岸之全集与移村之间活动，搜捕日军便衣队。

战斗开始后，中国军队浴血苦战，伤亡重大。10 日后的战斗，更是惨烈无比。负责作战指挥的凌云上在回忆录中写道：9 日"拂晓后的战斗其剧烈残酷为我所从未经历过"①。

10日上午7时，日军各种火炮在其系留气球指示下对中国军队猛烈射击，城顶及城内，弹如雨点，尤其东城的南端，更为激烈，炮声隆隆，震耳欲聋，硝烟尘土弥漫空际，呼吸也觉得困难，阵地守军即使不受伤也被炮声震荡得如无知觉一样。炮声一停，日军步兵乘机冲至城边，纷纷搭板架梯，从东城城顶及东城南端缺口爬入城内，战况极端危急，凌云上即刻率领第二营营副李如春及第二营的两个连，从东门街两侧房屋小巷向日军翼侧进行逆袭，日军因初入城内，地形不熟，队势纷乱，立足未稳，被中国军队步机枪及手榴弹等猛烈袭击，非常混乱，死伤累累，无法抵抗，溃退出城。

国民革命军第四十八军第一七三师副师长周元　　第一〇三三团团长凌云上

---

① 根据凌云上《蒙城浴血》编写，原文载《徐州会战：原国民党将领抗日战争亲历记》，中国文史出版社1985年版。该文所记作战时间和参加了蒙城战斗的周元的上尉参谋梁家驹撰写的《周元将军壮烈殉国纪实》有出入，《安徽抗日战争史》等地方史料多采用梁家驹的说法。

约 10 时许，日军各种大小火炮又开始激烈射击，仅一个多小时，就向蒙城县城上城内发射千余发之多，日军飞机也展开轰炸扫射，除北门外有涡河做天然屏障无敌兵攻击外，其余东、南、西三面均发生激烈战斗，尤其以东南两方面最为激烈。

将近正午，日军于东南面大量施放烟幕弹，掩护其步兵向东城、南城两面的城下冲来，其中坦克 3 辆，每辆装载工兵四五名，直向城门冲来。到达东门口时，工兵纷纷下车，将中国军队城门洞的各种防御工事拆毁。城楼上守兵以手榴弹向城门洞猛投，日军工兵伤亡殆尽，凌云上带人立即将城门工事修复。

但是日军又以随伴步兵的钢炮向城门洞工事连续射击，沙包、城门板、铁丝网、石条等均被打得崩溃粉碎，城门立即洞穿。城楼上守兵被日军炮弹杀伤殆尽。日军此次进攻非常激烈，以东城方面尤甚，城上守兵伤亡极重。日军火炮延伸射程，构成浓密弹幕，将中国军队前后方隔断，增援部队几次不能通过。

城上残余守兵已不能再予支持。大队日本兵得以越过东门城壕，爬上城顶，并由东门及东南角缺口侵入城内。东门内百余米地区都已陷入敌手。凌云上率特务排及搜索队由东大街北侧，又令第三营残余兵力约两个排，由东大街南侧同时向侵入的敌军逆袭，因敌占据民屋顽抗，逆袭未能奏效。

日军后续部队继续涌入城内，国民党军乃占领预先做好的逐屋战斗的工事继续抵抗，彼此处于相持状态，但战局至此已趋严重阶段，第三营营长兰权在此次逆袭战斗中不幸中弹，壮烈牺牲，其余官兵亦伤亡甚重。

这时，南门及其两侧的战斗又趋激烈，凌云上又赶到南门，见敌人的小炮弹及掷弹筒弹不断落在城顶及城内，轻重机枪也向城上连续猛烈扫射，敌步兵纷纷将木条及门板等搬到城壕附近，准备登城。

国民党军守备该方面的第一营一个连新兵占三分之二，尚未经过战斗，此次守城战斗两昼夜，已伤亡近半，见敌如此猛烈攻击，已有些动摇。情况危急，凌云上亲率手枪兵10余人冲上城头，向敌急袭，并大呼："跟我冲上！"各班长也大声呼喊，士兵们纷纷登城，以手榴弹、步机枪猛烈袭击。

敌人阵地顿时混乱，逃的逃，死的死，伤的伤。国民党军阵地逐渐稳定。凌云上即返回指挥所，电话查询各部队尚存弹药多少。结果各团弹药均告急，无法补充，并且东城已被敌人突破，冲入城内，尚未驱逐出去，情形极为危急。

战局至此，主要军官牺牲殆尽，部队伤亡惨重，兵员过少，弹药缺乏，顾此失彼。县城中心的十字街口阵地被突破后，日军继续向西扩展，并向各小巷渗入，将蒙城全城分割为数片，使中国军队联络断绝，指挥困难，战局进入极端恶劣阶段。

下午1时许，敌军战车四五辆又载运步兵越过市区中心，向小北门街道冲来，距指挥所20余间铺户的距离，以机枪向街上不断射击，当时守军已无预备队，仅有警卫指挥所的特务排30余人，他们即刻占领附近街道上沙包做的防御工事，拒止敌军战车前进，但手榴弹用完，以步枪机枪射击敌战车，效果不大。

战车上敌军步兵纷纷跃下，占领街道两侧铺户，洞穿墙壁，逐屋将手榴弹投过去，步步紧迫，缩小包围圈。凌云上所占领地区面积不过百余平方米。周元处亦断绝联络，无法请示作战指示。当此千钧一发之时，凌云上决定，冲出重围，重整旗鼓，以图再战。

当时南面城门内外均被日军占领，不能通过；西面城外也有日军盘踞，突围不易成功。由北面突围，涡河水较深，不能蹚水过河，突围也不可能。只有北门外河边街的东端街口，尚在中国军队控制之中，但街口外四五百米处，有敌军轻重机枪正对街口警戒。判断东门外敌军之大队步兵已侵入城内，其后方除炮兵外，其他的兵力估计较为薄弱，倘能将河边街口外的小村落攻下，突围比较容易成功。

在攻击这个小村落的战斗中，中国军队突围部队又伤亡30余人，余下的还有40人。凌云上的图囊及衣袖均被敌枪弹打穿，所幸并未受伤。周元突围到达东门外飞机场东北角附近后，在混战中壮烈牺牲。由于战斗急迫，无法将尸体抢运，极为遗憾。当时部队已极度疲劳，行动困难，为了减少目标，避开敌军骑兵的注意，凌云上将部队化整为零，加以疏散，并指定东南方约900米处为集合点，充分利用沟渠

1938年，日本出版的《支那事变画报》第29期关于日军侵占蒙城县城的报道。右下图为日军炮轰蒙城县时所用的同款系留气球

和麦苗做掩蔽，向目的地前进。当凌云上安全到达集合地点时，检查人数，发现只剩下军官 3 人、士兵 13 人。

蒙城之役中，第一○三三团经过 3 昼夜的激烈战斗，伤亡官兵 2000 多人，而日军伤亡也很惨重。据调查所知，日军伤亡数目，除有 100 余名陆运到怀远外，又强拉民船 30 余只，装运死伤敌军，驶往蚌埠，估计每船装 30 人，也有八九百之数，此役打死打伤敌军千人左右。蒙城陷落后，日军兽性大发，对国民党军重伤员及已无战斗能力的官兵，以惨无人道的残忍做法，用铁丝及绳索捆绑，在城郊附近集体杀害，令人发指。周元部坚守蒙城，完成了阻击敌人的任务，牵制住敌人，为掩护李宗仁主力部队转移争取了时间，使日军包围战的野心未能得逞。

日军退出蒙城后，蒙城社会各界人士为悼念周元及其他殉难烈士，将他们的遗骨收集起来，集体安葬在城东门外庄子祠附近，筑墓立碑，命名为"抗日将士忠烈墓"；墓侧为周元另立一墓，墓碑上刻有"周副师长殉国记"的碑文。当时还把城关镇命名为周元镇，把乐清小学改为周元小学，并将烈士的英雄事迹编写成乡土教材。周元的故乡——广西桂林市南郊立有周元纪念塔，正面刻有"成仁取义"4 个大字，由李宗仁题写，另有白崇禧题词。塔下有周元衣冠冢，今已不存。1985 年 5 月，中华人民共和国民政部正式追认周元为革命烈士。蒙城烈士馆建成后，周元的遗像和事迹陈列于烈士馆内。

相关链接：

日军的系留气球

系留气球是使用缆绳将其拴在地面绞车上，并可控制其在大气中飘浮高度的气球。一般升空高度在 2000 米以下，主要应用于大气边界层探测。日本早在日俄战争的时候，就从法国引进了系留气球，作为一种高空侦察的手段。抗日战争初期，日军的系留气球，在天上像长了眼睛一般盯着中国军队，曾经给制空能力比较弱的中国军队带来噩梦一般的灾难，造成重大伤亡。系留气球也是蒙城阻击战中造成守军重大伤亡的罪魁祸首之一。

系留气球最理想的升腾高度在离地 500 米至 600 米之间。只要天气好，原地悬停在 600 米高空的侦察气球，理想的展望距离可以达到 20 公里，并且能 360 度观察，达到比乘坐飞机侦察更灵活、更从容地向各个方向观察的效果，全面掌握战场即时动态。观测人员既能清楚定位射击目标，又能观测弹着修正射击，充分发挥重炮的长远射程。气球由地面的五吨半系留车牵引机动，以缆绳固定，因此气球与地面系留车之间可以拉电缆，进行有线电话通信。当时飞机的无线电通信是靠电码，即一个字一个字敲出来的无线电报。同样的观测结果，气球上的观测员拿起话筒，直接向地面指挥所详细说明射击状况，比飞机上的报务员拍电报效率要高得多。日本炮兵用气球观测战场、观测弹着，甚至用气球测地绘制坐标图，测绘精确，能很好地呈现地形地貌，有的炮兵指挥官甚至亲自搭乘气球，指挥炮战。

抗战之初，中国军队制空能力弱。日军大本营掌握了这一点，就成立气球联队，配备到各个主要平原战场。淞沪战役之后，中国空军损失殆尽，日军夺得长三角的制空权，从太仓、昆山、江阴、无锡到南京保卫战，系留气球成为日军进攻中国军队的罪恶利器。在全面抗战的前三年，日军的系留气球发挥"神奇"的观测战力，牢牢把握战场主动权，屡屡造成中国军队重大伤亡。1938年，气球部队参加了徐州会战、豫东会战与武汉会战，令没有制空权的中国军队无可奈何。系留气球甚至惊动了中国军队的最高统帅，1938年6月2日，蒋介石要求军令部与珞珈山军官团研究如何抵御日军气球。

中国军队的研究部门很快发现了这种侦察气球的命门：气球部队的部署，必须依赖良好的道路！因为一个侦察气球的部署，需要40名士兵齐心协力，首先要展开沉重的气囊与敷布，再以水素罐车充填氢气，在升空时系留索多达十条，部署非常吃力。升空后，笨重的气球由地面的系留车牵引行进，车重达五吨半，所以侦察气球只能在平坦道路上行进，沿途桥梁必须能承重五吨半以上。理论上，所需路径长要超过1公里，路幅宽度要求超过3米。之前，气球部队在冀中作战，之所以那么猖狂，主因是华北平原道路干燥，能撑住五吨半系留车。发现了系留气球的死穴后，1939年各战区积极破坏道路，"化路为田"，造成系留车无法前进，日军的侦察气球威力锐减。1939年9月第一次长沙会战，侦察气球陷入泥淖动弹不得。长沙大捷宣告观测气球的神话破灭。

亳州地区沦陷后的抗战形势

　　1937 年底至 1938 年 5 月的徐州会战，中国军队伤亡约 10 万人，最终以徐州的陷落，中国军队大批西撤而告结束。在豫东、皖北的广大地区，出现了大片敌后空间，中共中央立即认识到在这里开辟敌后抗日根据地的重要性。中共中央在徐州失守后对华中工作发出指示："……即指示河南省委，动员沿平汉、陇海两铁路线，要所有中心城市的大批学生、工人、革命分子到乡村中去组织与领导群众，准备与发动游击战争，组织游击队，建立游击区。省委目前即应将河南省划为二个主要区域，以津浦线、陇海线、平汉线、浦信公路中间的豫东与皖西北为一个区；陇海线以南、平汉线以西为一个区。"[1]河南省委遂决定"派遣新四军游击队去豫东，使之成为豫东游击战旗帜与骨干[2]。身为河南省委军事部长的彭雪枫，密切关注这一地区的敌我力量变化情况，他在 1938 年 8 月 19 日写的《豫东地区武装情况》、11 月 26 日率

---

[1] 《中共中央书记处关于徐州失守后长江以北工作给长江局的指示》，中共中央文献研究室、中央档案馆编：《建党以来重要文献选编》第十五册，中央文献出版社 2011 年版，第 350 页。

[2] 《中共河南省委七月至八月的工作计划》，载《豫皖苏抗日根据地（一）》，河南人民出版社 1985 年版，第 46 页。

部到达杞县后致党中央关于新四军游击支队东进情况及发展豫皖苏边区工作建议的电文中，都详细地分析了该地区的政治、军事和社会情况。

皖北亳州地区，自古民风彪悍，清末席卷大半个中国的捻军起义就发源于亳州地区。著名捻军领袖张乐行、张宗禹等，家乡就在涡阳城北十几里处的张老家。清末清军著名的五大主力之一——武卫左军（毅军），也是从亳州地区走出的一支闻名全国的武装力量。"毅军三杰"宋庆、马玉昆、姜桂题，其中山东蓬莱人宋庆发迹于亳州，马玉昆是蒙城县马集人，姜桂题则是亳县姜屯人。清末民初，从这里走出一大批军事将领。全民族抗日战争爆发后，亳州地区涌现出一批地方抗日武装。这也是新四军游击支队司令员彭雪枫（亳州人亲切地称他为老彭）把新四军游击支队开到豫东、皖北来的原因之一。彭雪枫在给党中央的电报中做了比较全面的分析，指出在这一带打游击的好处。

该地区尚无国民党正规部队。彭雪枫在电文中指出："在豫皖苏边，新黄河以东，津浦路以西，陇海路以南，淮河以北，广地域无正规友军。"[1] 河南二专区专员宋克宾管辖着鹿邑、柘城、夏邑、商丘、虞城等地，他追随冯玉祥多年，是个老官僚，虽然政治上没有大能力，但是对新四军的态度很好，尤其是他的保安副司令魏凤楼[2] 还是中共党员，张爱萍已在该部当参谋长，手里掌握武装力量上千人，可以配合新四

---

[1]《彭雪枫关于新四军游击支队东进情况及发展豫皖苏边区工作建议致党中央电》，载亳州市档案局等编：《亳州党史文献选》，安徽人民出版社1991年版，第1页。

[2] 魏凤楼，河南省第二区保安第四总队司令、鹿邑县长，早年跟随冯玉祥，曾任旅长、师长，参加过北伐。1930年5月，参加反蒋联军任军长。中原大战后，随冯玉祥在泰山居住。1936年春，随冯玉祥到苏联考察访问，与我们党有较多的接触，后秘密加入中国共产党。

军的行动。宋克宾部的总队长蔡洪范、吴青旺、宋铁林都曾担任过西北军的师长，思想相对较进步。但是他们的部队战斗力很差，组织松散。他们又感到新四军纪律严明，深受人民群众的拥护，很渴望得到新四军的帮助，改造他们的队伍。新四军派干部对他们的队伍进行指导，还开办短期培训班，并接受其部队中的优秀分子到新四军中学习。此外，与魏凤楼情况类似的还有驻扎皖北的余亚农部。余亚农是安徽人民抗日自卫军第五路军总指挥，有七八千人的武装，早年和李济深、王亚樵等一起反蒋，与新四军也保持着密切的关系。

政府组织瘫软无力，广大地区处于无政府状态。当时，鹿邑、亳县、虞城、涡阳、太和、西华、杞县等广大地区基本处于无政府状态。河南第二专区宋克宾、安徽第七专区（凤阳）专员、余亚农部王丹岑支队都可以成为新四军在该地区发展的支持力量。新四军游击支队可以很快把这些力量团结起来，领导他们共同抗敌。

土匪横行，民不聊生。皖北豫东地区沦陷后，土杂武装众多，除日伪军烧杀掳掠外，土匪、杂八队（成分比较复杂的地方土顽）像瘟疫一样滋生蔓延起来，有的人想趁机发国难财，大捞一把。著名的土匪武装就有"黄秋叶子"[①]"岳苦水子""张方子""王胡子"等，东一群，西一伙，不胜枚举。他们和地方豪强、汉奸狼狈为奸，横行乡里，鱼肉百姓，无恶不作。有的还勾结日军，投降卖国。当地人民群众苦难深重，悲惨至极，亟待新四军解其倒悬之苦。[②]

---

① 黄继昌，外号黄老继、大秋叶子，盘踞永城南部黄口丁楼一带，是永城最彪悍的土匪之一。先被彭雪枫收编为独立团，参加抗日游击队，后因不愿意接受游击队军纪约束，再次叛离新四军，被镇压。此人盘踞永城县南，作恶多端，喜活埋人。另有小秋叶子，名叫黄殿臣，也是当地知名土匪，二人合称"二黄"。
② 《彭雪枫传》编写组：《彭雪枫传》，当代中国出版社2004年版，第405页。

彭雪枫认为，新四军游击支队能够很快地掌握这些地方武装力量，尤其是对西华县抗日武装力量加强领导，先派张爱萍到西华做政治工作，开办培训班。共产党在西华的抗日力量有 2000 多人，能在游击支队指挥下公开活动的就有上千人。其余各县共产党和统一战线控制的武装力量，服从游击支队节制的还有很多，甚至有部分土匪武装，他们打着抗日救亡的幌子，冒充新四军游击支队活动。

在这样广大的地区，人口众多，民风强悍，人们生活困苦，很容易发动，加上本地区国民党驻军比较少，与之摩擦的机会较少，各地的散小武装纷纷投靠新四军，愿意跟新四军一起抗日。除了平原不利于隐蔽，地形条件较差以外，其余各项条件都便于开展游击斗争，壮大队伍，建立根据地。

新四军游击支队到来之前，皖北地区的群众基础是好的。亳州各县的抗日动员工作已经有所开展，主要是通过省动委会安插的地下党员在推动。由于没有共产党的直接领导，抗日动员虽做了一些有益的工作，但是总的形势并不乐观。

在全省民众动员委员会推动下，亳州地区各县的动委会纷纷建立起来，下设工、农、青、妇抗敌协会和工作团等。各县动委会和工作团大都在 1938 年春建立，这是国民党倡议建立的抗日群众团体，旨在利用这一组织支持国民党军队。动委会设主任 1 人，由国民党县长兼任；指导员 1 人，由民主人士或共产党员担任。县下边的区也建有动委会，设指导员 1 人。亳县动委会建于 1938 年秋末，主任委员先是县长熊公烈，后是县长俞肇兴；指导员先是傅焕之，后是刘新；工作团长是高凌云。涡阳县动委会建于 1938 年秋，主任是葛传尧，指导员是杨麟祥，后是邵恩、刘树元。蒙城县动委会建于 1938 年底，主任是王剑虎，指导员是过子庄，后是杨子仪、张亚非。蒙城县除了有青抗会外，还有省委托第十六工作团，指导员是邵锦章（邵光）。青抗会实际上和工作团在一起，两者是合为一体的。

为了维护团结，反对分裂，豫皖边区党委指示各县党组织要积极参与和领导动委会及其所属各个组织。他们利用漫画、壁报、标语等各种形式进行宣传，号召群众起来抗日，及时组织农抗会、妇抗会、老人指导团、儿童团等抗日群众组织，动员青年学生和青年农民参加新四军随营学校。在动委会里，中共地下组织利用合法身份，积极团结国民党左派和爱国人士，为抗日救亡做出了一定的贡献。

安徽抗日人民自卫军第五路军
在亳州地区的活动

在彭雪枫领导的新四军游击支队进入亳州地区之前，在亳州活动的主要抗日力量是安徽抗日人民自卫军。这是一支怎样的军队呢？这要从国民党桂系首领李宗仁出任第五战区司令长官说起。

全民族抗日战争爆发后，李宗仁提出"焦土抗战"，强调"全面战"，提出全面抗战，全民抗战，军事、政治、经济、文化相结合的全体抗战，反对一党抗战，主张联合各抗日党派、各抗日友军和一切抗日民众力量的举国抗战。李宗仁高度重视对民众的动员，在第五战区内成立了第五战区民众动员总会，自己兼任主任，战区各省也成立了相应的组织，安徽省成立了安徽省民众动员委员会，李宗仁因为是第五战区司令长官兼安徽省主席，所以兼任安徽省民众动员委员会的主任委员。抗日民族战线形成后，李宗仁为了利用民众力量抗击日军，保住其在安徽的地盘，扩充桂系力量，令省民政厅长张义纯（安徽人）组建地方武装——安徽抗日人民自卫军。这既是李宗仁重视发动民众抗日思想的体现，也是桂系军队在沪、宁抗战中损失惨重，亟须修整、补充的客观需要。

李宗仁利用省内有威望人士和回乡军官发动民众武装，在各级动委会、工作团的支持配合下，发动民众有钱出钱，有人出人，有枪出枪，很快组成了6路抗日人民自卫军，共5万多人，并得到第五战区司令长官部批准，由省政府统辖。[①] 李宗仁忙于战事，省主席由省民政厅长张义纯代理，动委会和抗日人民自卫军事务由张义纯实际负责。1938年春，张义纯应亳县县长熊公烈[②]、临泉县长熊念庚兄弟举荐，委任余亚农（寿县人）为安徽抗日人民自卫军第五路军总指挥，负责临泉、太和、亳县的防务，阻击日军西犯。当时，由于徐州失守，国民党败军在撤往武汉途中，大量逃亡，枪支弹药丢弃甚多。当时部分农民为保家生存，利用这些武器纷纷拉起了队伍。余亚农受命后，利用自己的威望很快组建了3个支队5000余人的队伍。

1938年8月，余亚农率领所属安徽抗日人民自卫军第五路军第三支队全部和第一、二、四支队各一部，在双沟誓师（召开了军事会议）后，兼程前进，于9月8日一举收复了亳县县城，并缴获一批军用物资。

进城后，指挥部设在姜家祠堂，第三支队队部驻南门里路西李辅廷宅（旧称李军门公馆）担任城南及涡北镇的防务。亳县收复后，余亚农成立亳县警备司令部，张振华任城防司令，指挥3个独立大队，原亳县、太和、临泉各有一个支队。同时，余亚农还将第二支队张普庆的第四大队扩编为第四支队，进驻亳州城北张集一带，担任商丘方

---

① 徐则浩主编：《安徽抗战史》，安徽人民出版社2005年版，第103页。
② 熊公烈，字梦周，安徽省庐江县城关镇人。16岁考入南京警察学校，后参加西北军，晋升为团参谋长。1937年任民国亳县县长，后投奔商丘张岚峰伪军曹大中部，任伪亳县县长。1940年6月，曹大中反正，与熊公烈一起投靠了卫立煌部。后退出军界经商，死于原籍。

向防务；第三支队驻南门外，担任十河方向防务；第二支队仍驻涡河口，担任太和、界首方向防务。城防警备司令部负责维护社会治安，不久将逃往商丘的亳县日伪维持会会长毛嵩山捉拿归案，予以正法。

中共豫皖边工委很重视这支队伍，由于余亚农思想比较进步，中国共产党和第五路军的关系一直处得比较友好。中共豫皖边工委派遣了大批共产党员到余亚农部帮助工作。1938年9月，共产党员王少庸被任命为五路军参谋处长，共产党员王振鸿等人在涡河口设立教导处，为五路军培训军政干部，并帮助五路军仿效八路军建立政治工作制度。所有这些，都扩大了我党我军在五路军中的影响，使五路军成为真正抗日的队伍。

1939年1月，新四军游击支队在司令员彭雪枫的率领下，到鹿邑县白马驿整训，余亚农派支队长张普庆前往欢迎和慰问，并帮助解决400套棉衣等军用物资。后彭雪枫应余亚农的请求，先后派40多名干部到第五路军担任领导职务。对余亚农所为，县长兼副总指挥熊公烈非常不满，他派马敬臣等成立亳县支队以自固，导致亳县财政陷入紊乱。

1939年1月，国民党召开五届五中全会，确定"溶共、防共、限共、反共"的方针，桂系在安徽逐渐转向反共。廖磊担心各路自卫军发展过快，影响桂系在安徽的统治，随即决定整编自卫军，第一、二、四路军先后被整编为一个支队（团）。1939年3月，安徽省政府宣布取消安徽省抗日人民自卫军的番号，撤销第五路军余亚农总指挥、熊公烈副总指挥职务，将第五路军改编为第五战区第十一纵队，由阜阳专署专员郭造勋兼任纵队司令；派第三十八师副师长赖刚代表省政府主席巡视皖北各县，带领军队企图强行整编五路军，并在余亚农从立煌开会返回的途中，派人扣押了他。后经多方营救，余亚农才得以脱险。

余亚农脱险后，被第四支队长张普庆迎接到鹿邑县太清宫，随即通电全国，历数桂系在安徽的罪行。安徽省政府下令通缉余亚农。

安徽省政府保安第九团逼近亳县，余亚农派张普庆与鹿邑县长魏凤楼联系。因魏凤楼是豫东游击司令，是余亚农的老相识，余亚农想通过他到第一战区司令长官卫立煌那里找出路。4月17日晚，余亚农带王丹岭的第二支队、韩粟生的第三支队，熊公烈带马敬臣支队、常备队刘新月的第五中队离亳城西去，驻鹿邑太清宫一带，俞肇兴代理县长。4月18日，随着保九团进驻亳县县城，熊公烈的秘书韩筱云代为办理了移交手续。适逢日军南犯，进攻鹿邑县，鹿邑随之沦陷，余亚农到第一战区联系未成，亳县亦被日军占领。

余亚农令部队夜行军东进亳县东南城父集。安徽省政府对余亚农进行通缉的同时，又派省顾问胡锡畴到城父集调解，未成。余亚农、熊公烈各带所部北移，余亚农的指挥部在观堂南二里徐庄，熊公烈及所属部队驻观堂集上。日伪汉奸张岚峰让曹大中派人跟熊公烈联系，请他劝余亚农投降日伪。恰在这时，彭雪枫派联络科长任泊生到余亚农指挥部，告知熊公烈已叛变投敌，希望他不要做千古罪人。余亚农当即决定，捉拿熊公烈，但熊公烈侥幸逃脱，带所属部队北去，投降了日伪，当了汉奸，史称"余熊事变"。"余熊事变"是全民族抗日战争初期亳州地区一场较大的政治斗争，对亳州地区的抗日斗争格局有较大影响。

余亚农率队进驻永城县麻家集。不久，余亚农率部东去观音堂，向新四军涡北抗日根据地靠拢，希望新四军予以改编。彭雪枫为顾全统一战线，维护国共合作、一致抗日的大局，婉言谢绝。经多方沟通，五路军方才接受安徽省政府的改编。改编时余亚农部有一部分离队归家，一些枪支弹药留给新四军，4个支队编为一个支队，张普庆任支队长，新四军所派干部全部撤离，余亚农挥泪离去。

第五路军是一支受抗日民族统一战线政策影响的，有共产党员参加领导的人民群众的抗日武装。它的组建在稳定人心、安定社会秩序、开展皖北抗日工作、发展党的组织等方面，起到一定作用。同时，它也为新四军游击支队输送了一批革命干部，支援了涡北抗日根据地建设。

新四军游击支队挺进皖北

　　1938年9月，根据毛泽东电令，周恩来、叶剑英指示中共河南省委、彭雪枫在确山县竹沟镇组建新四军游击支队。当时的竹沟镇已很有影响，是中共中央中原局、河南省委所在地，有"小延安"之称。彭雪枫按照上级指示，组建了一支373人的队伍，名为新四军游击支队①，9月30日从确山县竹沟镇出发，向豫东、皖北挺进，深入敌后建立抗日根据地。

　　10月8日，新四军游击支队到达新黄河西岸的西华县城北杜岗村。11日，游击支队与先期到达的由吴芝圃率领的睢（睢县）杞（杞县）太（太康）游击第三支队、萧望东先遣大队和部分西华人民抗日自卫军在杜岗胜利会师，召开庆祝大会，宣布将彭、萧、吴3支部队合编为新四军游击支队，彭雪枫任司令员兼政委，吴芝圃任副司令员，张震任参谋长，萧望东任政治部主任，谭友林任副主任。游击支队下辖3个大队：一大队，黄思沛任队长、张太生任政委；二大队，滕海清任队长兼政委；三大队，冯胜任队长、张辑五任政委。另有1个警卫连、

---

① 1938年11月26日在河南杞县，彭雪枫发出《彭雪枫关于新四军游击支队东进情况及发展豫皖苏边区工作建议致党中央电》，向党中央正式提出"用新四军游击支队名义号召"。

1 个侦察连，人员达到 1020 人。

10 月 24 日，游击支队东渡新黄河，跨越淮太路，26 日行进到距淮阳城东北约 25 公里的窦楼村附近宿营。在到达宿营地的前一天清晨，部队突遭日军偷袭，彭雪枫当机立断，迎战敌人。战斗中，参谋长张震手持机枪率部队正面反击，彭雪枫随三大队七中队由马菜园东南向敌左侧突击，经两小时激战，毙敌林津少尉以下 10 余人。新四军游击支队首战告捷，大大提高了部队的士气。

10 月 28 日，游击支队由西华东渡新黄河黄泛区，越过淮（阳）太（康）公路敌人封锁线，进入鹿邑县。游击支队进驻城东南刘大庄、刘阁、李庄、张楼一带休整。11 月在刘大庄建立新四军游击支队留守处，许遇之任留守处主任，程朝先任副主任。留守处共有 30 名战士、60 多名伤病员，备有一部无线电台。留守处的新四军积极宣传党的抗日方针，以刘大庄为中心，在王皮留、白马驿、吴台庙、汲水集等地成立青年抗日先锋队、妇女救国会、儿童团等抗日群众组织，实现抗日群众组织向全县农村发展。11 月 20 日，进入鹿邑县境的游击支队回师睢杞太地区，争取睢县地方武装李寿山部 600 余人和杞县地方武装李广居部 700 余人加入新四军，游击支队很快发展到 1700 余人。

12 月中旬起，游击支队各部在鹿邑白马驿（今属河南省郸城县）一带进行休整，组织学习《论持久战》，进行形势教育，宣传抗日救国道理。同时，学习与发扬我军的光荣传统和优良作风，加强群众纪律教育和军事训练。部队休整后，正规化水平和军事素养明显提高。支队司令部号召部队"用整训队伍的胜利迎接一九三九年"，整个部队士气空前高涨。

白马驿整训后，新四军游击支队整编为两个团，每团两个营。第一团，团长张太生、政委李耀；第二团，团长滕海清、政委谭友林；

独立营，营长冯胜、政委张辑五。游击支队发展至3412人（不含随队活动游击队500余人），步、马枪2321支，各种机枪40余挺，马154匹。

1938年的冬天，皖北大地格外寒冷。已近年关，游击支队的战士们过冬的棉衣还没有解决，年夜饭那顿饺子还没有一点着落。在鹿邑县县长魏凤楼部帮助工作的张爱萍，动员魏凤楼给新四军送来了部分给养和医药，特别是600套棉衣和部分棉大衣，解决了不小的问题，但是对于这支3000多人的队伍，仍然不能从根本上解决问题。

彭雪枫正在想办法，忽接报告，驻扎在亳县的安徽人民抗日自卫军第五路军第四支队队长张普庆，代表余亚农前来慰问新四军。彭雪枫立即带人亲自迎接张普庆。彭雪枫很高兴，因为终于顺利和友军接上了头，而且余亚农还送了慰问品，其中就有400套棉衣，真是雪中送炭。张普庆转达了余亚农的问候和请求。余亚农素知八路军、新四军纪律严明，治军有方，特请求彭雪枫派人到第五路军中去担任领导职务，帮助训练部队。彭雪枫当即就答应下来，先后向五路军派去干部40多人。对于余亚农，彭雪枫其实早有耳闻。余亚农出身于冯玉祥的西北军，当过西北军的师长。彭雪枫也和西北军有着千丝万缕的联系，他早年投靠在西北军第十六混成旅当书记官的族叔彭禹廷，曾在西北军军官子弟学校上学。1937年他以八路军参谋处长、太原八路军办事处主任的身份，经常和西北军打交道，做西北军的统战工作。

1939年1月初，为了加强和友军的联系，争取地方政府的给养，新四军游击支队决定在亳县建立联络站，由支队政治部联络科长任泊生担任站长，开展统战工作和争取给养。该站活动范围包括太和、阜阳、涡阳、蒙城等地。联络站设在亳县县城里的转家大院，就是新中国成立后的亳州市进修学校院内。新四军游击支队亳州联络站的主要任务，是做亳县国民党军政人员及抗日人民自卫军第五路军指挥官余

白马驿整休期间，彭雪枫在组织学员训练

1939年3月，新四军游击支队司令员彭雪枫、参谋长张震、豫皖边工委书记张爱萍在亳州城姜公馆会见了安徽抗日人民自卫军第五路军指挥官余亚农，商谈统战抗日事宜，并在汤陵公园的后乐亭合影留念（左起第八人为彭雪枫、第九人为余亚农、第十人为张震、第十一人为张爱萍）

亚农的统战工作。任泊生到亳县后得到余亚农的大力支持，又从其部争取到几百套服装、子弹、油墨、纸张等必需品。后来，彭雪枫、张爱萍、张震、岳夏（又名罗若遐）等到亳县县城与余亚农会晤，商谈抗战事宜，并在县城北的汤陵公园与之合影留念。

余亚农同新四军的关系密切，引起桂系军阀的猜忌与不安，国民党安徽省政府先后派陆廷选游击支队、赖刚师到亳驻防，改编余亚农的部队，并限制新四军的发展。后来发生了"余熊事变"，任泊生从中做了大量工作，最终把余亚农的队伍从投降日伪的边缘争取过来，并接受国民政府的改编。1939年4月6日，日军再次进攻亳县县城，亳县联络站关闭。

相关链接：

任泊生

任泊生（1909—1990），原名任康林，广东东莞常平镇人。出生于越南侨商家庭，少年时回国读书。1927年在武汉加入叶剑英的军事教导团，翌年加入中国共产主义青年团。1937年3月，他奔赴延安参加中国共产党。1939年初调新四军工作，历任第六游击支队政治部联络科科长、新四军游击支队亳州联络站站长、新四军第六支队涡阳联络站站长、新四军第四师政治部联络部部长兼新四军司令部政治部直属队政治处主任，后兼任政治部民运部部长。1945年调任中共中央华中分局任联络部副部长，兼任华中军区政治部联络部部长。1948年9月因叛徒出卖，在昆明被捕，坚强不屈，没有暴露身份，后经组织多方营救出狱。新中国成立初，任泊生曾任广州民航分局局长兼党委书记、民航总局飞行处处长，参与接收香港两航起义的人员和物资。

新四军游击支队亳县联络站旧址（转家大院），新中国成立后改为亳州市进修学校

新四军游击支队打响入皖第一枪

1939 年元旦，彭雪枫和游击支队的战士们吃了一顿饺子，度过了进入豫东、皖北敌后的第一个元旦新年。恰在这时，2000 多名日伪军侵占了鹿邑县城，鹿邑县县长魏凤楼不得不带着 2000 人马跑到白马驿来躲避。[①]

经过鹿邑县白马驿整训后，新四军游击支队的政治素质、军事素质等得到很大提升，战斗力也有较大提高。彭雪枫认真研究分析当前的形势，认为日伪军占领了鹿邑县城，并试图占领皖北重镇亳县，对新四军游击支队向东发展的形势十分不利。魏凤楼部是我军的友军，魏凤楼是我们党的统战对象。鹿邑县的稳定发展，是新四军游击支队顺利发展的保障。为了改造魏凤楼的部队，我们党还派张爱萍到魏的部队任参谋长，开办鹿邑县抗敌训练班。[②] 新四军游击支队要在皖北、豫东立足，就要狠狠打击日伪的气焰，制造声势，扩大政治影响。支队领导研究认为，有必要在亳县北地区打一仗，狠狠教训一下日伪军，打掉他们的嚣张气焰。

---

① 参阅滕海清:《夜战芦家庙》，载《皖北烽火》，中央文献出版社 1995 年版，第 347—352 页。

② 张胜:《从战争中走来：两代军人的对话》，中国青年出版社 2008 年版，第 27 页。

元旦刚过，彭雪枫派滕海清率领第二团到商丘、亳县、鹿邑之间活动，破坏敌人的交通线，相机打击敌人，树立新四军游击支队的威信。第二天，滕海清就带领游击支队二团二营310多人，从白马驿出发，直扑亳县北。

为避免与国民党亳县地方部队发生误会，滕海清派人到国民党亳县县长熊公烈处争取给养，但是熊公烈因已暗中勾结盘踞在豫东重镇商丘的汉奸张岚峰的伪军，只是暂时没有暴露。他不见新四军来使，也不给补充给养。当地老百姓听说新四军是去打日伪的，纷纷给新四军送粮送柴。第二天，滕海清部来到亳县和商丘交界处，马上派侦察员查明鹿邑方面的敌情，得知占领鹿邑的敌人已经撤回商丘。经过分析，滕海清认为，可能是敌人发现了新四军在向商丘运动，而商丘的兵力空虚，怕新四军袭击商丘。滕海清当即决定，趁敌人还不知虚实，以静制动，等待时机。

1月6日黄昏，侦察员报告，商丘敌伪2000余人沿着亳商公路南犯，有500多名伪军到芦家庙不走了。滕海清分析，这股敌人在芦家庙长期驻扎下来，对新四军东进很不利，对亳县县城也是个威胁，必须消灭掉这股敌人。半夜，他命令部队转移到亳县县城东北，在离芦家庙比较近的王牌坊宿营。

第二天下午，侦察员又报告，进驻芦家庙的伪军正在修筑工事。滕海清判断敌人已经发觉新四军的行动，必须抢先下手，遂决定在芦家庙狠狠教训这支汉奸部队。滕海清派六连连长先后两次对芦家庙进行侦察，发现芦家庙敌情没有变化，附近的东、西庄也没有敌人。芦家庙是个平原小集镇，集外围有寨沟，四面建有砖桥，集中间东西、南北两条街交叉，四面都可以进去，地形对我方有利。他随即向各连进行动员，介绍芦家庙的情况，研究了打巷战的战术。同时，他与驻王牌坊村的国民党亳县特务大队和驻张集的张普庆第四支队取得联系，争取他们配合行动，孤立和打击敌人。经协商，他们都同意配合作战，决定特务大队打南面，第四支队打西面，新四军打最危险最艰巨的北面、东面，攻击时间定在8日夜里23点。部队出发前，滕海清放心不下，他提醒大家，要做好单独作战的准备，不能有依赖的思想。

1月8日夜晚，第二大队的战士踏雪前进。滕海清随着尖刀排直奔芦家庙。为了保密，部队不惊动沿途的村庄，悄悄地从野地里行军，神不知鬼不觉绕到芦家庙集北面和东面。夜晚23时，尖兵班干掉了敌人的哨兵，四连、五连战士在滕海清大队长的率领下，迅速从北面冲过桥去，杀进芦家庙集内。滕海清一声令下，机枪、手榴弹一齐向敌人开火。从东面进攻的六连战士听到枪声后，也发起进攻，两路战士如猛虎下山冲进镇子。战士们攻势迅猛，敌人事先没有准备，措手不及，没有费多大力气就抓了一批俘虏，随机派一个班将俘虏集中在一个大院子里看管起来。

芦家庙集没有大房子，敌人分散驻扎在老百姓家里。枪声响起，敌人从梦中醒来，一时枪声、手榴弹爆炸声响成一片。二大队各连都以排、班和小队为

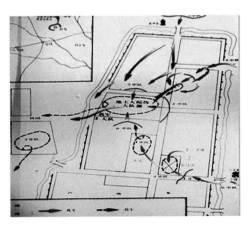

芦家庙战斗形势图

单位，采取分割包围战术，勇敢地向里穿插。经过半个多小时的战斗，把大部分敌人分片包围。敌人凭借房屋，守住窗户和门负隅顽抗，新四军战士扒开房顶，向敌人住所里投手榴弹，敌人非死即伤。经过3个多小时的战斗，除伪军司令崔华山率残部逃窜外，共打死打伤伪军

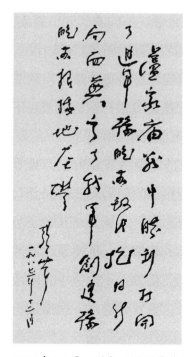

1987 年 12 月，原新四军游击支队参谋长、时任中国人民解放军国防大学校长兼政委张震上将为芦家庙战斗纪念碑题词

100 余人，俘虏伪参谋长崔学善以下 100 多人，缴获步枪 87 支、轻机枪 1 挺、马 4 匹、子弹千余发、军用品一批。[1] 新四军阵亡干部 1 人，伤 18 人。凌晨 3 点多钟，滕海清命令部队打扫战场，六连押着俘虏，搬运枪支、弹药，并带上几个受伤的战士先走，大部队随后迅速撤离，战斗胜利结束。

芦家庙战斗震慑了敌人，粉碎了日伪进占亳州的企图。芦家庙战斗是新四军游击支队进入安徽北部的第一仗，打出了新四军的军威，从此日伪和国民党顽固派不敢轻视共产党领导的新四军游击队。1940 年，彭雪枫在《豫皖苏边工作的报告大纲》中说："亳州东北的芦家庙战斗的胜利，保卫了亳州，击溃了伪军 3000 余人的三种进攻亳县的计划，活捉了伪参谋长，击伤了伪司令崔华山。"芦家庙战斗的政治影响远远大于军事收获，它极大地鼓舞了广大人民抗日的信心，拥护中国共产党和新四军，欢迎彭雪枫的口号随着战斗胜利的消息，传遍豫东皖北大地。[2]

---

① 《芦家庙战斗详报》，载亳州市档案局等编：《亳州党史文献选》，安徽人民出版社 1991 年版，第 4 页。

② 滕海清：《皖北第一仗　首战芦家庙》，载《铁流万里》第二辑，新世纪出版社 1998 年版，第 92 页。

亳州民众积极抗日

在抗战的大背景下，亳州地区抗日救亡团体纷纷成立起来，尤其是新四军游击支队打到皖北之后，豫皖苏边区的建立，各县动委会活动在党组织的指导下更加活跃，抗日宣传轰轰烈烈，其中影响最大的，是蒙城青抗会和涡阳抗宣队。

一、蒙城青抗会

涡河之滨，

结合着一群中华民族优秀的子孙。

人类解放，救国责任，

全靠我们自己来承担。

同志们！

团结、紧张、严肃、活泼，

是我们的作风。

积极工作，努力学习，

艰苦奋斗，英勇牺牲，

是我们的传统。

像黄河之水，汹涌澎湃，

把日寇驱逐于国土之东。

同志们！

向着新社会前进！前进！

我们是民族解放的先锋。

这是 80 多年前，响彻蒙城大地、涡河两岸的《蒙城青年抗敌协会会歌》，曾经鼓励了一批又一批热血青年，奔赴祖国的各个抗日战场。

1938 年 3 月，从延安抗大学习回来后，邵光与李宗仁在徐州办的第五战区青年救国团总部取得联系，与江永华、段青农等在涡河北岸香山庙小学成立了第五战区青年救国团蒙城分团（简称"蒙城青救团"），开展抗日救亡的宣传动员工作。随着形势的变化，为进一步开展广泛的群众抗日救亡运动，在安徽省青年抗敌协会的领导下，蒙城青年救国团于 1938 年 11 月改为蒙城县青年抗敌协会（简称"蒙城青抗会"），动员、组织、教育各界青年。

1939 年春，邵光、冯彝伦去立煌与省动委会联系，成立了安徽省民众抗日总动员委员会委托第十六工作团。邵光（锦章）任团长，江永华任副团长。[1] 每月省补助活动经费 60 元。青抗会与工作团实际上是一个机构两块牌子，总人数有 38 人，人员大部分都是青抗会成员，活动多在一起举办。

1939 年 4 月，冯玉祥的侄子马忍言（冯宏谦）接任国民党蒙城县

---

[1] 中共安徽省委党史工委编：《安徽现代革命史资料长编》第三卷，安徽人民出版社1995 年版，第 89 页。

长。马忍言坚决抗日，积极支持群众抗日活动，并设计枪毙了蒙城的汉奸恶霸头子、商会会长李麟阁，极大鼓舞了群众的抗日信心。中共豫皖边省委和新四军游击支队为发展蒙城的抗战局面，派张辑五来到蒙城，利用马忍言的关系，加强统一战线工作。

1939 年 5 月，彭雪枫率新四军游击支队从永城东进淮上，开辟敌后抗日根据地，活动在蒙城涡河以北地区。青抗会为了培养骨干，选送了部分会员到游击支队随营学校学习，并派邵光到板桥集向中共豫皖边省委副书记吴芝圃汇报蒙城青抗会的活动情况。吴芝圃肯定了青抗会所开展的抗日活动，并由李芝生介绍邵光加入了中国共产党。邵光返蒙后，为加强党对青抗会的领导，又在青抗会中发展陆振亚、李茂修为中共党员，组成了支部，邵光任支部书记。以后彭雪枫又派张辑五到蒙，与李宏（王治平）、邵光等组成中共蒙城地下县委，张辑五任书记，协助县长马忍言开展抗日工作。不久，又先后发展杨玉琦、陆一涵、王蕴、杨瑾、李健、张萱、徐行、葛玉荣、杨子仪、卢锡璜、李季臣、尚志忠等 20 多人为中共党员，加强共产党在青抗会中的领导作用。特别是发展蒙城县动委会指导员杨子仪为秘密党员，有力地促进了统战工作的开展。青抗会成立后，得到广大城乡青年支持，不少乡镇建立了分会，队伍不断壮大，全县会员发展到 1000 多人。工作团成立后的工作侧重于对民众的宣传鼓动，与青抗会有分工也有配合，蒙城的群众抗日救亡运动出现了新局面。

蒙城青抗会开展的主要工作：

（1）大造抗日救国舆论，宣传抗日救亡道理。青抗会成立了宣传队，他们撒传单，刷标语，登台演讲，教唱《黄河大合唱》《义勇军进行曲》《大刀进行曲》等抗日歌曲；在街头广场演出《放下你的鞭子》《上前线》《三江好》等话剧，步行到小涧、板桥、岳坊、乐土、双涧

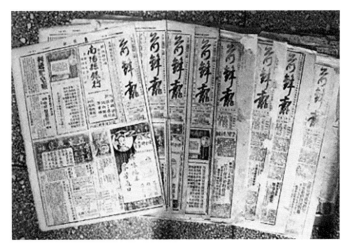

蒙城青抗会办的刊物《前锋报》

等农村集镇演出，下乡时渴了喝凉水，饿了啃干馍。创办《大家看》墙报，每天一期，张贴在县城钟鼓楼下墙壁上；出版了四开版的《前锋报》，内容有时事政治、消息评论、诗歌漫画等，发至各分会和县城有关单位，对宣传党的抗日方针政策，发动民众，推动全民抗战起到了积极作用。

（2）发展青抗会组织，壮大抗日群众队伍。随着工作不断深入，小涧、板桥、乐土、三义、立仓、望町、岳坊牛王铺、丹凤集等都相继建立了青抗分会，到1939年底成员已发展到1000多人，在县城的骨干力量有40多人。以青抗会员为骨干在城乡创办了20多所抗敌小学校，在校学生达1500人，课本自编自印，以识字和宣传抗日为主要内容。

（3）促进国共合作，扩大抗日民族统一战线。青抗会采取打击实力派（又称绅派），争取瓦解中间派，团结左派（又称新派）的方针，积极发展抗日民族统一战线；指派马敦五出任国民党《蒙城日报》编辑，邵光、卢锡球为记者，利用舆论工具宣传统一战线。青抗会还搬到国民党县党部院内办公，同国民党左派合作共事，争取和团结所有抗日力量。由于进步人士马忍言的支持，一时间蒙城出现了国共合作、团结抗战的良好局面。

（4）培训骨干力量，抓好区乡政权。1939年夏，根据豫皖边区党委指示精神，青抗会利用暑假时间，在双涧小学举办了百余人参加的青年研究班。主要学习《论持久战》《抗日救国十大纲领》《大众哲学》《社会发展史》《青抗会的任务》等进步理论。通过学习，会员们提高了理论水平，懂得了对敌斗争的策略。1939年2月先后派一部分骨干成员，分别去国民党省、专署办的区乡干训班和县保甲训练班学习，结业后有10余人被任命为区员、乡长、副乡长、助理员，为抓基层政权，开展农村抗日斗争创造了便利条件。

（5）创办大同书店，开展地下斗争。为解决青抗会活动经费，接待过往同志，保持与上级联系，青抗会筹办了大同书店。书店经理为杨国正，采购陆在华，店员尚志忠，秋季开业，地址设在簧巷口南面朝西的一间门面内。经营商品除宣传抗日的小册子，一些进步报刊如《新华日报》《群众周刊》《拂晓报》等，都是通过涡阳新四军联络站传送，在内部传阅。书店有时还帮助新四军购买一些药品、纸张，接待来往同志，为涡北抗日根据地的建设发挥了很大的作用。

青抗会从成立到1940年春遭到破坏，其间为团结动员组织各界青年抗日救国做出了贡献。

二、涡阳抗宣队

1936年底，由于中共涡蒙亳县委遭到破坏，被迫流亡他乡的刘因、李晨秘密返回涡阳，串连部分进步青年秘密组织抗日救亡宣传团，王笑伟、王大衡、丁示民、陆至晨、田开诚等青年积极参加，毅然走上街头，宣传抗日主张，成为涡阳抗日救亡的一面旗帜。国共合作后，国民党涡阳县党部将抗日救亡宣传团改为抗日自卫宣传大队，承认其为合法组织，并借给自行车5辆，按月发一些宣传费用和生活补助。

抗日自卫宣传大队的抗日救亡活动得到社会各界人士的赞许和支持，一些教师和学生也纷纷要求参加宣传大队。很快，抗日自卫宣传大队发展到40余人，工作开展得很活跃。他们在县城进行街头演讲，揭露日本帝国主义图谋吞并中国的野心，声讨日本军队在中国犯下的罪行，鼓动各界人士投入抗日救亡的队伍中来，为民族解放尽心竭力。他们还通过散发传单、张贴大字标语、出墙报、画壁画、组织群众集会等形式，广泛开展抗日宣传活动，形成浓厚的抗日救亡氛围。他们在《涡阳日报》上开辟"抗战三日刊"专栏，摘登和撰写有关宣传抗日的理论文章，披露日军的暴行，分析国内外形势，报道战局发展状况，批驳复兴社分子散布的"唯武器论"等悲观论调。他们还经常介绍军事常识和防空知识，指导民众如何应对战争中可能出现的紧急状况，并组织宣传小组深入高炉、双庙、蒙关等集镇、乡村进行宣传，受到群众的欢迎。西安事变后，抗日自卫宣传大队大张旗鼓地提出拥护国共合作，并颂扬张学良、杨虎城对国共合作的贡献。专栏面世，在社会上引起强烈反响，深深刺痛了国民党涡阳县党部和政府的官员们。国民党县长朱国衡拍案大骂："这是共产党干的，他们是人民阵线。"复兴社分子更是以此为口实肆意攻击，借机煽风点火。国民党县政府和复兴社特务对抗日自卫宣传大队动辄逮捕，限制其活动，改变其性质，对其实施改组，撤掉王大衡的队长和刘因的编辑职务，勒令李晨退出宣传大队，另派复兴社分子张海清担任领导，并规定宣传大队的文稿必须经县党部审查后才能发表。宣传大队奋起反抗，最后被迫停止活动。

刘因、李晨等人受范长江所著《中国的西北角》一书的启示，决定到延安寻找共产党。1938 年 1 月中旬和 2 月初，涡阳抗日自卫宣传大队的队员分两批先后离开涡阳，经八路军办事处介绍，到陕西省泾阳县安吴堡党所主办的战时青年训练班和延安学习，最终走上革命道路。涡阳的抗日宣传大队最后停止活动，虽然为时仅仅 3 个月，但是它在淮北大地上播撒了抗日的火种，培养和锻炼了一批党的干部队伍。

1938 年 5 月，安徽省民众抗日动员委员会成立，任命杨思九为涡阳县动委会指导员。11 月，任命蒙城人邵恩为涡阳县动委会指导员，县长葛传尧兼任主任委员，国民党涡阳县党部书记长杨林祥兼任副主任委员。涡阳县动委会设在县城新华街路北的华祖庙内，设有组织、宣传、总务、后勤、情报 5 个部。各部部长由动委会委员、社会知名人士担任，但他们只挂名，很少问事。各部具体工作主要由干事负责，这些干事多由进步青年或先进分子担任，他们分别是组织干事李晨，宣传干事王笑伟，总务干事卢锡球，后勤干事张旭初，情报干事先后是刘震五、李君可。动委会下设农民抗敌协会、工人抗敌协会、商人抗敌协会、青年（学生）抗敌协会、妇女抗敌协会。另外，还成立了青年抗敌工作团，团长智绍贤；省动委会委托第二十七工作团，团长先后是邵仲元、王奎龙；省动委会直接领导的妇女战地服务团，团长解少江；省属第二十八工作团。各区也成立了动委会，由县动委会直接领导。区动委会设专职指导员，各区乡都开展了抗日宣传活动，有的还成立了抗日民兵大队。

涡阳县动委会及各抗日团体采取各种形式开展了抗日救亡活动，编印抗敌小报《动员三日刊》。该报由李晨主编，王笑伟编辑，孙幼文刻写。他们借鉴新四军游击支队机关报《拂晓报》的版式，内容有新华社电讯、时事述评，有宣传抗日救亡、揭露日军暴行的文章，也有李晨等动委会成员和社会各界人士的撰文，形式活跃，内容丰富，切合时政，通俗易懂，深受社会的好评。《动员三日刊》每三天一期，八开两版，逢节日两张，每期200份，除在涡阳县发行外，还与外县、外省交流。直到1940年2月涡阳县动委会被迫解散时，《动员三日刊》才被迫休刊。

演抗日戏，唱抗日歌。他们演出的剧目有《父与子》《东北一角》《保卫上海》等，还有刘因在延安创作的《良民》《可以来往的朋友》，以及王奎龙写的《千古恨》等。这些剧目的演出对于宣传群众共同抗日起到了很好作用，影响很大，如委托工作团在丰集演出时，观众多达几千人。动委会还专门编了一本《抗日歌曲选》，收录全国十分流行的《大刀进行曲》《松花江上》《红缨枪》等，印刷200多份，分发到各学校，并派人去教。当时，无论县城还是乡村，抗日歌声此起彼伏，极大地鼓舞和激励了涡阳民众的抗日热情。

办墙报，贴标语。从1939年2月至1940年1月近一年的时间里，涡阳县动委会及各抗日团体在县城石狮子街、厦门街口、东城墙、洋房街4个地方举办了"大家看"墙报，每日一期，从未间断，一共办了350多期。墙报内容有时事新闻、抗战故事、文艺小品、抗日歌谣、讽刺漫画和工作动态等。墙报生动活泼，很受民众欢迎，如歌谣《拆城墙》："哈黄牛，炸响鞭，拆了城墙又拉砖。我们实行游击战，没有城墙更方便。鬼子仗着大炮强，有了城墙好躲藏。鬼子攻，我们走，鬼子来了不能守。"又如歌谣《小白鸡》："小白鸡，挠草垛，我们不买日本货。你的洋布虽好看，穿不久就要烂。我们会织老粗布，又结实，又暖和。"这些歌谣通俗易懂，押韵上口，形象地反映了涡阳民众的抗日信心和决心，很快被传唱开来。城郊有一个好说快板的窑工，每天都去看墙报，然后就打竹板敲唱，进行抗日宣传。此外，县动委会和各抗日团体还在县城和集镇大量张贴或在墙上刷写"抗战到底""团结抗日""抗战必胜"等标语和漫画，大造抗日宣传声势。

此外，县动委会还进行街头宣传和家庭访问。他们经常在县城主要街道、全县大小集镇以及一些大的村庄进行街头、村口抗日宣传，所到之处围观民众少则几十人，多则几百人，气氛热烈，影响很大。为了动员知名人士和富裕人家为抗日出力出钱，他们还主动到这些家庭进行访问和宣传，号召他们积极投身到抗日救亡的行动中来。

1939 年 5 月，新四军游击支队在涡阳县城设立联络站，成立了秘密的中共涡阳县委，民先队员李晨等加入中国共产党。李晨在新四军游击支队涡阳联络站负责人任泊生和中共涡阳县委书记徐宏九的领导下，积极团结进步青年，注重斗争的策略性，先后在动委会发展了 3 名党员，充实了进步力量，密切了党组织与动委会的关系，掌握了抗日宣传工作的主动权。

三、亳县抗日工作团

1938 年秋末冬初，安徽省民众总动员委员会委任太和人傅焕之为亳县民众动员委员会指导员，到亳县组建动委会。国民党亳县县长熊公烈兼任主任（熊公烈公开投靠日伪后，俞肇兴接任亳县县长，兼任亳县民众动委会主任），后改为刘新任指导员，主持日常工作。

1938 年冬天亳县已成立抗日工作团，陈竟如任团长，因陈去金寨受训，没有怎么开展工作，就解散了。1939 年 2 月，亳县抗日工作团再次成立，经国共协商，任命高凌云（又名高峰，共产党员）担任工作团团长。在从陕北公学回乡的耿演武的帮助下，动员了四五十人参加，多是农村青年。因经费紧张，报省批准，又成立了省动委会委托工作团，团长是耿演武。高凌云所属的团叫县属抗日工作团，耿演武所属的团叫省委托团，一个机构两块牌子，大家一起发动群众，宣传抗战。亳县动委会和工作团在党的领导下，团结进步人士，积极开展工作，在动员广大群众抗日、发展进步力量、创建革命政权等方面都发挥了重要作用，做了卓有成效的工作。

1939年春，安徽省政府任命俞肇兴任亳县县长，他联合进步势力，积极动员组织抗战，使亳县出现了国共合作、共同抗战的大好局面，动委会也利用这一有利条件，做了大量工作。1940年2月，李品仙任安徽省主席主政安徽后，大力推行反共政策，加强控制和改组省动委会，排挤进步人士，撤销抗日工作团。亳县县长俞肇兴被排挤走，反动县长苏朴生上台，亳县动委会和抗日工作团被取消。亳县抗日工作团虽然存在的时间不算长，但做了不少有益的工作。

（一）积极宣传抗日主张

创办《动员导报》。亳县动委会办《动员导报》的人员，都是共产党员。中共亳县县委宣传部部长汪笑生（汪振华）任主编，共产党员李简、李泽成负责刻印发行，四开的油印小报，每周出2至3期。它是以新四军游击支队的机关报《拂晓报》为样板的，经常登载新华社新闻稿和转载《拂晓报》的文章。《动员导报》在全县和附近县、市发行，传播了党的抗日方针，提高了群众抗日觉悟，播下了革命的火种。

走向街头、村庄宣传抗日。他们经常走上古城集的街头宣传，有时利用开大会的机会，向群众宣传。此外还通过演出《东北人》《流亡三部曲》《壮士守闸北》《放下你的鞭子》等现代话剧，宣传抗日，激发人民群众的爱国热情。他们经常到龙德寺、油河、赵桥、城父、高公庙、丁固寺、沙土集等地去，在墙上刷抗日标语，画抗日壁画。一次在沙集看到被日军炸毁的墙，他们就在墙上写道："这就是日本鬼子铁蹄蹂躏的罪证！"看到被日军焚烧过的房屋，就在墙壁上画一个大螃蟹，上题："看你能横行到几时？"这些既形象又结合实际的宣传教育，具有很好的宣传效果，对提高群众的抗日救亡认识起到很好的作用。

代销《拂晓报》和进步书刊。他们经常推销新四军的《拂晓报》《论持久战》《论新阶段》《论联合政府》《实践论》《大众哲学》等进步书籍，对提高老百姓的革命觉悟起了重要作用。

为抗日烈士开追悼会。刘贯民①牺牲后，遗体运到古城集，亳县动委会和抗日工作团为他召开了隆重的追悼大会。县长俞肇兴讲话，工作团代表发言，大力宣传了党的抗日主张，表彰了抗日救国的精神，给参加大会的群众有力的鼓舞。

（二）积极开展抗战募捐慰问活动

亳县动委会和工作团积极开展募捐活动，号召地方乡绅和广大群众"有钱出钱，有力出力"，并及时将募捐来的物品和钱财支援给抗日一线。1939年1月，新四军游击支队在亳县城北芦家庙全歼敌伪军崔华山部。亳县人民大为振奋，动委会派陈竟如率领工作团，带着鞋子、

---

① 刘贯民，1939年秋，亳县自卫总队改编为县国民兵团，下设3个常备中队长，刘贯民任中队指导员。刘到任不久，驻在县城的日本侵略军，乘汽车5辆，偷袭下竹园，激战半小时，刘贯民和3名士兵牺牲。刘贯民的遗体安葬在古城集凤尾沟北岸，并立碑纪念。

钱和慰问信到支队驻地观音堂慰问。1939年夏天，第五战区第三支队与日伪军激烈交战，战斗打到亳县县城东南的白衣庵，重创日伪军，第三支队也有不少人受伤和牺牲。县长俞肇兴亲率工作团，带着慰问品到该部队驻地亳县师店子进行慰问。

（三）组织壮大抗日力量

扩大抗日统一战线，壮大抗日力量，动委会和工作团积极帮助建立群众抗日组织。先后在各地建立青年抗日协会、农民抗日协会、妇女抗日协会、儿童团等。高凌云率工作团到双沟集协助农民组织黄会（会长尹培聪）破袭归信公路。一夜之间，这条南北大道被截成许多段，每处都挖成10余米宽的深沟，日军机动车辆无法前进。通过县长

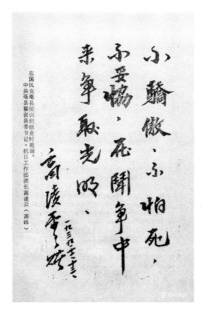

1939年11月13日，高峰（高凌云）为国民党亳县保训班题词

俞肇兴，工作团还以国民党县政府的名义在古城开办保甲长训练班。他们在训练班里宣传党的抗日民族统一战线政策和毛泽东关于持久战的论述，发展秘密党员。

共产党通过动委会组织开展民众动员工作，广泛动员和组织民众开展抗日救亡活动，采用开办青年训练班、组织进步青年到根据地抗日联合中学学习等形式，培养了一大批高素质的进步青年。动委会通过贴标语、办墙报、发传单、演讲等多种方法，向民众及社会各界揭露日军侵华

暴行，宣传全民团结、抗战必胜的道理，唤醒了广大民众的民族意识，激发了他们的爱国热情。农抗会、青抗会、工抗会、妇抗会、少宣团等抗日群众团体相继建立起来，广大民众为我军站岗放哨，递送情报，掩护伤员，查奸锄奸，在抗日救亡运动中发挥了重要作用。

创建豫皖苏（涡北）抗日根据地初期

　　芦家庙战斗结束后，新四军游击支队为了避开商丘日伪军的增援部队，迅速撤离战场，连同支队司令部一起，向亳州东部的观音堂转移，在1939年春节前后，队伍开到河南永城和安徽亳县的交界地带休整，司令部驻在了两省交界地的小镇书案店①。新四军游击支队初来乍到，没有任何基础，面对的是一个全新的环境。游击支队全靠党的路线方针指引，团结当地人民，积极宣传抗战政策，协调友军和地方政府，在艰难困苦中，度过了豫皖苏涡（阳）北永（城）南抗日根据地初创时期最艰难的岁月。

　　新四军游击支队在皖北遇到的难以想象的困难，集中表现在三个方面：一是政治、军事环境恶劣，在军事管理体系上不协调；二是自然环境恶劣，经济困难，经费粮食短缺；三是战略发展方向问题没有解决。

---

① 书案店，又名乐安店，今属河南省永城市裴桥镇书案店村，位于原亳县、涡阳、永城三县交界处，当时有300来户人家的一个乡村小集镇。

一、军事管理体系问题

新四军游击支队离开河南省确山县竹沟根据地，深入豫东皖北开展敌后抗日，北有商丘的日军和伪军张岚峰部，东有徐州的日军和伪军郝鹏举部，南有蚌埠的日军和汪伪安徽省政府，西面则有国民党汤恩伯、何国柱的军队，境内大大小小的土匪、地方武装更是多如牛毛，时刻想吞噬掉共产党领导的这支抗日游击队。

1939年初，彭雪枫历经艰难险阻，二万五千里仅仅靠一部电台和党保持着联系，军事指挥系统上没有了归属，给养和弹药供给成为大问题。

按照党的指示，新四军游击支队从河南省确山县竹沟奔赴豫东皖北抗日，一路向东，边走边打，一无饷源，二无后方供应。起初，开支主要靠从竹沟出发时所带的一点经费，但是随着人员的迅猛增加，队伍不断壮大，部队的给养成了大问题。人少的时候，还能凑合，但是人多了，就无法解决了。当时新四军初来乍到，还没有群众基础，豫东皖北连年战争，百姓早被军阀和地主劣绅搜刮得一贫如洗，军粮筹措异常困难。总不能让战士饿着肚子去打日军和汉奸吧？虽然共产党人的意志是钢铁一般的，但是人都是血肉之躯，一顿饭不吃饿得慌，更何况都是二十大几的小伙子呢？给养问题，不光是军需处长、老红军资凤的事情，更是彭雪枫的事情，甚至成了游击支队的头等大事，这个问题必须尽快得到解决。

游击支队的供给问题，不仅仅是自然环境、发展过快等因素造成的，有些问题是我党我军对这支游击支队的管理体制造成的，游击支队发展太迅猛，体系还没有来得及理顺。

首先是游击支队的归属问题。彭雪枫从竹沟匆忙上路，新四军军部远在江南，并不了解这支游击队的情况，认为它是隶属于八路军的一支队伍，所以新四军总部没有过问其活动情况，游击支队也未与之发生人事关系及电台联络。延安的八路军总部，则以为它隶属新四军，也没有给游击支队补充过物资和发出行动指令。八路军、新四军双方认识上的误区，对于刚刚建立起来的游击队的发展壮大，无疑是很不利的因素。

当然，这支队伍一直都处于我们党的正确领导之下。游击支队最初由周恩来、叶剑英直接负责管辖，因为部队小，人员少，组织要求他们自筹经费。但部队在东进的过程中，由于我们党的抗日主张得到社会各界的广泛响应，再加上彭雪枫等的有力领导，队伍迅速发展壮大，很快发展到3400多人。此时，周恩来、叶剑英调到中共南方局工作，领导我党南方几个省的抗日斗争。他们除了党的领导关系、政治领导关系归中原局管辖外，其他诸如给养、弹药、经费的补充，军事指挥系统等，则处在八路军和新四军管理的"盲区"之中。

二、克服粮食、经费短缺困难

为解决经济困难，1939年2月上旬，彭雪枫派政治部副科长刘玉柱赴确山县竹沟，向中原局书记刘少奇汇报工作，赴洛阳八路军办事处求助经费。刘少奇指示，要抓紧成立省委，加强地方政权建设，发动群众，减租减息，不能再扛着枪杆讨饭吃，但是眼下还只能靠自己想办法解决。这支以老红军为骨干的游击队，几个月来紧紧围绕着党的方针，执行着党的路线，都抱着穷干、苦干、硬干的精神，刻苦耐劳，咬牙克服一切困难，从1938年冬天到1939年春天，部队中全体干部除技术人员外，都没有发过一分钱的津贴。部队一日三餐吃红薯或红薯干面做的馍，或吃高粱面掺糠的窝窝头，喝着可照人影的稀粥或清汤。战斗在这个蔬菜产区，却没有钱买菜，每天每人连5分钱的菜金都没法保障。面对困难，彭雪枫教育干部说："我们是共产党人，具有坚强的革命意志。这种意志，是任何钢铁、金石都不可比拟的。艰苦，对我们是个锻炼。一个人，不经过艰苦的陶冶，是不能成大器的。我们应该以'威武不能屈，贫贱不能移'的气概，始终不渝接受历史的考验。"他告诉大家，这里的人民是勤劳、淳朴的人民，又是多灾多难的人民。这一地区地势低洼，土地贫瘠，本来就很苦，又被兵匪抢劫一空，现在遇到春荒，怎能忍心再加重他们的负担呢？彭雪枫的讲话朴实无华，给了指战员们极大的鼓舞和战胜困难的勇气。①

如果说吃饭问题和经费问题想方设法还可解决，而弹药、通信器材和人才干部缺乏的难题就很难克服了。游击支队立足未稳，还没有力量建立自己的兵工厂，整个游击支队仅司令部有一部电台。针对这些情况，彭雪枫不得不在1939年2月11日致电毛泽东、王稼祥、滕代远及朱德、彭德怀、左权，报告部队现状及今后发展的建议，并说明他们迫切需要军委明确规定他们的军事管辖系统，以便获得弹药、给养、装备的补充，每月发给固定的经费；建立与西安、洛阳后方联络路线及关系，并争取再派来一批营连干部和电台、卫生、保卫人员。党中央、毛泽东等知道这些情况后，当天复电彭雪枫，同意游击支队直接归前总指挥，每月经费及弹药补充由前总解决，干部从抗大五期毕业生中选派。②

---

① 欧远方、童天星编：《淮北抗日根据地史》，中央文献出版社1994年版，第17页。
② 《彭雪枫传》编写组：《彭雪枫传》，当代中国出版社2004年版，第415页。

1939 年 5 月，新四军游击支队已经度过了它最艰难的一段日子。春回大地，皖北大地遍地是绿油油的麦苗，可以充饥的野菜到处都是，前总拨付的经费和给养也逐步到位，战士们的脸上渐渐泛出难得一见的红润来。在克服经济困难方面，根据地至今流传着许多感人至深的故事。

（一）彭雪枫卖马度春荒

皖北的冬天，天寒地冻。彭雪枫率领游击支队顶风冒雪，来到豫皖交界的小镇书案店，准备在这里度过农历的新年。书案店集小人少，在反动政府和土匪的盘剥践踏下，人们衣不遮体、食不果腹，生活苦不堪言。游击支队一到这里，就马上整治环境、清扫垃圾。拂晓剧团的小战士们走上街头，写标语、贴漫画，昔日荒凉的小镇一下子热闹起来。

然而，军粮供给越来越困难。越是艰难困苦，彭雪枫越是严格要求部队要爱护人民，尽量减少群众的负担。到底有多困难，从战士们编的顺口溜中，可以略见一斑：

三九年，
早春天，
我军东进书案店。
天天吃尽红薯干，
两月不见油和盐。
腊月三十推石磨，
一斤高粱辞旧年。

··········

彭司令率咱渡难关，

饿死也不把纪律犯。

游击支队军需处处长资凤[1]，虽然是理财的能手，现在也束手无策。就要过年了，部队官兵每天吃的是红薯干和高粱面掺糠菜蒸的黑窝头，喝的是清菜汤，连同样贫困的老百姓都看不下去了。大家都希望新四军官兵能在大年初一吃上一顿饺子，吃上一顿粗面馍。老乡们公推保长梁纯修、甲长董学田、老中医王钦镒等出面，挨门挨户收了几大筐白馍、黄馍、黑馍，敲锣打鼓送到了彭雪枫的住处。彭雪枫热情地接待了大伙，但坚决不收食品。梁纯修没有办法，最后提出，希望在大年初一这天，能请全体官兵到各家吃一顿年饭。

大年初一，大家都起得很早。梁纯修带着几个人到军营里请彭雪枫和战士们吃年饭，到了军营才发现，军营空无一人。一打听才知道，大年初一凌晨，部队紧急集合，在群众还未起床时，他们就悄悄地离开了书案店，到寨子西南方大洼里"躲年"去了。直到下午，部队才回到村里。当地群众赞叹说："彭司令的队伍真是纪律严明，秋毫无犯！"

春节过后，青黄不接，是旧时代皖北人民最难熬的时候。群众中陆续出现断炊户，部队也要靠野菜充饥。部队挖野菜吃，但看到附近的老百姓也靠挖野菜度日，彭雪枫就下令，不准部队再挖野菜，不能

---

① 资凤，参加过长征的老红军，衡阳耒阳人，1927年加入中国共产党。1928年参加红军。抗日战争时期，任八路军驻晋办事处供给科科长，新四军第六支队留守处处长，新四军第四师供给部副部长兼出纳科科长，第四师兼淮北军区供给部副政治委员，淮北行署金库主任。1955年被授予少将军衔。

新四军游击支队司令彭雪枫

跟老百姓争食物，为此司令部还专门发了告示。彭雪枫语重心长地教导战士们："目前春荒严重，部队经费困难，群众生活也艰苦，游击支队不能给老百姓雪上加霜，增加他们的痛苦。共产党领导的队伍，要学习范仲淹'先天下之忧而忧，后天下之乐而乐'的精神，与人民群众同甘共苦，咬紧牙关熬过春荒！"数月来战士们生活得很艰苦，病号越来越多。彭雪枫深知，当务之急，除了不断和日伪、顽军打仗，还要军民同心协力，共度春荒。怎样解燃眉之急呢？彭雪枫思来想去，他最后想到了部队的 13 匹战马。

彭雪枫提出要卖马，立即遭到了所有人的反对。没有马怎么打仗？彭雪枫说："我们刚革命的时候，不也是没有马吗？只要我们打胜仗，不要说马，就是坦克也会有的！"彭雪枫举了秦琼卖马的故事，他说："古时候，秦琼受困于山西，不也是卖掉了他心爱的黄骠马嘛！为了打鬼子，为了民族的解放，我们暂时卖掉这红骠马、黑骠马、白骠马，也没有什么了不起的！"他还给同志们讲了长征途中，彭德怀杀骡子的故事。大家这才勉强同意。警卫员小刘实在不忍心把彭雪枫心爱的枣红马卖掉，偷偷将马藏在一位老乡家里。彭雪枫知道后严肃批评了小刘。枣红马牵来了，彭雪枫攀着马的脖子，抚摸着马的鬃毛，从口袋里掏出他吃饭时留下的一块红高粱面锅饼，塞到马嘴里，眼睛湿润了，无言地转身走去。大家心里都清楚，他何尝舍得卖掉自己心爱的战马呢？

卖马的钱虽然不多，彭雪枫和战士们却十分珍惜，把这些钱称作救命钱，它不仅缓解了部队的吃饭问题，还救济了一些无粮断炊的贫困户。在春播前，彭雪枫还指示供给处挤出一部分钱，给无力买种子的群众解决困难，军民并肩携手共同度过春荒难关。

书案店的父老乡亲对新四军卖马渡春荒和彭雪枫爱民济贫的事迹交口称赞。故事很快就传到芒砀山开明绅士鲁紫铭那里。听说新四军宁肯卖掉军马，也不愿增加群众负担的事，他激动地说："新四军真是天下文明第一军！彭将军卖马济贫，亘古少有。有此仁义之师，何愁倭寇不除！"后来鲁紫铭就鼓励儿子鲁雨亭带领自己的队伍参加了新四军，最后鲁雨亭为国捐躯。

关于彭雪枫卖马的故事还有一种说法。有个商人听到新四军卖马的事迹很感动，自己花钱把卖出去的马高价买了回来。商人带着马匹驮着粮草，送还给新四军，留下信函说："这些马不是送的，而是卖给新四军的，你们买马的钱，就用日本鬼子的人头代替吧。"彭雪枫把这封信保存着，打仗的时候还拿出来念给战士们听，激励战士们奋勇杀敌。不管是哪种说法，都反映了彭雪枫群众观念强，思想境界高，也说明根据地人民对彭雪枫和新四军的敬仰和爱戴。

（二）以身作则　同甘共苦

亳州观堂一带，有个民谣："苗桥的白菜观堂的蒜，书案店的菠菜不拌面；归德府的芹菜，瓦子口的葱；磨山的萝卜出家东。"说明亳、永之间很适合种蔬菜的，但是当时兵荒马乱，老百姓很贫困，驻扎在这里的新四军也就更加困难。军需处处长资凤向彭雪枫汇报部队的物

1941年8月，彭雪枫和他的小号兵合影

资供应状况：伤病员的药品已经用完，部队每人5分钱的菜金已发不出，游击支队的账面上只剩下三四块钱。

彭雪枫和每位战士一样，勒紧裤带，忍受着饥饿。他在战斗中负过伤，军旅生活居无定所，有时几天喝不上口热汤，患上了严重的胃病。来到皖北地区，因为经济困难，细粮是稀缺的奢侈品，只能以本地盛产的红薯果腹。在没有细粮支撑，缺盐少油的情况下，红薯吃多了，就会产生过多的胃酸，肚子发胀，口吐酸水，打个嗝都一股子酸气。彭雪枫的胃病时常发作，饭量一天天减少，眼看着身体日渐消瘦，但是他却靠着坚强的毅力，以一个共产党员的标准严格要求自己，时时以一个普通战士的面貌出现在部队和人民群众面前。每天当勤务员刘吉庭给他送饭时，同志们总能看到，彭雪枫的饭食同大家一样，也是几块红薯、黑窝头和一碗清水汤。大家心里都不是滋味，感到无比心痛。有一次，他的胃病又犯了，副官雷鸣实在是心疼，就偷偷地安排炊事员给他做了碗面条送去。他坚决不吃，坚持让炊事员送给伤员吃，并立刻把副官雷鸣叫去，严厉地批评了一顿。他说："你这是叫我脱离群众。当领导的如果不能与大家同甘共苦，总把自己放在特殊位置上，如何给同志们做榜样！如果那样做，战士们就会对领导失去信任，革命的意志就会涣散，就不能团结起来，战胜困难。我们的队伍就会失去坚强的战斗力。"彭雪枫的肺腑之言，感动得在场的官兵热泪盈眶。在严重的困难面前，彭雪枫等领导率先垂范，不搞特殊，同广大指战员一起共克时艰，给部队以巨大的精神力量。

在困难面前，彭雪枫一向保持乐观的革命精神。不管在多么艰苦的环境里，他始终保持乐观向上的态度，并在很大程度上影响着同志们的情绪，他把细长并带有霉斑的红薯叫"无产阶级香肠"，把高粱窝窝头叫"猪肝"，把稀汤叫"抗战牌牛奶"。他的乐观和风趣，感染和教育了广大指战员，形成了战胜困难的凝聚力。高粱馍和红薯锻炼了指战员们的胃口，艰难困苦的斗争生活磨炼了大家的意志，培育了战士们的高尚品德，建立了军民之间的鱼水情谊。

即使是在最困难的时候，彭雪枫心里仍然装着老百姓。很快，连红薯也吃不上了。没有粮食吃，营养跟不上，战士们的体力会明显下降，不少战士因吃野菜而泻肚子。缺粮问题直接危及战士们的身体健康，战斗力下降，他们怎么能更好地打日军呢？一番深思熟虑后，彭雪枫手中的铅笔在作战地图上，移向了亳州的东南方向——淮上地区。

三、战略发展方向问题

游击支队的军事管理体系、补给系统等问题解决了，战略发展方向成为一个必须解决的问题。根据地领导层对此出现了较大分歧。彭雪枫认识到，必须召开一次党政军会议来研究这个问题，刻不容缓。于是，游击支队在驻扎地永城县孙团集召开了新四军游击支队进入豫皖边区以来的第一个重要会议——豫皖苏边区党政军委员会第一次会议。豫皖苏边区党政军委员会是中国共产党在该地区的最高权力机构，游击支队司令兼政委彭雪枫、豫皖苏省委书记张爱萍、省委副书记兼游击支队副司令吴芝圃等参加了会议。会议由彭雪枫主持，他是游击支队司令兼政委，同时还是豫皖苏边区党政军委员会主席。[①]

会议的中心议题是：游击支队的战略发展方向问题。

会议分析党内的形势：中共六届六中全会召开后，批判了全民族抗战初期把抗战胜利希望寄托于国民党军队，把人民的命运寄托于国民党统治下的合法运动的王明右倾错误。中共中央长江局重组，一分为二，分成由周恩来任书记的南方局和由刘少奇任书记的中原局。

会议围绕3个方面展开激烈的讨论：一是战略方向和目的问题。对于游击支队是向西发展，还是向东发展，出现了两种截然不同的意见。向西，以现在所处的豫东、皖北为前进基地向西发展，进入河南腹地伏牛山建立根据地，由此可以连接北部的晋冀鲁豫和南部的鄂豫皖两个根据地，形成控制中原的局面。张爱萍的意见是跨过津浦路，向东进入皖东北敌占区，并以此为跳板，图谋苏北，进而配合夺取华中地区。华中敌后虽是日伪占领区，但除城市和交通干线外，大部分

---

① 张胜：《从战争中走来：两代军人的对话》，中国青年出版社2008年版，第29页。

处于无政府状态，应趁国民党地方势力尚未恢复前，先期抢占。他认为向西发展，就要进入国统区，势必与国民党第一、第五战区碰撞，政治上被动，军事上不利。二是如何理解贯彻中央意图的问题。毛泽东曾有向西进军的意图，起初党中央指示新四军游击支队的任务就是向西发展，进入伏牛山建立根据地，准备在日军打通平汉路时，随后跟进，趁势控制河南。但是时过境迁，武汉保卫战后，战争进入相持阶段，日军进攻的强劲势头已被削减。日军没有打通粤汉路，打通平汉路也困难。因此，河南局面短期内不会有大的变化，图谋中原的设想，恐一时难以实现。三是对作战环境的认识。向西发展，中原地区东部地形平坦，无险可据，不利于广泛地开展游击战；跨过津浦路进入皖东、苏北地区就不同了，港湾湖汊、水网稻田，不利于敌人机械化大部队行动。为避开在豫东、皖北面对日军，背靠国民党的险恶环境，减少两军在此地的摩擦，不如尽早向东开辟敌后根据地。

会上，双方意见相左，争执不下，谁也说服不了谁。最后，问题集中在一点上：对路东，谁熟悉？恰在这时路东宿县地下党刘子吾来报告，皖东北敌人兵力不多，只占了几个县城和较大的集镇。国民政府的专员盛子瑾很开明，正在发展武装，这更坚定了张爱萍发展皖东北的决心。张爱萍决意要到皖东北开辟抗日根据地。[①] 1939 年 7 月 12 日，张爱萍撰文《巩固团结，坚持皖东北的游击战争》记述了当时的情况，阐述了自己的观点。他认为，皖东北是徐州至南京的中间地带。控制该地区，可直接威胁徐州、蚌埠，间接威胁南京；破坏扰乱敌主要陆上（津浦、陇海）、水上（淮河、运河）交通线，从而吸引牵制沿南北两侧向中原进攻之敌，成为华中战场的一个有力阵地。

---

① 张爱萍到豫东皖北一带做统战工作，就是彭雪枫向上级要求派来的。

彭雪枫和吴芝圃最终同意了张爱萍的计划，支持他向东发展，开辟皖东北根据地。会议结束后，张爱萍、刘玉柱、刘子吾等3人开赴皖东北。临行前，彭雪枫见张爱萍的鞋子破旧，安排供给处给张爱萍赶做了一双新鞋。到皖东北后，经中共皖东北特支书记江上青（江的公开身份是督察专员秘书）介绍，张爱萍很快与国民党安徽省第六区行政督察专员盛子瑾①在泗县魏营子达成抗日协议。张震后来在《新四军第四师的战斗历程和淮北抗日根据地的创建与发展》中写道："这时，由于我们对皖东北的情况不了解以及对开展这一地区工作认识不足，没有派部队随爱萍去，失去了一段有利时机。"

张爱萍到皖东北后，仅用3个月时间就建立起辖5县16区的皖东北根据地，并很快将豫皖苏与苏北连成一片，使其成为后来新四军第四师3个月反摩擦受挫后撤退的落脚点。

---

① 盛子瑾为戴笠特务系统成员，1938年任安徽省第六区行政督察专员兼泗县县长、第五战区第五游击司令，为对抗桂系当局的排挤，曾试图利用共产党新四军的力量以自保。

豫皖苏（涡北）抗日根据地进一步发展

走千走万，不如淮河两岸。

——民谚

涡（阳）北永（城）南地区是建立抗日根据地的好地方，然而长年累月的兵连祸结，地区军阀混战，加上天灾人祸，老百姓已经贫穷不堪。几千人的军队聚集在这样一个狭小的区域，军队给养的压力巨大。全民族抗战初期，国共关系尚好，但是国民党地方政府所给的给养靠不住，前总的补给有限，游击支队的吃穿问题必须靠自己来解决。穷则思变，为了解决给养问题，游击支队决定走出去，开辟新的给养源。

一、进军淮上地区

为了尽快解决给养并与新四军军部取得联系，游击支队研究决定向淮上地区①进发。淮上地区土地肥沃，物产丰富。清朝末年，太平天国、捻军就在这里和清军拼杀多年，朝廷的大军也赚不到什么便宜。日伪军和国民党顽固派也对此地垂涎三尺，都想拼命争夺。为了扩大回旋余地，补充兵源，发展抗日力量，筹集军队给养，切实解决经济困难，新四军游击支队必须出击淮上地区。

进军淮上，还有一个重要目的：尽快和新四军军部取得联系。1939年5月，经国民政府军事委员会批准，中共中央和新四军司令部决定成立新四军江北指挥部，主要是为了统一对第四支队、第五支队、江北游击纵队等长江以北地区新四军的领导。张云逸任指挥，徐海东任副指挥，赖传珠任参谋长，邓子恢兼政治部主任。6月，进军淮上的游击支队终于与新四军江北指挥部建立联系，6月14日，按照中共中央军委指示，新四军游击支队正式划归新四军江北指挥部指挥。游击支队和新四军军部的指挥关系明确了，但合法名义与经费给养问题并未真正解决。于是，游击支队第二团于6月15日继续向淮上地区推进，随后，彭雪枫率支队领导机关也进抵淮上地区。

7月下旬，彭雪枫派游击支队第二团政委谭友林为代表，到庐江县东汤池向叶挺、张云逸汇报工作。叶挺听了汇报后，讲了四点意见：（1）彭雪枫领导的游击支队以300多人和劣势装备孤军深入豫东皖北敌后，壮大了自己，取得了政治上、军事上的重大胜利，这是值得褒奖的。（2）豫皖苏根据地位于陇海、津浦两路之交叉地带，历来为兵家必争之地，战略地位十分重要，游击支队要进一步发动群众和武装群众，建立巩固的根据地。（3）新四军现有5个支队，游击支队可改

---

① 淮上地区，包括淮河以北，津浦路以西，宿蒙公路以东，浍河以南的怀远、凤台、宿南、蒙城等广大地区，自古以物产丰富著称，为兵家必争之地。

为第六支队，弹药问题江北指挥部尽量给以支援，但改善部队装备，根本上还是要靠游击支队自己。（4）随着形势的发展和部队的日益扩充，要注意抓部队的建设，建立地方武装，还要培养自己的主力，使部队逐步正规化，既能分散游击，也能适时集中打运动战，以便大量歼敌。叶挺指示江北指挥部，拨发 5000 元现款和一批西药交谭友林带回，并要游击支队再派一支部队到指挥部搬运武器弹药。从此，游击支队取得了与新四军军部和江北指挥部的联系。进军淮上不仅解决了公开宣传的"打仗、扩军、筹资"三大任务，更重要的是和新四军军部及江北指挥部取得联系，并纳入新四军战斗序列。

新四军游击支队有了军部的支持，军心大振。6 月 3 日，袭击湖沟①日伪据点，旗开得胜。二团团长滕海清以两个营的兵力夜袭湖沟集，出其不意地发动猛烈袭击。日军在坦克的掩护下，向津浦路逃窜。湖沟战斗击毁敌汽车 3 辆，毙伤日本兵 30 余人，全歼伪军一个排。之后，又先后袭击了唐店子、常家坟等日伪据点，4 次夜袭怀远县城。东征淮上，打击了日伪军，收编、驱逐、消灭了地方反动武装，先后占领了河溜、龙亢两个皖北重要商埠。两个多月的战斗中，缴获了大批军用物资和枪支弹药，毙日伪军 700 余名，俘房日伪军 1165 名，

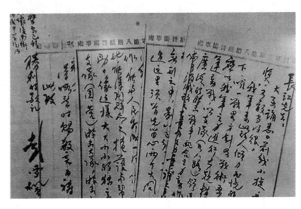

彭雪枫手迹

---

① 今属于固镇县。

控制了南抵淮河边，东至津浦铁路，北至浍河的淮上全部地区。游击支队进军淮上后，吸收新战士1800余人，武装缉私，设卡收税，筹集了大量资金，解决了部队的给养问题，为建立淮上抗日根据地打下了基础。进军淮上取得可喜的成绩，新四军参谋长张云逸给彭雪枫写信称赞道："捷报频来，不胜欣喜，你们艰苦奋斗，为国家为民族效命疆场，不但增加了本军的战绩荣誉，更大提高了我党的威信。"

在淮上期间，彭雪枫在蒙城县乌衣集[①]撰写了《平原游击战争的实际经验》的军事论文，深刻研讨了开展平原游击战争的理论和战术问题，并于1939年6月1日报送毛泽东和王稼祥审阅。经毛泽东推荐，该文于当年6月25日在《八路军军政杂志》第1卷第6期发表。6月12日，新四军游击支队驻扎涩河南岸，彭雪枫又着手编辑了《游击战术的实际运用》一书，并撰《写在前面》一文为序。这些文章和著作，既是对游击战争的经验总结，也是指导游击斗争的实际需要[②]。

新四军游击支队第一次党代会代表合影

游击支队第二团进军淮上的同时，活动在永城、涡阳、萧县、夏邑地区的部队，也积极打击日伪军，发展壮大力量，先后建立了永城、夏邑、萧县、宿县抗日民主政权。8月底，游击支队主力从淮

---

① 今蒙城县板桥镇乌集村。

② 《彭雪枫传》编写组：《彭雪枫传》，当代中国出版社2004年版，第727页。

上回师涡北地区，在涡阳、蒙城、宿县三县交界的曹市集[①]附近整训。

二、游击支队召开第一次党代会

1939 年 9 月 1 日至 3 日，根据形势的发展和工作的需要，新四军游击支队决定利用整训的时间，在曹市集的牛氏宗祠召开支队第一次党代会，有 200 余名代表出席了大会。会场正面的会标是"支队第一次党代会"，其他 3 面墙上挂着"全世界无产者联合起来！""坚决贯彻执行中共中央六中全会的政治决议！""坚持抗战，反对投降；坚持团结，反对分裂；坚持进步，反对倒退！"等红布黄字大幅标语。大会选举毛泽东等中央领导人为名誉主席团成员，彭雪枫、吴芝圃、萧望东、张震、滕海清、谭友林、李耀、方中铎、岳夏、张仙舟等 10 人为主席团成员。

会上，彭雪枫代表党政军委员会作《一年来进军敌后的斗争情况》的报告，并传达了中共六届六中全会精神；萧望东作《一年来政治工作情况》的报告；张震作《一年来的军事斗争》的报告。彭雪枫总结了游击支队一年来进军敌后斗争所取得的成果和经验，并指出存在的问题和不足。他分析了国际、国内形势，详细传达了中共六届六中全会的精神；强调必须广泛地发动敌后游击战争，创建豫皖苏抗日根据地，迅猛扩大抗日武装，加强部队政治工作，提高军事水平，把部队建设成铁的党军；在根据地内，要改造和建立抗日政权，发动群众，组织群众，把根据地建成敌后抗战的坚固堡垒。

---

① 今安徽涡阳县东曹市镇。民国《涡阳风土记》卷二：曹市集"属曹市堡，正东五十里"。

大会讨论了豫皖苏边区的形势和任务，做出关于建党、建军、建政、建立抗日群众团体，培养地方干部，发展地方武装，征收公粮赋税，大刀阔斧地开辟与建立以永涡为中心的豫皖苏边区抗日根据地，以及协助地方党组织认真开展根据地各项建设等重要决议。

大会对边区的党政军工作做出具体的布置：在军队方面，开展整军建军，加强军事训练，提高军事技术，增强战斗力，部队不仅能打游击战，而且能打运动战；在建党方面，深入地方开展工作，建立各种抗日群众团体，大力发展党的组织，加速培养地方干部，加强根据地的政权建设；在财政方面，开源节流，征收赋税，统筹分粮，解决部队财政困难，改善部队生活等。

9月3日，出席会议的代表进行分组讨论，选举产生支队党的委员会，选出彭雪枫、吴芝圃、萧望东、谭友林、李耀等5人为出席党的七大的代表。由于工作需要，最后决定由谭友林出席党的七大。

9月6日，支队司令部驻扎到涡阳县新兴集（又叫龙奶庙）。之后，部队开赴永城、萧县地区，以团为单位，分区开展地方工作，组织地方武装，继续扩大部队。

1940年2月1日，新四军军部正式命令新四军游击支队改番号为新四军第六支队[1]，彭雪枫任司令员兼政治委员，吴芝圃任副司令员，张震任参谋长，萧望东任政治部主任。

第一次党代会的胜利召开，总结了新四军游击支队东进一年来的战斗生活，开启了豫皖苏边区抗日根据地的新局面。游击支队及豫皖苏抗日根据地进入一个蓬勃发展和全面建设的新时期。

---

[1] 1939年11月2日，按照新四军军部指示，游击支队改称"新四军暂编第六支队"，根据党中央和中原局指示，去掉"暂编"，称"新四军第六支队"。1940年2月1日，叶、项命令正式下达后，"新四军第六支队"番号始对外公布。

刘少奇视察豫皖边区

小麻喳^①，叫喳喳，新四军，来俺家，

又搅疙瘩^②又下面，又搬板凳又拿烟。

——皖北抗日民谣

1939 年 9 月 6 日，新四军游击支队司令部等机关驻扎在涡阳城北 20 公里的新兴集，决定以涡阳以北永城以南的这个小镇作为中心，开辟抗日根据地。

其实，早在进军淮上之前，1939 年 2 月 23 日，游击支队在书案店就召开团以上干部会议，总结支队进入皖北、豫东敌后以来的工作。会上，彭雪枫根据中共中央和中原局的指示，明确提出建立以永（城）南、涡（阳）北为中心的豫皖苏边抗日根据地的战略任务。彭雪枫在会议上强调了建立豫皖苏边抗日根据地的重要性。他说："这里北靠陇海，东傍津浦，西临新黄河，南到淮水，处在华北、华中之间，位于中原腹地，自古为兵家必争之地，战略地位十分重要。我们要在这里

---

① 麻喳，皖北方言，喜鹊。

② 亳州的一种面食，麦面兑水搅拌出面筋，倒开水锅里做成稀饭，生津解渴，健胃滋补。

尽快发动群众，武装群众，开创出一个巩固的立足点。有了这个点，就可以展开、扩大。"

1939年春，彭雪枫带领游击支队在各地党组织的密切配合下，以开辟根据地、克服财政困难为中心，本着"自力更生、发展巩固自己"的精神，开展了一系列艰苦卓绝的斗争。春耕开始后，游击支队就从部队抽调一批干部，充实加强党对地方工作的领导，从各单位抽调干部组成工作组，分赴马村桥、裴桥、夏桥、观音堂等地，深入宣传发动群众，组建基层政权、党组织和各种群众救亡团体，并与乡村反动势力开展坚决斗争。与此同时，游击支队还派出部队向商丘、睢县、杞县、萧县、怀远挺进，扫除日伪"良民"区署，建立抗日政权，打击日伪军，并配合国民党军队作战，打开了这些地方的抗日局面。

1939年夏季，整个形势发生了更大的变化。6月14日，彭雪枫向中央军委、前总和中原局汇报游击支队进军敌后9个月来的工作："在党的正确领导下，9个月来大小战斗30次，毙敌600余名，俘敌1065名，缴获各种枪共1223支（挺），迫击炮两门。我军发展了8倍。"以永（城）南、涡（阳）北为中心的豫皖苏边抗日根据地的开辟，为以后淮北抗日根据地的建立，以及地方政权和基层党组织建设奠定了坚实基础。[①]

新兴集又名"灵奶庙""龙奶庙"，位于涡阳县城北20公里，东临丹城、马店集，西至耿皇、牌坊，南靠龙山、张老家，北接河南李寨、马桥，今属涡阳县新兴镇。新兴集地处淮北大平原，土地平坦肥沃，位置优越，五道沟、岭孜沟、曹武沟、青龙沟纵横交错，支流延伸到周边村庄。涡永公路穿街而过，交通便利。新兴集北距永城县城30公

---

① 任继愈主编：《刘玉柱纪念文集》，北京大学出版社2001年版，第40页。

里，向西北距亳县县城 42 公里，东距宿县县城 100 多公里，地处涡、永、亳的交界处。这里远离国民党的地区政治、经济中心，是个开展游击战、建立根据地的好地方。

1939 年 9 月 6 日，游击支队第一次党代会结束之后，新四军游击支队机关就搬到了新兴集附近，并将新兴集作为游击支队司令部驻地。部队一面休整训练，一面坚持边区斗争，先后打了大小战斗 30 余次，给敌伪以沉重打击。反"扫荡"取得胜利后，边区根据地得到巩固和发展。一个月内游击支队先后成立了 6 个独立大队，部队人数增加到 7369 人。

进驻新兴集的除支队司令部外，还有其附属单位，主要部门有副官处、军法处、政治部、民运部、锄奸部、电话总机、拂晓剧团、拂晓报社、参谋处、供给处、通信连等，周边驻扎了负责保卫工作的特务团、营、连等。到新兴集后，新四军建立了相应的设施，有精忠礼堂、大操场、军民食堂和俱乐部，还组织了农抗会、儿童团等群众性组织。从此，新四军游击支队进入了一个以新兴集为中心建设抗日根据地的新时期。

1939 年 11 月 4 日，新兴集迎来了一队特殊的客人。早上，张村铺通往新兴集的大路上，一群随从人员簇拥着一个骑着高头大马的国民党军将军，人群里还有一个教书先生打扮的中年人。原来这支特殊的旅行团，是一个经蒋介石亲自批准的中央检查组，组长就是那个骑马的国民党军少将徐海东，他的另一个身份是新四军江北指挥部副司令、新四军第二支队司令。此次行程，他要到江北指挥部庐江驻地赴任，并护送一个大人物去皖东北根据地。这个人就是化装成徐海东秘书的教书先生，化名为胡服的中共中央中原局书记刘少奇。他们 10 月 9 日从河南竹沟出发，率领中原局党政军和 50 多名营以上军官，深入华中敌后指导抗战工作。徐海东以国民党军少将的身份，沿途保护他们，同行的还有刘瑞龙，他后来担任皖东北军政委员会书记、中共淮北区委副书记兼淮北行政公署主任等职，参与领导淮北抗日根据地建设。当时，国内的斗争形势复杂，由于检查组是蒋介石亲自批准的，徐海东是奉命到各地检查工作，他身穿将军服，佩少将领章，可以借检查组的身份公开活动。刘少奇不便于公开露面，就化名胡服，任徐海东的"秘书"。白天徐海东当"首长"，刘少奇当秘书；夜晚刘少奇是首长，徐海东还请刘少奇讲解他的新作《论共产党员的修养》。一路上，国民党军政大员纷纷来拜访应酬，刘少奇等人于11月初才抵达新兴集，开始对豫皖苏边区的工作检查指导。[①]

刘少奇和徐海东等一行抵达新兴集后，稍事休息便听取了彭雪枫、吴芝圃等人关于豫皖苏边区党政军工作的汇报。在新兴集召开的新四军第六支队会议上，刘少奇向彭雪枫、吴芝圃等地方党政军领导人传达了党中央"巩固华北、发展华中"的方针，以及党中央关于放手开展游击战争，创建敌后抗日根据地的重要指示。当时，游击支队战绩辉煌，但对地方群众工作及根据地建设重视不够。在永城县，原封不动地接受旧政府机构，军队没有后方基地，给养、兵力补充困难，支队领导对向哪里发展、如何建设根据地、建立抗日民主政权等问题未及时做出决策。

在新兴集，刘少奇在与游击支队领导研究了上述问题后，做出三方面指示：建立抗日民主政权是游击支队必然的选择。当前，是千载难逢的好机会，绝不可轻易放过。游击支队必须深入发动群众。重点

---

① 涡阳县地方志编纂委员会办公室等编：《新四军第四师在涡阳》（《涡阳史志资料选编》第三辑），1983年，第43页。

是减租减息，改善雇工待遇，实行合理负担，帮助发展生产等。同时，组织群众建立各级农、青、妇抗日救国会，发挥他们的抗日积极性，确定创建根据地的任务。先创建永、夏、萧、宿四县一块根据地，再建立睢、杞、太和商、亳、鹿、柘两块根据地。之后，将上述三块根据地连成一片。涡北是日伪与国民党顽固派结合部，游击支队面敌背顽，极为不利，因此，不是建立根据地的最好地方。若向西发展会受国民党一、五两战区限制，容易引起中间派疑惧，政治上对共产党不利。苏北沿海地区辽阔，处于敌后，国民党顽固派韩德勤一贯勾结日伪，积极反共，破坏抗战，早为人民痛恨，因此，游击支队应全力向东发展，既有理，也有利。刘少奇还就创建豫皖苏抗日边根据地的任务、发展方向和斗争策略等，给豫皖苏边区的发展指明了前进方向。

1939 年 11 月 7 日，在新兴集北门外广场上，游击支队召开纪念俄国十月革命庆祝大会，并举行阅兵仪式。刘少奇检阅了游击队主力一团。纪念大会以后，刘少奇向支队连以上干部（地方干部乡级以上）做报告。

会后，刘少奇在支队检查工作，他非常重视调查研究，注意倾听群众意见。询问游击队的编制、装备、军训及给养等情况，充分肯定豫皖苏边区和新四军游击支队的战斗和工作情况。他指出：豫皖苏边区和新四军游击支队很好地贯彻执行了党中央关于在敌人后方组建抗日部队，开展敌后抗日战争，建立抗日根据地的各项方针、政策。游击支队的发展和豫皖苏根据地的创建，证明在平原地区开展游击战争是完全可能的，党中央关于在华中敌后建立根据地的各项方针与政策是完全正确的。他高度评价了新四军游击支队的斗争，认为游击支队是我们党在敌后新建部队中较好的一支。他指示说，新四军游击支队应尽快派一支得力的部队和一定数量的地方干部东进皖东北，加速那里的开辟进程。

为进一步贯彻党中央的指示精神，刘少奇亲自主持召开了几个座谈会，召开军队和地方县团以上干部扩大会议，传达和阐明党的独立自主建立抗日民主根据地的方针和政策。他指出，要抗战，没有政权是不行的，光靠上级接济是不行的，光靠向富户借粮和"打资敌"过日子是不行的，光靠统一战线募捐更是不行的。推翻帝国主义与封建主义的压迫，争取中国的独立自主与人民的民主自由，是中国目前要做好的互相关联的两件大事。要彻底完成这两大任务，必须建立革命各阶级的联合的民主政权，否则就不能长期坚持敌后抗战，最有力地打击敌人，赢得抗战的最后胜利。刘少奇明确指出：一是要有枪杆子；二是也要有个家——抗日根据地，建立抗日民主政权。发动群众是建立政权的基础，是扩充军队和克服目前经济困难的关键。他还给干部做了《自由与必然，强迫与愿意的统一》的报告，论述了共产党员的组织、纪律、修养。

11 日，中原局书记刘少奇在新兴集先后两次电报党中央，报告对新四军游击支队和豫皖苏边区各项工作检查情况及其今后工作进行部署。刘少奇在汇报了基本情况后指出：游击支队的基本部队已开始走向正规化，各项制度与组织均已建立，已具有老部队的各种优点，而缺点则更少些，部队的纪律好，统一战线工作与民众的关系好，且常能作战，获得多次胜利。刘少奇还把对豫皖苏边区今后工作的部署情况向党中央做了汇报。19 日，中共中央电复刘少奇，同意刘少奇 11 日两电对游击支队和豫皖苏边区今后工作的布置，并对江北新四军的发展做出指示。

之后，游击支队在精忠礼堂召开两次部队连以上干部及地方负责人会议。会上，刘少奇精辟分析国内外形势，传达党的六届六中全会精神，讲解党中央的正确路线及开辟华中敌后战场的战略任务。刘少奇还抽时间在支队政治部为300多名党员讲解《论共产党员的修养》，主持召开基层干部、战士、农协会员等参加的座谈会，并约了部分干部进行个别谈话。11月下旬，刘少奇离开新兴集，前往新四军江北指挥部。刘少奇在新兴集检查指导工作期间，解决了对新四军游击支队和豫皖苏边区发展至关重要的问题，特别是发展方向和今后的任务问题。

首先是解决了发展方向问题。刘少奇到新兴检查指导工作之后，经请示党中央，决定淮河以北、陇海路以南的共产党领导的一切武装部队，统一归彭雪枫指挥；集中力量创建永城、夏邑、萧县、宿县根据地；加强地方工作，健全省委，发展地方党组织；加强部队正规化，巩固部队，继续扩大主力部队；在一两个月后，主力部队及省委干部要抽调一部分越过津浦路东，去创建苏北根据地；在皖北建立秘密党组织，开展群众工作，准备游击战争；在睢、杞、太、鹿、商、亳等地建立小块根据地，以便将来连成大块根据地。同时，党中央指示：整个江北的新四军要广泛迅猛地向东发展，一直到海边去，要在此广大区域内发展抗日武装5万至10万人枪。[①]

刘少奇传达贯彻了党的六届六中全会精神，指明了根据地和游击支队发展的方向，对豫皖苏边区及游击支队的发展产生深远的影响。按照党中央的指示精神和中原局的安排，新四军游击支队（1940年2月番号改为新四军第六支队）的活动范围进一步扩大，淮河以北、陇海路以南，直到大海的广大地区，都是游击支队活动的区域。特别是

刘少奇 12 月 26 日电示彭雪枫，党中央已经批准将陇海路以南、津浦路以东之皖东北及苏北地区划归中原局管辖，并指定为新四军发展的主要方向，该地区活动的八路军部队及其他一切党所领导的部队，包括黄春圃（江华）纵队等，统一归彭雪枫指挥。

其次，成立边区党委，进一步加强党的领导。1939 年 11 月，豫皖苏边区党委充实健全党委组织，吴芝圃任区党委书记，刘瑞龙任副书记。党委下设组织部、宣传部、社会部、民运部和秘书长。加强地方党政军的建设，建立健全各级地方党组织，并先后召开组织工作、宣传工作和民运工作会议。同月，边区党委还召开豫皖苏各界人士代表大会，成立豫皖苏边区联防委员会，统一全区的政权领导，吴芝圃任联防委员会主任，刘宠光 ① 任副主任。成立豫皖苏边区参议会，吴芝圃任参议长，耿蕴斋任副参议长。之后，边区的群众工作也普遍开展，成立了边区和各级农救会、青救会、妇救会、儿童团等群众组织。这些组织的建立，大大加强了共产党对豫皖苏地区抗日工作的领导。

再次，理顺关系，游击支队正式划归新四军军部领导。1939 年 6 月 14 日，中共中央及中央军委决定，"甲、雪枫部仍划归叶（挺）、张（云逸）指挥。乙、雪枫部活动地区，仍划归中原局管辖。"② 新四军游击支队从这时起接受新四军江北指挥部指挥，但实际上仍然受中原局领导。11 月，刘少奇到新兴集后，新四军游击支队改番号为新四军第六支队，从此支队正式归属新四军建制，理顺了指挥系统。这时第六

---

① 刘宠光（1905—1977），字宗飞，别名刘文郁，阜阳县人。参加阜阳"四九"起义，1936 年到延安，入中共中央党校学习。1938 年 5 月，任中共晋冀豫省委巡视主任。1939 年到涡北抗日民主根据地，任新四军第六支队政治部民运科科长兼豫皖苏边区联防委员会副主任。

② 《新四军·文献》（1），解放军出版社 1988 年版，第 479 页。

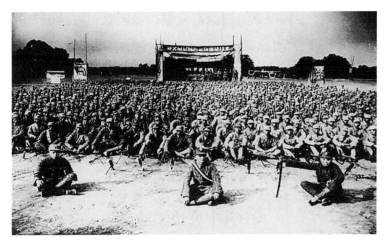

游击支队欢迎刘少奇的大会

刘少奇在干部大会上讲话

支队下辖 3 个主力团、4 个总队，共 17800 多人，是该支队人数最多的时候。

11 月 19 日，中共中央给刘少奇复电，除同意他对游击支队活动区域的划定和今后工作的部署之外，还责成北方局及抗大选出 700 名学员送到彭雪枫处，为日后游击支队的发展壮大做好干部储备。

相关链接：

中共中央长江局

1927 年国共分裂，中共中央成立长江局，作为共产党在国统区最重要的领导机构。抗日战争爆发后，长江局担负着领导中国南方中共地下组织和新四军，承担着同国民党谈判以及联络社会各界的重任。此外，长江局还公开出版中共的大型机关报《新华日报》和党刊《群众》，其工作范围极其广泛，对中共全局性的路线、方针也发挥着重大影响。长江局的领导人在党内声名显赫，因而有第二政治局的称呼。1937 年，王明从苏联回国后担任长江局书记，周恩来为副书记。王明任中共长江局书记期间，否认抗日统一战线中的独立自主原则，主张抗日民族统一战线中"一切经过统一战线""一切服从统一战线"，放弃党对统一战线的领导权，给我党和我党领导的敌后抗日根据地造成严重损失。中央决定在敌后开展抗日游击战争，华中由于深受王明错误路线的影响，过分强调华中地区"特殊"性，认为华中敌后地处水网平原，无山地为依托，难以开辟敌后抗日根据地。新四军主力守着皖南弹丸之地，前有日寇，后有顽匪，处于敌顽夹击之中，战略处境极其危险。这种思想严重影响到皖北豫东的新四军游击支队的发展。

1938 年 10 月，中共扩大的六届六中全会决定撤销长江局，成立了中原局（1941 年 5 月改称"华中局"）和南方局，刘少奇任中原局书记，周恩来任南方局书记。

抗日民主政权建设

早在 1939 年 2 月，刘玉柱到确山县竹沟汇报工作的时候，刘少奇就明确指示新四军游击队，必须在合适的地方给自己安个家。1939 年 11 月，刘少奇到新兴集视察工作之后，着重强调了建立根据地的重要性。第六支队从此加快了抗日根据地的建设工作。

1939 年 3 月，中原局决定撤销中共豫皖边工委[①]，建立中共豫皖边省委，张爱萍任书记，吴芝圃任副书记。同年 8 月，撤销中共豫皖边省委，成立豫皖边区党委，吴芝圃任书记。9 月 10 日，中共萧县中心县委和砀山县划归豫皖边区管辖，区党委遂改称豫皖苏区党委。11 月，中原局书记刘少奇到涡北新兴集视察工作，带来一批干部加强和充实了豫皖苏区党委的领导力量。

抗日根据地创建初期，由于王明右倾错误路线的影响，指导思想不够明确，战斗接连不断，加上过于依赖统战关系，根据地的政权建设大部分仍然沿用国民党的县、区、保、甲制及其原班人马，给发动群众和创建根据地带来一定困难。1939 年 11 月，刘少奇视察豫皖苏抗

---

① 1938 年 11 月 20 日，中原局决定成立中共豫皖边工作委员会，张爱萍任书记，领导豫皖苏边区党的工作。

日根据地对建立抗日民主政权做了明确指示后，豫皖苏边区很快召开各界人士代表大会，成立豫皖苏边区联防委员会，作为边区最高政权机关，吴芝圃任主任，刘宠光任副主任。联防委员会下设民政处、财政处、教育处、建设处、司法处等机关，具有明显的政权组织性质。同时成立豫皖苏边区参议会，吴芝圃任参议长，耿蕴斋任副参议长。在边区党委和联防委员会领导下，按照"三三制"原则，边区各级抗日民主政权迅速建立健全起来。

一、创建亳县涡北根据地

由于国民党顽固派掀起第一次反共高潮，亳县团结抗战的大好形势遭到破坏。1940年2月4日，中共亳县县委撤出国统区，迁往涡北抗日根据地。亳县县委在亳州城东观音堂①宣布成立亳北独立大队和中共亳县涡北办事处。

1940年4月，在观音堂集成立亳县涡北办事处，主任农超谋。下设1个区4个乡：观堂区，区长常宁，书记耿演武；观音堂乡，乡长李云峰（李明礼），指导员刘洪亮；泥台店乡，乡长张开道，指导员鲁博华；蒋集乡，乡长兼指导员孙明哲；刘集乡，乡长向光，指导员王郁文。乡以下仍沿用保甲制。10月，边区党委决定撤销中共亳县涡北办事处，成立亳县抗日民主政府，李任之任县委书记，刘德民任副书记兼组织部部长，民主政府县长高峰，民政科长王建中，财政科长王金锋。

---

① 今谯城区观堂镇观堂集。

1941年2月，李任之调离，王华接任县委书记。后又相继调王伟、赵卓如、孙明哲等分任县委秘书、宣传部部长、组织部副部长。区、乡政权也有所变动，亳三区由观堂改驻刘集区，区长陈清，刘集乡乡长张广涵，观音堂乡乡长白忠勋，泥台店乡乡长牛长乐。5月，新四军东撤，县委按照上级指示，除留孙明哲、李云峰、白忠勋等少数党员就地隐蔽坚持斗争外，其余党员干部随军转移到津浦路东；同时决定成立中共亳县工作委员会，孙明哲任书记，李云峰、鲁博华为委员，具体领导亳县地下斗争。中共亳县县委认识到发展抗日武装，建立党领导下的抗日军队，是创建抗日根据地的基本条件，因此亳县县委在新四军主力部队支持下，开始大力发展地方武装。这些地方武装全部脱离生产，维护地方治安，保卫政权机关安全，为部队筹粮筹款，搜集情报，配合部队作战。这些武装力量后来上升为主力部队，为抗战做出了贡献。

抗日民主政府开展了卓有成效的工作。按照"一切根据地需要的东西都要自给"的指示，涡北根据地政权很重视领导群众恢复和发展生产。为发展农业生产，调动广大农民的生产积极性，根据地各级政府都实行减租减息政策，提倡开垦荒地，改良农作物品种，兴修农田水利。根据地对旧时期的苛捐杂税一律取消，只征收盐税、烟酒税、屠宰税和进出口贸易税。根据地设立税务局，征收税款时，一律使用边区政府统一印发的税收票照。为积极宣传党的抗日主张，唤起民众抗战热情，县委于1940年夏编印了《新亳报》。这份油印的小报，八开两版，三天一期，一直办到年终，持续约半年时间。《新亳报》由县委宣传部部长汪振华直接领导，由原省委委托工作团团长邓岗和陈一帆主办。刊载的内容主要是宣传党的抗日方针、政策以及群众的抗日活动，揭露国民党顽固派不抗日的行为及日、伪、汉奸的罪行，也登载一些抗日歌曲和流行小调。由于环境恶劣，条件很差，除一块钢板、一支铁笔和一台破油印机外，报社连个固定的地点都没有。但小报的版面清晰，形式活泼，政治性强，能反映当时的斗争实际，很受人民群众的欢迎。

县抗日民主政权高度重视发展武装力量。1940年4月，亳北独立大队在观音堂宣布成立，大队长兼政委高凌云（高峰），副大队长耿演武，下辖3个中队1个直属队（特务队），约300人。各区、乡也建立数十人的自卫武装。同年冬，独立大队整编，将原来的3个中队改编为2个连，与八路军四纵队三团拨来的第九连合编为县独立营，营长来显吉，副营长胡大炳，教导员杨军。同时将直属队改为警卫连，连长李海奇，指导员陈仲亮。1941年5月，独立营奉命随四师东撤。

县抗日民主政府对教育十分重视。县里办了两个学习班，一个是党政干部训练班，一个是军队干部战士识字班，学政治、学文化、教唱歌。党政干部训练班由宣传部部长汪振华负责，陈一帆、李斯、张展、韦彬、周士法等具体经办。从1940年夏开始到年终结束，先后在耿楼和项楼办了4期，培训青年200余人，发展党员四五十人，培养了一批基层政权骨干。干部战士识字班由各连文化教员负责，办事处主任农超谋对此很关心，他除处理日常工作外，夜晚不休息，亲自给识字班编写课文。课本的内容是根据学员的文化程度，结合当时的形势编写的，分高、中、低3种。如第一册的第一课是："人，中国人。中国大，日本小。中国人多，日本人少。"识字班不仅使干部、战士学到了文化，还让他们接受了时政和爱国主义教育，起到了积极的启蒙作用。开办了自己的书店，建立进步书刊销售点，不仅销售进步书刊，还成为党员的秘密联络点。

二、蒙城县抗日民主政权

1939年5月，新四军游击支队第一次进军淮上，发展了蒙城青抗会骨干邵光和部分青年为中共党员，建立党支部。不久，中共豫皖边省委派张辑五到蒙城县，成立了中共蒙城县委，但在第一次反共高潮后撤销，后又成立了中共蒙城临时工委，坚持地下斗争。1940年7月，八路军第四纵队第二次进军淮上，又成立了中共蒙北工委，并建立板桥区抗日民主政府，邵光任工委书记兼区长，党若平任副书记，马敦五任副区长。先后建立了9个乡级政府：板桥乡、王集乡、鹿集乡、茂公寺乡、赵集乡、移村乡、双涧乡、双涧镇、阜庙乡。中共蒙北工委和板桥区抗日民主政府广泛发动组织群众，积极开展根据地各项建设工作，支持淮上新区的巩固和发展。[①]

1940年底，国民党掀起第二次反共高潮，汤恩伯以7倍于八路军第四纵队的兵力，屯兵涡河沿线，严阵以待。[②] 1月下旬，日军发动豫南战役，国民党军队节节败退，皖北陷入日伪之手。2月上旬，淮上地委和行署根据豫皖苏边区党委"强化各级地方政权"的指示精神，在蒙城南部顺河集建立中共蒙城县委和蒙城县抗日民主政府，王长俊任县委书记，林泽生任副书记，谢骙任县长。6日，谢骙在顺河集发表《抗日民主政府施政方针》，强调"坚持沦陷区抗战，发动人民武装，实行抗日民主政治，废除苛捐杂税，禁止强拉壮丁，调剂金融，市面繁荣，

---

① 中共蒙城县委党史办公室编：《中国共产党蒙城地方史》第一卷，黄山书社2006年版，第78页。

② 皖南事变后，1941年2月19日，中共中央军委电令八路军第四纵队改为新四军第四师。

以增强抗战力量"①。县委、县政府在全县发动组织群众支援部队作战；建立区、乡抗日政权，组建区、乡武装，打击地方反动势力；组建区、乡党的组织，发展党员，建立基层党组织和群众抗日团体组织。

1941年2月，四师进驻蒙城县城，四师政治部主任萧望东率师宣传队也来到蒙城。萧望东在城隍庙大戏楼召开市民大会，宣传党的抗日方针政策及取得的抗战成果，揭露国民党顽固派倒行逆施、"围剿"抗日军民的罪行。四师宣传队为群众演出文艺节目，鼓舞群众的斗争信心。

不久之后国民党军队迅速反扑，大举进攻新四军四师和豫皖苏边区抗日根据地。2月21日，国民党军队占领蒙城，中共蒙城县委和县政府转移到涡北地区，3个月的反顽斗争受挫，蒙城县委和县政府于5月随主力部队转移到津浦路东。

三、涡阳县抗日民主政权

1940年7月，为适应豫皖苏边区抗日民主根据地的发展和巩固，涡阳县委在新兴集成立涡阳县各界抗日联合会（简称"抗联会"），驻地在新兴集附近的金庄，李晨为抗联会主任。抗联会下设行政科、财政科、粮食科、司法科、教育科、民政科，初步具备政府的职能，并建立农、青、妇抗敌协会和儿童团、民兵武装，实际具备政府组织的性质。对于基层政权，抗联会根据"三三制"的原则，对原国民党乡政权进行改造，通过民选重新建立，成为我们党领导下的抗日民主

---

① 《拂晓报》1941年2月8日。

政权[①]。

1940年7月，涡阳县抗联会成立，即建立丹城支应处，并于翌年2月改为丹城区抗日民主政府；1940年8月成立义门动委会，10月义门区抗日民主政府（未公开）、龙山救济会（亦称龙山区抗日民主政府，但当时未公开）建立。3个区政府建立后，乡政府亦随之建立，先后成立的有丹城乡、重兴乡（泥堡乡）、马店乡、石弓乡、耿皇乡、丁冢乡、赵屯乡、牌坊乡、宝冢乡、新兴乡、吴桥乡、张寨乡、青疃乡、殷庙乡、龙山乡等。

1941年2月2日，经边区党委批准，涡阳县抗日民主政府成立。2月11日，新四军占领涡阳县城。边区党委书记吴芝圃召开各界人士大会，宣布涡阳县抗日民主政府正式成立，任命李晨为县长。原涡阳县抗联会各工作机构随之转为县政府工作机构。涡阳县抗日民主政府成立后，原义门动委会、丹城支应处、龙山救济会亦正式改称区抗日民主政府。同时，在涡阳县城成立涡阳中心区抗日民主政府，区长张有奇，下辖西关镇。楚店集、江集、高炉等相继成立抗日民主政府。

1941年5月，新四军第四师和边区党政机关奉命向津浦路东转移，涡阳除留下田启松、武建周等转入地下活动外，其余党政武装人员先后分两批转移到津浦路东。

三县抗日民主政权的建立和发展，都是在豫皖苏边区党组织领导下，根据当时新四军和抗日根据地发展的需要建立的，虽然时间都不长，但对推动根据地的建立与发展，在保障新四军军需供给、扩大共产党领导的抗日力量等方面，都发挥了重要作用。

---

① 中共涡阳县委党史办公室编：《中国共产党涡阳历史》第一卷（1919—1949），中共党史出版社2013年版，第78页。

建立抗日民族统一战线

新四军游击支队是一支共产党领导的抗日队伍，它以民族大义为重，从进入皖北以来，始终注重建立抗日统一阵线，团结各方力量，枪口一致对外，坚决抗击日本侵略军。

1939年4月，亳县县城再度沦陷。5月，游击支队转移到涡阳县城北新兴集（今涡阳县新兴镇）一带，支队司令部就驻扎在新兴集。游击支队每到一处，首先开展广泛的统一战线工作。当时负责统战工作的机构是支队联络科，在涡阳等地设立联络站，由新四军游击支队联络科科长任泊生具体负责。任泊生遵照彭雪枫的指示，在涡阳北门里大街3间小房子里建立联络站，任泊生任联络站站长，另有干事马朋、徐宏九（徐调走后由徐今强接任）。他们在彭雪枫的直接领导下，在团结爱国力量，建成统一战线方面做了大量工作。[1]

---

[1] 任泊生:《新四军第六支队涡阳联络站》，载《阜阳党史通讯》总第六期。

一、枪口朝天，心照不宣

彭雪枫十分重视对国民党友军的统战工作。1939 年，东北军何柱国骑二军奉命驻防到皖北、豫东，为游击支队对国民党军队的统战工作提供了有利条件。

何柱国，广西容县人，日本陆军士官学校毕业。东北军元老派。1936 年 1 月 25 日，彭雪枫等 20 名红军高级将领联名发表《红军为愿意同东北军联合抗日致东北军全体将士书》，表示工农红军愿意首先与东北军联合，共同抗日。同年 7 月，彭雪枫随叶剑英、徐向前等到西安做张学良的工作时，曾同何柱国有过接触。彭雪枫在西安事变前后曾在东北军中工作过，又与何柱国打过交道。根据上述情况，彭雪枫认为经过工作，李宗仁、何柱国有成为我们暂时的同盟者的可能，经党中央批准，对他们采取了积极的团结争取工作，而争取工作的重点则为何部东北军。

为开展对何柱国骑二军的统战工作，彭雪枫派当时的亳州联络站站长任泊生，持他的亲笔信前往河南沈丘拜会何柱国。任泊生也是广西人，也曾在日本留过学，两人有很多共同语言，他很快与何柱国建立起关系，成为朋友。何柱国为表示诚意，派少将参议王中义到新兴集回访，1940 年 4 月上旬又派一名叫邴淳的参议常驻新兴集。游击支队为骑二军代表举行欢迎会，会上彭雪枫代表游击支队对骑二军表示，游击支队全体指战员竭诚与友军合作，共同驱逐日寇。骑二军第二师师长王照坤致电彭雪枫，表示"坚决响应贵军精诚团结之政治主张"，愿意"与贵军和衷共济"。何柱国还帮助游击支队建立了由新兴集经沈丘、周口、漯河、郑州、洛阳、西安至延安的交通线。1939 年 9 月，戴季英、郭述申、谭友林赴延安参加党的代表大会，他们到达沈丘后，何柱国给他们发了特别通行证，还派了一个班的武装护送他们到洛阳。[①]

第一次反共高潮到来以后，国民党顽固派加紧武装摩擦，皖北地区的国民党军队对新四军游击支队形成包围态势。这时候，游击支队一面做好应对的准备工作，一面加强统战工作，并请何柱国出面调停。何柱国表示希望不要发生不幸事件，愿意与新四军继续维持睦邻友好关系，表示"枪口朝天，心照不宣"。新四军为表示诚意，主动撤出蒙城双涧集、涡阳龙山及凤台，从而使顽固派内部也对新四军产生好感，消除了部分国民党军队的疑惧态度，有的还愿意帮助新四军。一度紧张的淮上局势得到暂时缓和。

随着统战工作的逐步深入，游击支队还同何柱国商订了互不交锋的秘密协定，何柱国曾向新四军许诺说："如果蒋介石要打，而且非打不可了，可往天上开枪，互不伤亡。"后来，经党中央批准，新四军游击支队还同何柱国交换了电台密码，何柱国通过徐梁第三师的电台和游击支队联系，互通情报。由此可知，新四军对何柱国部的统战工作是卓有成效的。

二、保家卫国，毁家纾难

新四军游击支队十分注意地方实力派的统战工作。在新四军游击支队进入豫东、皖北地区之前，永城地区活跃着一支抗日游击队，其主要领导人是深受共产党影响的鲁雨亭。

---

① 何柱国口述，施文淇等整理：《何柱国将军生平》，中国文史出版社1992年版，第207页。

鲁雨亭出生在永城山城集（今河南省永城市芒山镇），出身当地望族，早年从军，当过建国豫军军法处长、武安县县长、四十一军驻京办事处处长、河北省保安司令部秘书长和永城县县长等。他家境殷实，在当地有较大影响。1937年9月底，河北保定失守，鲁雨亭随国民党军队南撤，携带武器返回家乡永城县。不久，李宗仁委任鲁雨亭为永城县县长。1938年5月，永城沦陷，鲁雨亭利用他在当地的声望，在共产党人的帮助下，以17人起家，拉起一支永城县抗日游击队，在芒砀山区坚持抗日游击斗争。为解决武器弹药和给养，鲁雨亭多次变卖田产，毁家纾难，在皖北、豫东一带传为佳话。

1939年初，彭雪枫率新四军游击支队进抵永城和亳县交界的书案店后，鲁雨亭即派陈健平到游击支队与彭雪枫取得联系，并于1939年2月派出第一批干部到游击支队的随营学校接受军政训练。为了扩大根据地，发展抗日武装，1939年5月初，彭雪枫派张先舟、杜浩杰二人以游击支队代表身份到鲁部开展统战工作。彭雪枫交给他们的任务是：（1）部队活动范围扩大到永城六区；（2）扩大部队粮食来源；（3）扩大兵源；（4）尽可能争取鲁部。鲁雨亭的副手，永城县抗日游击队副大队长刘子仁，原为石友三部队的团长，在游击队初创时，就主张同共产党脱钩，投靠国民党。他同驻在菏泽的石友三和驻在周口的祁星仪暗中取得联系，妄图以重做永城县县长为诱饵，拉走鲁雨亭，达到阻止这支部队改编为新四军，保住其副大队长地位的目的。在刘子仁的策划下，祁星仪于4月下旬抵永城做争取鲁的工作。

张先舟到达鲁部后，对鲁雨亭进行了耐心细致的思想工作。他向鲁雨亭明确指出："祁星仪拉你重做永城县长，其目的只不过是想利用你这个县长的牌子，如果你愿意做这么个县长的话，我们绝不做任何于你不利的事情。但你应当知道，周围的环境于你是不利的，那些醉生梦死的国民党将军们都远在数百里之外，他们是靠不住的。"张先舟在对鲁部的情况做了分析后指出："你要想把部队都拉走，恐怕部队不一定都听你的吧！你在群众中有威望，这点我们是清楚的，如果你要同共产党决裂，群众是不会跟你走的。"张先舟还着重指出："祁星仪不是要你把红色分子都除掉嘛！你看我就是红色分子，现在站在你面前，要么你把我抓起来发落，要么我们一起干！"

经过张先舟反复细致的工作，鲁雨亭终于被说服了。他向张先舟表示："我已下决心，哪里也不去了，率全体官兵参加新四军。"在党的教育和影响下，鲁雨亭要求参加共产党，并率领抗日游击队全体参加新四军。8月20日，经张震、张先舟介绍，中共中央批准鲁雨亭加入中国共产党。8月29日，鲁部正式改编为新四军游击支队第一总队，鲁雨亭任总队长。

彭雪枫对这支抗日游击队十分重视，8月底，他从淮上返回涡北，彭、鲁二人初次相见，彻夜长谈，遂成至交。鲁雨亭将自己心爱的战马赠送给彭雪枫，彭雪枫则以马列主义著作相赠。从此，鲁雨亭在党的领导下，积极抗战，为根据地的巩固和发展做出了贡献。

三、红缨枪，枪缨红似火

红枪会是民国时期会道门的一种，是一种武装自卫的农民组织，活跃在华北地区，带有宗教和封建迷信性质，有较强的欺骗性。他们所用的武器多为长矛，在长矛上系以红缨，俗称红缨枪。我党认为，红枪会是自发的农民反抗团体，党中央曾专门讨论并通过了《对于红枪会运动决议案》，认为应引导红枪会发展为农民协会，把红枪会培养成一支重要的反帝反封建的革命力量。

全民族抗战初期，豫皖苏边区红枪会武装组织十分活跃。据说，这里的红枪会起源于清末白莲教和义和团。民国初年，军阀混战，溃兵、土匪到处骚扰，为了保卫自己的生命财产，广大群众利用宗教迷信形式，自发组合成这样一种武装组织。全民族抗战初期的红枪会，则是农村中、小地主以"抗日""保家""御匪"的名义组织起来的。虽然其基本成分是好的，但在头目中混进了一些坏人。新四军初到那里时，由于缺少了解，红枪会曾无理阻止新四军前进，不准军队进村，寻衅事件不断发生。

一次，游击支队前进被阻，正在同红枪会会员交涉时，突然响起了号角声，刹那间附近的村子都响起了牛角号，红枪会会员手持大刀、长矛，成群结队从各村涌了出来。他们袒胸露怀，齐声吆喝着："刀枪不入！""刀枪不入！"步步逼近部队，并要动手缴游击队的武器。全体指战员对此无理的寻衅十分气愤，他们紧握手中武器，准备予以还击。彭雪枫急忙命令部队："不准开枪，马上后撤！"部队后撤了，一次流血冲突避免了。但不少人想不通，他们发牢骚："咱们新四军是救国救民的队伍，打我们的就是汉奸卖国贼，就是人民的敌人！"

彭雪枫耐心教育大家说："红枪会是一种欺骗性很强的封建迷信组织，广大群众都是受欺骗的穷苦百姓，我们应该耐心地去做宣传教育和争取工作。在群众还不觉悟的时候，急于采取军事手段是不明智的。我们要向广大群众揭露个别坏头目利用群众力量，扩充个人势力，胡作非为的罪行。只要我们进行艰苦细致的工作，广大群众一定会醒悟过来的。"他着重指出，这部分群众，人数较多，是一支很大的力量，不做好争取红枪会的工作，我们就很难在这里站住脚跟。我们必须把个别坏头目和广大群众加以区别。他号召广大指战员都要做团结争取红枪会的工作。

为了做好红枪会的工作，彭雪枫还同永城南一个姓彭的红枪会首领结拜为兄弟。为了表示诚意，他们按照当地的风俗，在彭家祖坟前举行结拜仪

武装自卫的民众组织红枪会，走向抗日战场

式。这样，新四军不仅团结了彭姓红枪会首领，而且通过他说服和争取了其他红枪会首领和广大会众。由于新四军鲜明的政治态度和耐心细致的说服工作，帮助他们建立起农救会、青救会、妇救会和儿童团等群众性的抗日团体，嚣张一时的红枪会渐渐销声匿迹，自行瓦解，或者转变成了抗日群众组织。1939 年 5 月，彭雪枫率领新四军游击支队主力进军淮上地区。彭雪枫事先获悉，怀远县红枪会势力很大。当时全县 2000 多个村庄，就有红枪会堂 3000 多个，全县会众多达数万人。龙亢地区的邵亚东、邵于胜收罗会众 3000 多人，徐广渠收编会众数千人。县北的张同兴，声称一声令下可召集会众万人，县西的路家方也拥有红枪会众数千人。为了迅速打开淮上地区局面，彭雪枫特意聘请了亳县县城东红枪会的师爷任义清为新四军游击支队司令部的参议。部队抵达怀远，任义清就以游击支队司令部参议的名义，先后到平阿山、龙亢、河溜、新集等地，与各地红枪会首领联络，帮助我们党做说服、争取工作，故此，新四军在怀远基本上没有受到该地红枪会的困扰，很快打开了局面。加之新四军纪律严明，秋毫无犯，所到之处，无不受到热烈欢迎。

1940 年 10 月，我军二次进军淮上，还对胡町、龙亢、河溜等地的红枪会进行了整顿，改名为抗日联庄会。彭雪枫还利用任义清的关系，

在寨头铺召开了红枪会亮牌大会。会上，彭雪枫会见各地红枪会首领，并做了抗日动员报告，他提议将一首在当地普遍流行的抗日歌曲《红缨枪》作为抗日联庄会的会歌。

经过新四军一番艰苦的工作，淮上地区的红枪会积极拥护我们党的抗日方针，不少青少年报名参加了新四军，豫皖苏边区得到了迅速发展与巩固。

四、只要爱国，都是我们团结的对象

彭雪枫经常奔赴各地，召开爱国民主人士座谈会，宣传党的抗日民族统一战线的方针政策，进行了大量的说服工作。他常讲，只要是爱国人士，地不分南北，人不分老幼，都是我们团结的对象，要团结一切可以团结的力量，共同抗战。

亳县青年耿演武，投笔从戎，1938年从延安公学学习归来，积极参加抗战活动，被任命为安徽动委会亳县委托团团长，并加入了中国共产党。他积极做他的父亲亳县开明绅士耿怀宝的统战工作。耿怀宝不仅支持耿演武参加革命，还自动捐款献枪支持抗战。耿怀宝因此得罪了哥哥伪大寺区区长耿侠甫，耿侠甫竟设计绑架了耿怀宝，逼迫他说服耿演武脱离共产党，投降日本人，被耿怀宝义正词严地拒绝。中共亳县县委转移到涡北后，县委书记高凌云依靠在当地有较大影响的共产党员耿演武、鲁博华、李云峰等及开明绅士耿怀室的社会地位，团结争取了一批人，不仅在观音堂一带站住了脚，还扩大队伍，充实了枪支装备，建立了共产党领导的武装。鲁博华的父亲鲁守田、曾任过国民党政府教育科科长的鲁子让等，积极响应共产党有钱出钱、有力出力、有人出人的号召，献枪、捐款、送子参军，支援抗战。甚至连地方武装头目徐金铎、赵传金，土匪头目范金斗、苏玉作等在耿演武等人的动员下，也携枪带人参加了亳北独立大队，成为抗日力量，产生了一定的积极影响。

豫皖边根据地建立后，成立了"三三制"政权和参议会。根据党中央的有关政策，广泛吸收社会各阶层代表人物参加政权工作，并且对骨干委以重任。涡阳县城的田丰，深受新四军涡阳联络站站长任泊生的影响，出于对当时国民党统治的不满和对日军暴行的愤怒，拒绝日军委任的伪县长职务，连夜投奔涡北革命根据地参加了革命。新四军第四师转移路东后，田丰任边区生产救灾委员会主任、苏皖边区临时参议会参议长等职，为党为人民做了很多有益的工作。

永城县名绅鲁紫铭（鲁雨亭之父）、萧县名绅彭笑千都是豫皖苏边区宪政促进会理事。蒙城县士绅侯永庆被聘为县参议会副议长。怀远县的工作尤为突出，9人组成的怀远县参议会，除1名议员为共产党员外，其余8人（包括议长、副议长）均由开明士绅和爱国民主人士担任。除红枪会首领任义清任新四军游击支队司令部参议外，怀远县古城、新集一带红枪会首领梁子久，因助我军做红枪会工作有功，亦被任命为淝河区副区长。就连原在伪军任职，后投向我军的郭俊峰也被委任为鲍河区副区长之职。他们有职有权，各扬其长，各得其所，大大调动了其抗日的积极性。

彭雪枫十分重视豫皖苏边区外的统战工作。有不少爱国民主人士、学者、教授、新闻记者、国民党中的爱国军政官员、青年运动的领导者等纷纷来到豫皖苏边区抗日民主根据地。有国际新闻社战地记者李洪、任重，有以办乡村自治而著称的爱国民主人士梁漱溟，有大别山日报社社长张百川，画家莫朴，文学家梅益，还有被誉为"抗日救亡八君子"之一的四川籍教育家任崇高和国民党中央军委会、党政委员会视察陈先生。对于这些不远千里而来的朋友，彭雪枫总要组织欢迎会，盛情款待。在欢迎会上，他都要发表热情洋溢的讲话。1940年4月10日，他还专门做了题为《一切进步的先进人士团结起来》的长篇演说。通过这些卓有成效的工作，新四军广交了朋友，扩大了抗日统一战线，聚集了抗日的力量。

五、解衣衣我，推食食我

抗日救国是全体国民的事情，地不分南北，人不分老幼，都有抗日救亡之责。地方政府更是有不可推卸的责任。新四军游击支队来到豫东、皖北之后，十分注意团结各地政府的要员，联合他们共同抗战。鹿邑县县长魏凤楼就是新四军争取的重要统战对象。

全民族抗战初期，魏凤楼受冯玉祥之命，回到家乡西华县，召集西北军旧部，组织了水东①抗战。1938年6月，河南省政府委任他为西华人民抗敌自卫团副司令、扶沟县县长。8月改任河南省鹿邑县县长兼河南省第二区保安第四总队司令。他还是我们党的新党员。他与中共豫东特委建立了联系，在我们党的帮助下建立了一支抗日武装，并在扶沟县组织了有近500人参加的抗日青年训练班。新四军游击支队从竹沟东进鹿邑时，彭雪枫亲自登门拜访魏凤楼，并根据其请求，派张

---

① 1938年6月9日，黄河决口后，被黄河水淹没的地区以东称为水东地区，与之相对的是水西地区。水东地区是豫东平原的一部分，是日军的前线，其中心地区是睢（县）杞（县）太（康）抗日游击根据地，归属新四军游击支队和淮北抗日根据地区党委统一领导。

爱萍等人到魏部帮助工作，受到魏凤楼的热情款待。

1938年10月，魏凤楼调任鹿邑县县长，国民党河南省政府令他率部立即开赴鹿邑。扶沟县委火速将此情况报告彭雪枫，并要求省委同国民党河南省当局交涉，暂缓魏凤楼部东调。彭雪枫从抗战大局出发，立刻指示扶沟县委："不仅不能请求缓调，而且应该立即全部开赴鹿邑县，接任县长职务。扶沟县委亦应全部随军东进，改为鹿邑县委，特委另组扶沟县委，重新建立地方武装。"魏凤楼旋即率1200人的武装开赴鹿邑。当魏凤楼部人员尚未全部进抵鹿邑时，国民党河南省政府就急电淮阳专员刘莪青，说魏凤楼已"赤化"，要求其东调令"暂缓执行"。但由于已成事实，其政令遂无法改变。①

同年10月，彭雪枫率新四军游击队挺进豫东，指挥机关就设在鹿邑县的白马驿。彭雪枫不仅派得力干部去做魏凤楼的工作，而且亲自奔波往返，以真诚的态度、令人悦服的言辞，向魏凤楼宣传党的抗日主张和统战政策，教育他要以抗战大局为重，不要怕国民党的威胁和破坏，为拯救国家民族的危亡，与我党通力合作。通过真诚、密切的交往，魏凤楼部接受了我们党的抗日主张，与我们党建立了友好的关系。

1938年冬，新四军游击支队初入敌后，一无饷源，二无后勤供应。当时正值隆冬，指战员们的棉衣还无着落，彭雪枫心里很着急。原来我们党派驻魏凤楼部做统战工作的同志，由于和魏凤楼政见不合，关系搞得十分紧张，不经组织批准，擅自撤离魏凤楼部。彭雪枫知道这一情况后，对有关同志做了严肃处理，及时纠正了错误。

恰在这个时候，党为了加强豫皖边区地方党组织建设，任命张爱

① 《抗战风云》（安徽文史集萃丛书之四），安徽人民出版社1987年版，第132页。

萍任豫皖边工会书记，并安排他去做魏凤楼的统战工作。张爱萍到魏凤楼那里，仅仅两天工夫就把那里的统战局面给打开了。很快，张爱萍不仅取得了魏凤楼的信任，他对彭雪枫率领的新四军游击支队东进抗日深表敬佩，并决定在第三天就去拜访彭雪枫。事后，魏凤楼组织全县裁缝，在3天里赶制出1000套棉衣，还迅速派人为游击队送来5000斤粮食。

见面之日，魏凤楼将手下的200多名武装人员集中起来，交给彭雪枫，让他们加入新四军游击支队。魏凤楼在训话时说："我把你们交给新四军，是让你们发挥更大的作用，希望你们做合格的新四军战士，为国争光，为豫东人民争光！"彭雪枫激动地说："魏县长和鹿邑父老乡亲们的'解衣衣我，推食食我'的精神，让我们新四军很受感动。我们一定要多打鬼子，向日本鬼子要枪要炮，壮大自己，消灭敌人，报效家乡人民的厚爱！"

由于张爱萍统战工作做得出色，魏凤楼还请求彭雪枫把张爱萍留在他部队里担任少将参谋长一职，协助他管理和训练部队。

全民族抗战初期各县长的抗敌表现

　　全民族抗战初期，新四军游击支队一到豫皖苏边区，就开始对亳州地区各县的县长积极开展统战工作，各县基本都能配合新四军游击支队开展抗敌活动。

　　亳县县长俞肇兴①，字奋初。1901 年 8 月生于福清海口镇梧屿村。早年就读于福建大学，1927 年俞肇兴积极响应北伐军，组织青年学生打击土豪劣绅。1933 年，参与十九路军在福建举行的反蒋事变，1935 年参加广西"六一反蒋事变"。1935 年秋，请缨北上抗日，后在河南潢川第五战区抗敌青年军团任大队中校主任指导员。1938 年 10 月任河南第四游击队政治部上校主任，因曾与新四军后方办事处主任郑位三联系共同抗日，并拨军盐供应新四军，遭国民党当局以"通共"罪拘捕入狱，至 1939 年 2 月获释。

　　1939 年初，"余熊事变"后，亳县县长熊公烈公开投敌，国民党安徽省政府委任命俞肇兴为亳县县长。上任伊始，县城沦陷，他即率亳县军政人员到亳州城南古城集一带，发动群众，响应中国共产党提出

---

① 俞肇兴：《初任县长在亳县》，载政协亳州市文史资料研究委员会编：《亳州文史资料》第三辑，1987 年，第 27 页。

的建立抗日民族统一战线的号召，改编民军，改造"黄枪会"等帮会组织，争取他们参加抗日，并密遣亲信与陈毅等建立联系，共商抗日大计。这时，驻河南的国民党第七路军一个团官兵起义，开赴安徽涡阳，途经亳县，国民党密令截击。俞肇兴不顾个人安危，连夜派人通知起义军，使该军得以安全过境。时至今日，俞肇兴仍在亳州人民中享有"抗日县长"的美誉。

俞肇兴积极抗日，为国民党亳县党部书记长张寅生[1]所忌恨。1939年3月起，张寅生就以"代电"的形式向国民党安徽省党部密报俞肇兴活动情况，说俞肇兴思想言论"都与国民党对立"，"行为不轨"，与共产党和新四军过从甚密，有"共产党嫌疑"，并与当时的县国民兵团副团长杨忠（国民党特务）勾结，加紧对俞肇兴的监视和陷害，妄图取而代之。

1939年秋，国民党安徽省党部召开江北各县国民党县党部书记长会议。会前，张寅生把自己平常搜集和捏造的有关俞肇兴"通共"的材料拼凑起来，让杨忠、陆贯武（国民兵团团副）、陈纯一（国民兵团督练员）等国民党反共分子在材料上联合盖章，密报安徽省党部。声言："如不撤换俞肇兴，亳县便成了共产党的亳县。"张寅生到省城后，活动省党部要员，联合蒙城、涡阳、太和、阜阳、临泉等县的书记长，帮其说话。国民党省政府主席李品仙召开省政府常务会议研究，将俞肇兴"撤职查办"，他到省城述职即被国民党安徽省政府撤职并扣押。[2]

---

[1] 张寅生，安徽亳县人，任国民党亳县县党部书记长，陷害抗日县长俞肇兴。1939年4月勾结劣绅胡金山等，率众包围亳县二区区署，杀害区长、区员及中共亳县县委组织部部长等9人，逮捕共产党员20余人，制造了"亳二区事件"。1951年3月被人民政府处决。

[2] 胡亚军：《张寅生陷害俞肇兴》，载《亳州晚报》2011年9月23日。

俞肇兴在亳县任县长期间，任泊生与其联系，双方达成共识，互通敌情，相互支持。俞也在新四军和抗日群众的支持下，克服困难开展工作。他改造"黄枪会"，得到深明大义的"黄枪会"会首黄培骀的支持。经过改造，他们配合政府，参加夜袭敌伪的斗争。

涡阳县县长廖梓英（1889—1961），安徽凤台县廖湾村（今属淮南）人。早年加入岳王会、同盟会，为淮上"廖氏辛亥九兄弟"之一。1911年9月，张汇韬、袁家声等在寿州起义，廖梓英等奉命潜入城内做内应，攻占监狱，打开牢门，救出被关押的同盟会会员。1939年5月后，先后任安徽涡阳县县长、亳县县长、太和县县长，后来还担任过安徽省第七区行政督察专员兼少将保安司令、安徽第四区行政督察专员、安徽第十区行政督察专员等职。

1940年初，新四军第六支队进驻涡北新兴集一带，开辟抗日根据地。时任涡阳县县长的廖梓英，经新四军协商，同意在涡阳县城内设立联络站，为新四军第六支队伤病医院和军械修理所落实地址，"完全负责供应，彭部给养无着之际，尽力筹济"。涡阳县政府为彭部收购粮食，累计收购小麦2000多石（每石200余斤），其他杂粮20多万斤，并派民夫送至新四军驻地，使新四军官兵深受鼓舞。《拂晓报》对有关事迹做过报道。

新四军和涡阳县政府的联络主要通过任泊生联络县长廖梓英和国民党涡阳县党部书记长杨

新四军游击支队涡阳联络站旧址

林祥（曾加入共产党，1932年在上海脱党），在合作期间做了不少有益的工作。如在涡阳县城西10里处设立新四军专用渡口，以方便新四军联络站、后方医院和涡北游击支队联系，运送物资和转运伤员。后方各县的青年学生也多通过这里到涡北报考新四军抗大。在涡阳县城南三里黄庄设立新四军后方医院，专门接收新四军伤病员。医院的粮食供给由双方达成协议，涡阳县政府给予补助。经彭雪枫和廖梓英电话协商，同意新四军为根除新兴集周围的水患，兴修10多里长的排水沟——新新沟等。[①]

1941年春，李品仙主政安徽后，即以省府名义连续两次致电廖梓英，令其攻打彭雪枫，"不准接济他任何供养"，"将彭部医院病伤官兵给予全部消灭，不准一人漏网"，"消灭新四军制造厂"，"另外派部队攻击彭部根据地"，"待办理完毕后要具体回报"。廖梓英也不得不加紧对新四军游击支队的限制，如加紧渡口的盘查，对过往人员严加审查。提拔积极反共的刘树元为涡北办事处主任，处处刁难新四军，暗中派武装人员打扮成便衣，拦路抢劫各镇给新四军运送给养的民夫等，摩擦不断升级。廖梓英也不想和新四军公开为敌，后来以身体状况不佳为由，辞去涡阳县县长职务。1940年下半年，三里黄庄后方医院被迫撤退到涡北。1941年初，新四军联络站也不得不撤离涡阳县城。

1949年1月21日，廖梓英在合肥与解放军取得联系，协助解放军实现合肥和平解放。2月20日，廖梓英代表旧省府向解放军部队首长宋日昌、郑抱真等办理移交，合肥得以和平解放。

蒙城县县长马忍言，原名冯宏谦，著名爱国将领冯玉祥的侄子，

---

① 任大成等：《民族大义昭日月　制造摩擦是病狂》，载政协安徽省涡阳县委员会文史资料委员会编印：《涡阳史话》第四辑，1986年，第1—9页。

1939年4月到10月任蒙城县县长。九一八事变后，马忍言毅然投笔从戎，参加了冯玉祥领导的国民革命军西北军。冯玉祥为防止侄子打着他的旗号惹是生非，给他改名为马忍言，意思就是少说话，多做事。马忍言在蒙城做县长时间不长，但积极抗日，惩处恶霸，当县长期间主持枪毙了汉奸恶霸李麟阁。

马忍言在浙江蚕桑大学读过书，毕业后在老家巢县竹柯村栽了3000余株桑树，养了两三年的蚕。九一八事变后，出于抗日救国的热情，他跑到山西汾阳冯玉祥部队谋事干。冯玉祥见侄子

马忍言

报国心切，就让他在自己手下当了五六年的兵。1937年全民族抗日战争爆发后，冯玉祥就派他到家乡巢县开展抗日游击活动。他先在巢县任动委会指导员，后被廖磊委任为蒙城县县长。

日军侵占蒙城后，葛昆山等地方土豪士绅，兵痞土匪，乘机拉起武装，形成"三里一队长，五里一司令"的混乱割据局面。李麟阁是蒙城县的一个恶霸，后来当上了蒙城县的商会会长，常以"蒙城王"自居，日军侵占蒙城后，他就投靠日军当了汉奸。他网罗冯克贺、何老九、王怀德、白松云等一群汉奸，在城内组织起"维持会"，充当了日军的帮凶。当时有一首歌谣说："李麟阁，真可恶，勾着鬼子过涡河。九里桥子开个会，汉奸都归他指挥。"李麟阁是蒙城的实力派，全县48个联保主任大部分在他的控制之下，县武装力量百分之九十以上都受他控制，在蒙城"一手遮天"，连原县长葛昆山都怕他三分，指挥不了他控制的武装力量，拿他无可奈何。

1938年秋，日军撤出县城，蒙城全境收复，而国民党政府仍由李

麟阁为首的官僚豪绅把持，势单力薄的县长葛昆山，不得不借用杨子仪（抗日派）、王剑虎等派系的力量，把李麟阁在蒙城制毒售毒、搜刮民财、暗杀进步教师、组织"维持会"、投靠日本人的罪行报省。省政府令蒙城县县长葛昆山立即逮捕王怀德、白松云、何老九等汉奸，就地执行枪决，并将李麟阁押解省府立煌（金家寨）惩办。李麟阁到省后，买通省商会潘会长，不但无事释放，而且当了省参议员，两个月后李麟阁坐着轿子，前呼后拥，耀武扬威地返回蒙城。就在此时，马忍言取代葛昆山当了蒙城县县长。

马忍言上任前，省政府找马忍言谈话，说蒙城这个地方乃皖北之重地，有日本人、汉奸、土匪，还有共产党，如今的县长有名无实，形势很复杂，别人都不敢去，你去了可以多带点人。结果，马忍言只带两个卫士、一个秘书、一个科长和一个副官就上任了。

马忍言上任后，收集了李麟阁破坏抗日、横行乡里的罪行材料，向上级做了汇报，决心除掉他。很快省里回了电文："据了解李麟阁破坏抗日，理应就地枪毙，实属县长过问。"阜阳公署专员郭造勋也发给马忍言一个密电："查蒙城县大汉奸、大恶霸、大劣绅李麟阁勾结余熊叛变，罪大恶极，用迅雷不及掩耳之方法立即处决，具报为要。"

马忍言知道李麟阁掌握了蒙城县大部分的武装，不好对付，当时全县 14 个大队，葛昆山仅能指挥动一个半大队，其余全部听李麟阁指挥。马忍言决定借助葛昆山的力量，快刀斩乱麻，除掉李麟阁。主意拿定后，他就命人把葛昆山找来，先探一探葛的意见。马忍言把上级要除掉李麟阁的来电给他看，征求他的意见。葛昆山立即表示应该枪毙李麟阁，并完全听命于马忍言，然后两人经过一番商量，定下枪毙李麟阁的计策。

第二天，马忍言若无其事地到李麟阁家拜访。李麟阁听说县长亲自来访，很给自己面子，内心就开始瞧不起马忍言，对他放松了警惕。第三天，马忍言通知全城党政军工商学等方面负责人召开紧急会议，一个不能缺席，还专门派人把李麟阁请到县府议事。李麟阁感到很光彩，带 10 余名卫士进入县政府。刚进县政府，马忍言立即命人拉起紧急警报，说敌机要来，全城戒严。葛昆山预先布置好的部队控制了主要街道，县政府内的士兵也荷枪实弹控制住会议室，并解除了李麟阁卫士的武装。这时马忍言把李麟阁请到县长室，拿出电报说，省政府要枪毙你，你还有什么话说？李麟阁看过电文后，才知道这下子完蛋了。马忍言一挥手，进来几个卫士，把李麟阁架到县政府西后门两枪打死了。

事后，马忍言命葛昆山等去李麟阁家宣布：李麟阁卖国害民，罪大恶极，省政府命令枪毙。警报解除后，老百姓从家里出来，一看四门张贴了枪毙李麟阁的告示，真是欢欣鼓舞，民心大快，无不称颂马忍言为民除了一大害。

新四军在涡北根据地的德政

1939 年 9 月初，游击支队司令部驻扎新兴集，开创了以新兴集为中心的涡北抗日根据地[①]。接新四军军部命令，游击支队于 1940 年 2 月 1 日[②]改番号为新四军第六支队；1940 年 6 月底与南下的八路军第二纵队黄克诚部合编为八路军第四纵队；1941 年 2 月，八路军第四纵队改编为新四军第四师。1941 年 5 月初，彭雪枫率队转移到津浦路东。彭雪枫和部队在新兴集建设豫皖边抗日根据地，不到两年的时间，做了大量工作，为建立抗日根据地打下了坚实基础。彭雪枫勤政爱民，给根据地人民留下不可磨灭的印象，至今口碑相传。

一、兴修水利工程

新兴集周围地势低洼，形成一个洼地，人称李家湖。洼地的北面在永城县境内，从李寨至老杨庄一带，也是常年积水的湖洼地，人称李家洼。从李家湖到李家洼，东西长 30 里，夏季连下几场大雨，形成

---

① 豫皖苏边区抗日根据地的前身。

② 一说 1939 年 11 月。

一片汪洋的浅湖。积蓄的洪水无处流淌，只能等着晒干和渗透，造成这一带十年九涝。

多年来，该地区农民都盼望挖一条沟，彻底根治水患。他们曾设想挖一条西起李寨，自西北向东南延伸，流经李家湖的中心区，而后穿过新兴集以南的长岭，最后流入沮河。但是，岭子南的富户害怕破坏自家的风水，竭力阻止群众挖沟，造成岭子南北不断打官司。早在1904 年，为了挖沟，岭子北的村民由刘成彬带头，与岭子南的地主张立朝打官司，当时清朝地方政府派了一个官吏下来解决纠纷。张立朝立即花钱买通官府，在岭子上插了签，只允许在长岭上挖一条沟，沟底高于地面，不但不能减轻水灾，反把高岭的水倒灌到李家湖里，不为民利，反成其害，矛盾未能解决。民国初年，村民孙怀公带头与岭子南的张占元打了几年官司，群众自发募捐几次，下决心要把沟挖成。可是国民党政府官员把钱塞进腰包之后，就不再问事了。这场官司一直打到1939 年。①

8 月，新四军游击支队从淮上地区回师涡北，9 月建立了以新兴集为中心的豫皖苏抗日根据地。新兴集人民热烈欢迎新四军，在新四军面前倾吐水患之苦。彭雪枫了解这一情况后，决心为群众解决疾苦。他一面指挥部队和日伪军、土匪作战；一面谋划根治水患问题。他不分白天黑夜，只要有一点空儿，就四处奔走访问，查看地形，在心里绘制了一幅根治水患的蓝图。

彭雪枫还亲自带领屈帆、赵清山、王真等干部做岭南群众的思想工作，从中排解纠纷，说服一些富户人家，劝说大家以民众利益为重，

① 熊航昌：《新新沟和新四沟》，载涡阳县地方志编纂委员会办公室等编：《新四军第四师在涡阳》（《涡阳史志资料选编》第三辑），1983 年，第74 页。

不要蓄意挑起事端，以保证治水计划的顺利实施。在动员群众的过程中，虽有少数顽固分子蠢蠢欲动，不过绝大部分都愿意治水，任何欺骗和煽动都枉费心机。与此同时，彭雪枫还积极协调国民党县政府，致函涡阳县县长廖梓英，邀请他共商治水事宜，希望得到涡阳县政府的支持，以达到团结治水的目的。

9月，彭雪枫带领战士们劈开长岭子，破土施工，李家湖顿时沸腾起来，岭南的群众也一齐向工地涌来，组成一支上万人的军民合作大军。经过近10天的苦战，长达10多里的排水沟终于竣工，李家湖的积水顺畅地排入沺河。因为这条沟位于新兴集，是岭子南北和睦团结的象征，又是新四军和群众一齐开挖的，大家就给它命名为"新新沟"。

1940年春天，为了发展农业生产，促进边区经济建设，彭雪枫决定排干李家洼的积水，实现李家洼人民世代的心愿。他指派游击支队住李寨联络处的干部，带领群众挖沟开渠。有了新新沟的经验，加上军民团结奋战，用了20天的时间，一条长10多里的排水沟又顺利竣工了。这条沟西起李寨，流经房关庄、侯庄、纪庄，到老杨庄西南400米处注入母猪河，与下游的新新沟贯通。李家洼的积水顺畅地流入沺河，几百年来的水患得到彻底治理。群众感谢新四军为民兴利除弊，给这条沟命名为"新四沟"，后来人们把两条沟合起来叫雪枫沟，以示纪念。

1940年7月，彭雪枫率八路军第四纵队一部进驻涡河北岸的赵屯、前徐营等村。前徐营，距涡河百余米，村中无井，村民吃水全靠去河里挑，但驻在涡河对岸于楼等村的国民党军队，常常向挑水的村民开枪射击，伤害群众，有意制造摩擦。彭雪枫知道这一情况后，决心解决村民吃水问题。他率领第四纵队指战员，同村民一道在前徐营村中打了一眼20多米深的水井。井壁采用砖砌，井口由4块长条石砌成方形。"吃水不忘打井人"，从那时起，村民就一直称此井为"雪枫井"。

为了颂扬新四军造福人民的功勋，李家洼的群众自动捐款，在新四沟起首的李寨立了纪念碑。碑额上书："新四沟碑记"，两边书写对联，上联是"前引前导与五亿袍泽谋乐利"，下联是"耐苦耐劳为三区广众造腴田"。新兴集的群众也在集东头为彭雪枫树立一座德政碑。

这两座纪念碑，充分反映了根据地人民对新四军的热爱，而日军、汉奸和

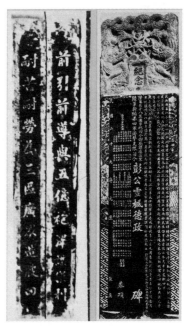

彭雪枫德政碑

国民党顽固派却对此恨之入骨。1941年夏，在3个月反摩擦中，国民党顽军占领了新兴集，他们强行把两座纪念碑推倒、砸断，借以发泄对新四军和人民群众的仇恨，但是纪念碑记载的新四军造福人民的功德，却永远铭刻在人民心中。

相关链接：

新四军德政碑碑文

陆军第十八集团军总司令部参谋处长兼陆军新编第四军游击支队司令彭公雪枫德政碑

我新兴集，地本下洼，形似平湖，每遇淫霖，禾黍淹没，居民苦之。今夏暮月，阴雨连绵，积潦四溢，弥望滂沱，耕锄俱废，秋收锐减。灾黎疾首，哭声载地，为状尤惨。被灾之氓，群相告语，非疏瀹宣泄，无以御水患而裕民生，惟事无首倡，工不克举。幸我新四军司令彭公，率吊伐之师，驻节于兹，见田园尽成泥淖，街市形同泽国，叹水利之不兴，恨灾祲之未已，遂动恻隐之心，欲勤决排之手。乃商同县长廖公，在新兴集东，开挖新新沟。上自李家湖，下通浍河，军民合作，不日告成。时秋季九月也。沟渠既辟，隐忧尽去，乡里欢腾，万众悦服，愧无以报至德于万一，遂众议勒碑记铭，嘱予为文。予不辞聋聩，谨书俚词，聊表德政云。

前清五品衔尽先前即选知县联辉刘奎壁撰

涡阳县第三区新兴乡

中华民国二十九年元旦　　敬立

二、军民团结一家亲

新四军在亳州及其周边地区活动期间，和当地老百姓建立了亲密的鱼水关系，他们还举办了不少活动，增进军民了感情，真正形成了军爱民、民拥军，军民团结一家亲的局面，这也是新四军游击支队能够在皖北地区迅速发展壮大，创建豫皖苏边区抗日根据地的重要原因。

游击支队对全体指战员进行拥政爱民教育，每个指战员都要深刻认识到抗日民主政权是各个抗日阶级的联合政权，部队是整个政权的支柱力量。要求全体指战员尊重地方政府机关，遵守民主政府的法令，严格执行三大纪律、八项注意，发扬艰苦朴素的优良作风。游击支队所到之处，就在地方上积极宣传抗日救国，切实遵守当地的风俗习惯，主动派代表与地方党组织和政府、群众团体联系。经常召开座谈会，听取地方机关和群众的意见。部队要求，凡是驻军三天以上的，都要积极帮助地方办"冬学"，训练民兵，慰问抗属、烈属。他们主动给群众治病，参加庄稼收割、栽种、割草、积肥等农活，凡是对老百姓有利的事情，他们都是争着干。部队还尽量减轻地方上的负担，凡是30里以内的运输劳役，都是由部队自己负担，尽量不动用民工。部队对老百姓都亲切地称呼叔伯、大娘、老哥、兄弟、姐妹、小朋友等。部队移防时，总是把群众家里打扫得干干净净，把水缸挑满水，把借来的东西送还给群众。

1943年1月11日至2月10日，新四军第四师还举行了"拥政爱民月"活动，密切了军政关系、军民关系。1944年1月29日，彭雪枫在四师直属队大会上做了题为《我们是政府的卫队和老百姓的护兵》的讲话，提出拥政爱民的八点要求，对进一步密切党政、军民关系起到了很大的推动作用。

与此同时，根据地抗日民主政府也在地方干部和群众中加强了拥军教育，教育广大干部群众，新四军是党领导的抗日武装，是人民自己的军队，激发了人民群众对新四军的热爱。地方政府和群众团体积极帮助军队解决训练和生产生活中的困难，对驻军伤病员、残废军人及抗属、烈属等，经常进行慰问，给予各种照顾，妇救会还发动广大妇女做军鞋、看护伤病员，为战士们拆洗、缝补衣被。战时，积极动员群众组织担架队、运输队，支援前线。1941年12月，淮北行署就颁布了《优待抗属暂行条例》等文件，对抗日部队直系亲属给予各种优待，对抗属的一切困难尽量设法解决。

由于拥政爱民工作做得好，根据地出现了"吃菜要吃白菜心，当兵要当新四军"的大好局面，根据地在动员青年参军入伍时，提出"三不"（即不欺骗、不收买、不强迫），"四要"（即来历要明、年纪要轻、身体要强、成分要好）的严格要求，出现了父母送子、妻送郎、姐妹送兄弟的动人景象，留下许多军民鱼水情的真实故事。流传最广、最为生动的一个实例，就是谢老太太和她的3个儿子谢继书、谢继祥、谢继良（后人称为"谢氏三英烈"）的感人故事。[①]

谢继书，是谢老太太的长子，1901年生，幼年就给地主打工，18岁时，因不堪忍受地主欺压剥削，离乡投奔冯玉祥部当兵，不久升为连长。东北沦陷后返回家乡，积极开展抗日活动，积极推动涡阳县县长朱国衡成立骑兵中队，并任中队长。1937年全民族抗日战争爆发后，骑兵中队扩编为抗日游击大队，他任大队长。1939年，彭雪枫率部至新兴集，开辟豫皖苏抗日根据地，谢继书毅然率部投奔新四军，被编为新四军游击支队第一总队（总队长鲁雨亭）第三营，并被任命为副营长。之后，他活动在丰、沛、萧、砀县一带，成绩卓著，屡受嘉奖，并被吸收加入中国共产党。1939年9月，谢继书奉命回乡扩充军队。1940年3月，谢继书从新兴集开会返回，途经马店集时，被国民党顽固派杀害，其头颅被敌挂在龙山集示众一周。谢继书牺牲时年仅39岁。他牺牲后，彭雪枫亲自主持召开了追悼大会，以表沉痛的悼念和深切的怀念。

谢继祥，是谢老太太的次子，1916年生，随长兄谢继书参军，在新四军第四师第一总队第三营当战士。后来被选派到抗大四分校学习，

---

① 张阿务：《衷心慰问谢老太太》，载涡阳县地方志编纂委员会办公室等编：《新四军第四师在涡阳》（《涡阳史志资料选编》第三辑），1983年，第77页；《谢氏三兄弟传略》，同书第136页。

分配到警卫营任班长，继任排长、警卫营一连连长。曾在永城三座楼与日军激战中，活捉日军小队长，受到彭雪枫嘉奖，同年加入中国共产党。1940年6月1日，日军从龙山、临涣等地集结，大举侵犯第六支队司令部驻地新兴集。他奉命率全连战士迅速占领西沟口有利地形阻击日军。战斗中，他身先士卒，勇猛冲杀，因身负重伤，流血过多，无力站起。为保存力量，他命令战士撤退，自己却坚守阵地，继续与敌人做殊死拼搏。他在奋力向敌人扔出最后一颗手榴弹后，不幸壮烈牺牲，当时年仅24岁。

谢老太太的三儿子谢继良，1921年生，18岁参加新四军，不久被提拔为通信班班长。1940年4月1日，日军纠集亳县、砀山、永城、鹿邑、濉溪等地敌人，偷袭保安山新四军第六支队第一总队。一总队奋力抵抗，和日军进行了激烈的战斗。谢继良勇猛顽强，在战斗中负

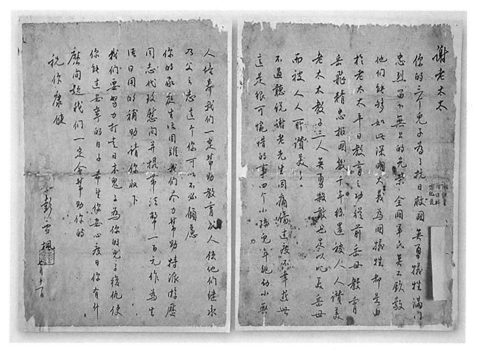

彭雪枫写给谢老太太的信（原件藏于中国人民革命军事博物馆）

伤，仍坚持不下火线，在与敌人刺刀肉搏时，连续刺死两个日本兵，终因流血过多，壮烈牺牲，年仅19岁。

谢老太太的老伴因过度悲伤，不幸病逝。为表彰谢老太太一门忠烈，1940年7月11日，彭雪枫亲笔给谢老太太写了一封满怀敬意的慰问信，表达新四军对谢老太太的一片深情厚谊。信上抬头敬称"谢老太太"。他称赞谢老太太"三个儿子为了抗日救国英勇牺牲"是"满门忠烈，留下无上的光荣。全国军民莫不钦敬"，赞扬"老太太教子三人英勇杀敌"如同古代"岳母教育岳飞精忠报国"一样，"被人人所赞美"。他对"谢老先生因痛伤过度不幸逝世"表示"很可惋惜"，对留下的四个小孙儿"无人培养"一事，保证"一定帮助教育成人，使他们继承乃父之志"。他说明已"特派游历同志代致慰问，并携带法币一百元作为生活日用的补助"。他强调"要努力打走日本鬼子，为你的儿子复仇，使你能过安宁的日子"。他表示"你有什么问题，我们一定会帮助你的"。最后，彭雪枫郑重地签名、盖章。这封信充分肯定了谢老太太一家对革命的贡献，体谅他们的困难并提供了实实在在的帮助。以后，谢老太太一家一直受到人民军队和人民政府的照顾。

发展根据地文化教育事业

新四军第六支队在建立根据地、发展根据地经济的同时，也十分注意促进文化教育事业的发展。豫皖苏边区根据地的人民中流传着"彭司令有三宝，拂晓剧团、骑兵团，还有一份《拂晓报》"的民谚，这三宝里有两样宝贝，都是和文化教育相关的，可见新四军第六支队是多么重视文化教育建设。

彭雪枫（左五）和拂晓报社的同志们合影　　　　　　《拂晓报》

一、《拂晓报》

1938 年 9 月下旬，彭雪枫在新四军游击支队誓师东征的干部动员大会上宣布，创办一份支队随军机关报《拂晓报》。报社成立之初，即成立了党报委员会，由彭雪枫、张震、萧望东等六人组成，彭雪枫任主任，王子光任社长，调阿乐、易河和单斐三人到报社工作，阿乐任总编辑。彭雪枫在《拂晓报》题为《拂晓报——我们的良友》的创刊词中写道："'拂晓'代表着朝气、希望、革命、勇敢、进取、迈进、有为，胜利就来的意思。军人们在拂晓要出发，要进攻敌人了。志士们在拂晓要奋起，要闻鸡起舞了。拂晓催我们斗争，拂晓引来了光明。""我们的报纸，定名为'拂晓'，是包含着这些个严重而又伟大的意义的。"①

9 月 29 日，《拂晓报》正式创刊，第二天即随军出征。此后，《拂晓报》就沿着游击支队东进的征途，横越平汉，东渡黄水，征战在涡河岸上、淮水两旁。新四军游击支队的胜利进军，拓宽了《拂晓报》的发展道路。在彭雪枫的指导下，拂晓报社克服种种困难，忠实地记录了豫皖苏边区抗日游击健儿的英雄业绩。

1939 年 9 月，进驻涡阳县新兴集后，《拂晓报》从宣传科分出来，成为单独的拂晓报社，王少庸担任社长。当时，拂晓报社就设在新兴集临街面南一家歇业的粮行的一间低矮的茅草房里，个子高的要弯腰才能进去。房子里打扫得干干净净，靠东边的山墙上，挂着列宁给《火星报》的题词"行看星星之火，燃成熊熊之焰"的横幅标语。报社没有机械化的排字工具，全靠人工用铁笔在钢板上刻钢板，印刷靠油

---

① 《彭雪枫全传》，河南人民出版社 2008 年版，第 506 页。

印。不久，画家李克弱从延安来到新兴集，他被分配到宣传部，兼在报社画插图。为纪念游击支队出征一周年，《拂晓报》出版了纪念号，刊发彭雪枫撰写的《斗争一年》纪念文章和《〈拂晓报〉的产生和壮大及其今后的方针》，明确指出《拂晓报》今后的发展方向。周年纪念后，《拂晓报》走出边区，发行到延安、重庆、西安、阜阳以及华中、华北等地，赢得社会各界的交口称赞。这些做法却为国民党安徽省当局所不容。11月下旬，他们以《拂晓报》"内容荒谬，破坏抗战，态度明显"为由，密令各县对《拂晓报》加以"严密检查扣留"。11月28日，《拂晓报》根据彭雪枫的指示，以社论形式发表《关于本报被禁的声明》，痛斥国民党当局的卑劣行径，严正声明："有群众在，即有本报在！"彭雪枫决定出版《拂晓报》百期纪念专号，有力地回击反共顽固派。彭雪枫亲自撰写了《立志做办报专家》，有力回击反共顽固派对豫皖苏边所实施的"文化围剿"。毛泽东、刘少奇、张闻天、王稼祥、谭政、滕代远、徐海东等也为报纸题词。毛泽东的题词是"坚持游击战争"，刘少奇的题词是"为抗战的正确路线而斗争"。[①]

随着新四军游击支队的壮大，根据地的发展，《拂晓报》虽印量剧增，但是仍供不应求。自1939年10月起，《拂晓增刊》发行，以后各种以"拂晓"命名的刊物不断问世。与此同时，由于报人训练班的开办和《拂晓报》的示范作用，各种报刊在部队和根据地如雨后春笋般发展起来，如当时蒙城县青抗会创办了《前锋报》。以《拂晓报》为主体的"文化垦荒"高潮在豫皖苏根据地兴起，引起了范长江领导的中国青年记者学会和国际新闻社的关注，国新社著名记者李洪、任重于

---

① 李克弱：《彭师长同拂晓剧团和〈拂晓报〉》，载涡阳县地方志编纂委员会办公室等编：《新四军第四师在涡阳》（《涡阳史志资料选编》第三辑），1983年，第58页。

1939 年冬和 1940 年春先后到豫皖苏边采访，并通过国新社和宋庆龄主持的保卫中国同盟，把《拂晓报》寄往新加坡、印度尼西亚、越南和缅甸，以及新德里、巴黎、伦敦。同时，《拂晓报》还通过苏联领事馆驻上海的办事机构发行到苏联的莫斯科、列宁格勒、基辅、海参崴和蒙古的库伦（即今乌兰巴托），美国的华盛顿、纽约、旧金山以及加拿大等地，曾参加过在法国巴黎举行的万国新闻报刊博览会。

一些国际友人通过《拂晓报》，了解到中国共产党及其领导的八路军、新四军所进行的抗日战争。他们中有的人还写信、发表文章，表达对中国人民的同情与支持。新四军游击支队和豫皖苏根据地在国外产生较大影响，《拂晓报》发挥了重要作用。

1940 年底，由于国内形势逐渐恶化，邮路不通，《拂晓报》停止对外发行。1943 年 12 月 2 日，《拂晓报》出版 500 期。1946 年夏，《拂晓报》出至 1000 期后，根据中共中央决定，改名为《雪枫报》，以纪念彭雪枫。时至今日，中共宿州市委的机关报仍叫《拂晓报》，就是为了纪念新四军和彭雪枫。

二、拂晓剧团 [1]

拂晓剧团组建于 1938 年 10 月，其前身是 1938 年 5 月游击支队驻河南省竹沟镇时所组织的文艺宣传队。随着游击支队深入敌后，它以舞台为战场，战斗在豫皖苏边区，成为活跃在华中抗日战场上的一支文艺轻骑兵。

---

[1] 李克弱:《彭师长同拂晓剧团和〈拂晓报〉》，载涡阳县地方志编纂委员会办公室等编:《新四军第四师在涡阳》(《涡阳史志资料选编》第三辑)，1983 年，第 58 页。

彭雪枫十分关心拂晓剧团的成长和发展。他关心演员的生活，千方百计帮助剧团解决实际问题。他指导演员怎样演好戏，怎么样利用舞台服务于抗战大局，演出更多老百姓喜闻乐见的好节目来。拂晓剧团在发展过程中，演出了很多令人难忘的好节目，比如大型歌曲《黄河大合唱》《八路军军歌》《新四军军歌》《垦春泥》等，还排练了戏剧家曹禺的话剧《日出》《雷雨》等、京剧《岳飞》等。根据地的老乡们亲切地称拂晓剧团为"彭家班"。

为适应当时流动环境及游击战争的条件，剧团开始多半是搞些活报剧、街头演唱、小型舞蹈等宣传活动。彭雪枫对剧团给予了无微不至的关怀，在政治上、工作上、生活上均予以优先照顾。剧团每有进步，每取得一些工作成绩，彭雪枫即给予表扬与鼓励。他经常给剧团上政治课、做报告，指定专人给剧团上艺术课，指导剧团练基本功。

1940年春，开封孩子剧团来到四师驻地新兴集，与拂晓剧团合并，从此剧团可以演出较大的节目。不久，晋东南抗大分校的刘瑞珊等被分配到宣传部，负责辅导拂晓剧团的工作，剧团又增添了群众喜闻乐见的、利用旧形式演出新内容的节目。彭雪枫还经常亲临指导、讲话，审看排演节目，提出修改意见。他指出："旧形式要有新内容，利用旧

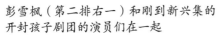

彭雪枫（第二排右一）和刚到新兴集的开封孩子剧团的演员们在一起

拂晓剧团演出活报剧《放下你的鞭子》

形式，不要采用旧内容。要旧瓶装新酒。"在他的教育、鼓励下，剧团除演出话剧外，又演出了《傻小子打游击》《赛西施送郎》《新鸿鸾禧》《军民抗战》《判寇》等新编京剧，以及有教育意义的传统京剧《空城计》《打渔杀家》《法门寺》等，受到军民的热烈欢迎，丰富了边区群众的文化生活。一次，四师与东北军何柱国部的骑兵师联欢，剧团演出了《三江好》《松花江上》《新编九一八小调》《放下你的鞭子》等，台下观众一片悲泣，不少骑兵师士兵站起来高喊"打倒日本帝国主义""中国人不打中国人"等口号，起到很好的宣传效果。

1939 年 11 月，新四军江北指挥部副司令员徐海东陪同中原局书记刘少奇到新兴集检查工作，剧团编排了京剧活报剧《徐大将军粉碎日寇扫荡》。徐海东乐得合不拢嘴，说："你们现编现演这出京戏，而且还能就地取材，真不简单。你们在敌后，环境这么艰苦，这京剧行头是从哪里弄来的？"政治部主任萧望东介绍说："拂晓剧团是我们游击支队东征敌后时扩建起来的，他们平时演了些现代内容的京剧，深受这一带老百姓的欢迎，这些行头也是就地取材。你看那些成衣，都是画在布上，糊上硬纸壳子缝制成的，汽灯一照，金光闪闪，和真的一个样。"徐海东听了赞不绝口。①

老百姓称颂拂晓剧团为"彭家班"，生动地反映了彭雪枫与拂晓剧团的紧密关系，剧团从创立到每一点进步，都浸透了他的心血。

1940 年秋，新四军在敌后各个战场配合兄弟部队出击作战。拂晓剧团宣传队做宣传鼓动工作，部分团员组成战斗宣传队，由政治部主任萧望东率领，从涡阳经永城、夏邑直插到敌后苏北的铜山等地。大家保持高度的组织纪律性，机动灵活地随战斗部队行动，与群众打成

---

① 《彭雪枫传》编写组：《彭雪枫传》，当代中国出版社 2004 年版，第 391 页。

一片，向敌占区群众宣传，扩大新四军的政治影响。有的民间艺人也加入宣传队，取得了很好的政治效果。

为反击汤恩伯部进攻豫皖苏边，新四军第四师和国民党顽固派展开了激烈的反摩擦斗争。彭雪枫提出了"军事、政治、宣传游击战"的口号，并将宣传部、拂晓报社、拂晓剧团划分成9个战斗小组，分散到连队，让大家深入第一线宣传。剧团就到群众中演活报剧，采用美术与活报剧相结合的新颖形式演出。每到一地，敲起锣鼓，集合群众，先以画好的大幅彩色漫画向群众展览，揭露日军和顽军的滔天罪行，继而在讲解中插入活报剧，化好装的演员，突然从群众中走出来，使漫画中的人物活灵活现，得到了广大群众的好评。3个月反摩擦斗争失利，形势不断恶化，剧团连演活报剧、拉洋片、搞画展等形式进行宣传鼓动，不论工作条件多艰苦，斗争环境如何尖锐复杂，他们都保持着革命乐观主义精神和旺盛的斗志，发挥宣传群众、组织群众的巨大威力。

三、抗大四分校 [①]

1939年8月，彭雪枫率支队主力由淮上回师北上，9月6日到达涡阳新兴集。沿途有许多青年学生报名参加新四军，学兵连不断扩大，于是在新兴集刘楼将学兵连正式改为游击支队的随营学校。从学兵连到随营学校的创办期间，共培训了3批学员。这些学员毕业后分赴豫

---

① 欧远方、童天星主编：《淮北抗日根据地史》，中央文献出版社1994年版，第196页。熊航昌：《抗大四分校创办前后》，载涡阳县地方志编纂委员会办公室等编：《新四军第四师在涡阳》（《涡阳史志资料选编》第三辑），1983年，第63页。

皖苏边的各个岗位，对动员民众、开展敌后游击战争发挥了重要作用。

1939 年 11 月，刘少奇视察豫皖苏边区根据地后，亳县、涡阳等县相继建立抗日民主政权，根据地逐步扩展到 23 个县，队伍发展到 17800 多人。根据地不断发展与巩固，需要有高度政治觉悟和军事才能的军政干部。"兹为克服投降妥协危机，力争时局好转，满足抗战爱国青年之要求，培养大批军事、政治干部，争取抗战最后胜利起见，将在皖苏边区设抗日军政大学第四分校。"① 彭雪枫即派萧望东、刘作孚在随营学校的基础上，筹备创办中国人民抗日军政大学第四分校。

抗大四分校招生广告　　　　　　　抗大四分校校徽

1940 年 3 月 8 日，游击支队正式刊发抗大四分校的招生广告，明确规定办学宗旨、入学资格、讲授课程、学习时间、入学手续等。3 月 18 日，在新兴集精忠堂举行抗大四分校第一期开学典礼。参加第一期开学典礼的学员有 500 多人，除随营学校 200 多人外，还包括从部队选派的一批青年战士，从解放区来的青年学生以及敌占区地下党组织介绍来的进步青年。

李品仙担任安徽省主席后，全省反共空气日益紧张，各地动委会

---

① 《拂晓报》1940 年 3 月 4 日。

被迫解散。许多在皖西、皖北从事救亡工作的青年也陆续来到抗大四分校，学员人数增至600多人，编为4个队，一大队为军事队，二大队为政治队，三大队为民运队，还有一个女生队。校部下设政治部、训练部、民运部、供给部，刘作孚为校部负责人。刘作孚调走后，由方中铎、刘清明相继接任。校址设在豫皖交界处的麻冢集泰山庙大殿里，学生分散住在麻冢集附近的唐楼、曾楼等几个村庄里。

当时的物资供应很差，生活相当艰苦，学员、教职员和领导干部一概不发零用钱。平时吃菜很少，一日三餐粗粮饭也难以保障。穿的是用槐叶、石榴叶染成的粗布军衣和用碎布条拧成的草鞋。没有教学设备，学习用具更是缺乏。没有纸张，找来旧书翻过来使用。没有墨水，用颜料代替。没有钢笔，将鸡毛管削尖使用。学校还办了《抗大生活报》和生活剧团，编排了《渡黄河》《母亲》等富有战斗性的剧目，到群众中演出，深受边区人民欢迎。

学校开设哲学、政治经济学、中国革命问题、社会进化史、中国近代史、政治常识、军队中的政治工作、群众工作、步兵战术、游击战术、战略指导等课程。学习内容繁多，但没有专职教员。校长彭雪枫、副校长吴芝圃、政治部主任萧望东、教育长刘作孚，他们既是学校负责人，又是主要的兼职教员。彭雪枫讲课既通俗又深刻，既严肃又生动，并且善于使用群众语言，学员听起来既有兴趣又易于接受，深受学员欢迎。彭雪枫还亲自编写了《游击战术》《战略战术讲授提纲》等小册子，作为抗大四分校的教材。他教育学员："凡军事干部要研究《孙子兵法》，政治干部要看《三国演义》。《孙子兵法》里有游击战术，《三国演义》里有统战工作。"此外，学校还邀请有实际斗争经验及对革命理论素有研究的军政干部和拥护革命知识分子来校任教。

1940年7月，抗大总校的华中派遣大队在刘清明、李干辉等干部带领下来到抗大四分校，加强了学校的领导力量和教学力量，促使抗大四分校朝着更加正规的方向发展。9月11日，抗大四分校第一期学员修业期满，超过一半的学员被分派到部队担任连排干部，其余人员被分配到政府机关、民运部门，或从事财政、税收业务和妇女工作。

在极其艰苦的环境下，抗大四分校为抗日根据地培养了大批的党政干部和军事人才。

除此之外，1940年2月，新四军第六支队还在新兴集附近的何庄、二郎庙等村开办了抗日联合中学，后来与抗大四分校合并。

抗日联合中学师生参加集会时的情景

涡北根据地的反"扫荡"斗争

    1939 年 8 月下旬，鲁雨亭的队伍编入新四军游击支队第一总队后，经过整训，在中国共产党领导下，在彭雪枫统一指挥下，很快就以崭新的姿态投入抗日斗争的第一线。第一总队先歼灭了集匪顽于一身的王景玉部，接着又摧毁了大汉奸张子航的老巢，之后相继攻打日伪军据点大房庄，歼灭了鸭子圈邵寨的土顽杨昆山、邵莲花等部，使得日、伪、顽、匪闻风丧胆。在仅半个多月的时间里，第一总队就击毙了北山大尉、坂木什平少尉等敌伪数百人，给敌人以沉重打击，给抗日军民以巨大鼓舞。日伪军对第一总队和鲁雨亭恨得牙根发痒，欲置之死地而后快。

    随着豫皖苏抗日力量不断发展壮大，新四军游击支队（第六支队）已经成为日军侵占中原的严重障碍，为了消灭这支队伍，日伪军抽调大批人马对豫皖苏边区发动了疯狂的"扫荡"。1940 年 3 月 17 日，驻守徐州的日军第二十一师团指挥官桑木亲自率领日伪军 3000 余人，分别由萧县、砀山、黄口、临涣集等地出发，向第六支队驻守的萧县、宿县、永城、涡阳北等地发动猛烈进攻，豫皖苏边区反"扫荡"战斗打响了。第一总队总队长鲁雨亭、政委孔石泉率领部队，在永城东北山城集一带，以机动灵活的战术伏击前来"扫荡"之敌，先后取得夜

袭张大屯、围歼王白楼和激战李石林等战斗的胜利，一举歼灭日伪军
1000 余人。不久，彭雪枫得到可靠情报：日本"天皇御问团"代表日
本天皇，对侵华日军第二十一师团骑兵第十四团进行"御问"。彭雪
枫立即命令鲁雨亭率第一总队埋伏在日军经过的阎井附近，出其不意，
一举击毙"天皇御问团"全部，负责护送的佐野联队长也未能逃脱。
1940 年 3 月下旬的半个月里，第一总队先后进行大小 20 余次战斗，击
毙日本兵数百名。日军在屡遭惨败，特别是日本"天皇御问团"被歼
后，恼羞成怒，下令侵华日军总司令冈村宁次为"天皇御问团"报仇。

一、四一战斗

4 月 1 日拂晓，日军纠集 3000 余人，并配以大炮和 30 余辆汽车，
由砀山、永城、王白楼、黄口分兵四路，向新四军第六支队第一、三
总队驻地芒砀山下的山城集一线围攻。鲁雨亭、孔石泉将敌情报告彭
雪枫后，彭即回电："坚决动作，不惜死伤，不惜疲劳，以坚决、果敢
迅速之动作，实行猛击而疲惫之、麻痹之，务求消灭之，收复各据点。"
接到彭雪枫的命令后，第一总队化整为零，分别占领了僖山、陶山等
山头，与敌人展开激战。敌人炮轰，新四军掩蔽在山上，沉着应战。
之后，敌人的冲锋一次又一次被第一总队打退。

为避开敌人的优势兵力，经过激烈战斗，鲁雨亭带领队伍沿着王
引河突围，跳出敌人的包围圈，迅速抢占战略要地李黑楼，利用李黑

楼四周四通八达、数尺深的“抗日沟”①和敌人周旋，打退敌人多次进攻。日军随即利用重兵包围李黑楼，以4门钢炮、20挺机枪组成火力网，向李黑楼围攻。第一总队战士们冒着猛烈的炮火，毫不动摇地坚守着有利地形。敌人一次次冲上来，战士们一次次把敌人打下去。阵地上机枪不停地扫射，手榴弹不断在敌群中“开花”。战斗中，鲁雨亭身边的机枪手被日军的炮弹击中，不幸壮烈牺牲。鲁雨亭奋不顾身地抱起机枪，向日军猛烈扫射，一颗流弹擦伤了他的鼻子，鲜血直流，鲁雨亭全然不顾，又继续指挥部队与日军激战，打退了敌人多次冲锋。但是，日军轮番进攻，李黑楼东南的小石桥阵地失守了。面对凶恶的敌人，鲁雨亭命令道：“死守李黑楼！决不能让鬼子再前进一步！”

鲁雨亭迅速组织部队反击，他手握驳壳枪，始终站在炮火最激烈的地方，从村南跑向村东，来往指挥战斗，一面鼓励部队英勇杀敌，一面抚慰受伤战士。战士们见鲁雨亭身上多处负伤，恳求他到寨内休息一下，他忍着剧痛坚决不肯，对战士们说：“当年，咱们别亲离家，不就是要抗日打鬼子吗？现在，我们的机会来了，那就要狠狠地打！人在阵地在，咱们死也要死在一起！”

鲁雨亭视死如归的英雄气概，鼓舞了全体指战员，大家誓死坚守阵地。战至黄昏，在敌人强大兵力的围攻下，第一总队伤亡很大。阵地上敌众我寡，一时无法突出重围。鲁雨亭激励战士们说：“我们生是山城集的人，死是山城集的鬼！我们要把每一寸阵地都变成鬼子的坟墓！”鲁雨亭指挥战士从不同的方向冲入敌群，与日军展开惨烈的白刃战，直杀得日军死伤遍地，鬼哭狼嚎。敌人在炮火掩护下，疯狂地

---

① 在涡北根据地，结合原有沟渠挖的浅沟，抗日战士躬身可以在沟里运动而不被敌人发现，匍匐在沟边可以向敌军射击，起到打击敌人、保护自己的作用。老百姓称之为“抗日沟”。“抗日沟”四通八达，纵横交错。

围攻。眼看硬拼不行，鲁雨亭决定趁着敌人释放的烟幕弹，冲出包围。然而不幸的是，正当他带领战士们强行突围的时候，一颗流弹从侧翼飞来，击中了他的头部，鲜血从他的头部流出来，顿时染透了他的衣衫，鲁雨亭壮烈牺牲。其余部队在孔石泉政委的带领下，强忍住无比的悲愤，利用"抗日沟"做掩护，冲出包围，撤出战斗。

当滕海清率部奉命赶来支援时，枪声渐渐地稀疏下来。日军拖着大批尸体，狼狈败退而去。这次战斗，毙伤日伪军400余人，日军用7辆卡车才拉完尸体，逃回据点。新四军第六支队第一总队牺牲134人，伤90余人，鲁雨亭牺牲，许遇之负伤，反"扫荡"取得重大胜利。

4月3日，豫皖苏边区党政军委员会做出《关于纪念鲁雨亭同志壮烈殉国的决定》，号召边区各地召开追悼大会，缅怀身先士卒、冲锋陷阵的鲁雨亭。4月14日，在根据地军民数千人参加的追悼大会上，彭雪枫为鲁雨亭致悼词，高度评价了鲁雨亭的一生，追述了他全民族抗战以来的功勋，号召全体指战员向鲁雨亭学习，完成他未竟的事业。

1940年4月14日，新四军第六支队在新兴集精忠堂举行鲁雨亭追悼大会

张震为纪念鲁雨亭殉国60周年题词

二、"六一战斗"

1940年4月1日的芒砀山反"扫荡"战斗结束后，不久就发生了新兴集"六一战斗"。这是新四军在豫皖苏抗日根据地发生的重要战斗之一。

1940年5月，新四军第六支队为了总结反"扫荡"的经验教训，进一步提高军政素质，从5月初开始，调集8个团的指战员在新兴集附近整训。为检阅部队整训的成绩，借纪念五卅运动纪念之机，第六支队调集了第一、二、三总队各一个团和第二团、永城独立团、宿县独立团以及萧县支队各一部、支队直属一队、抗大四分校、特务团等部队，在新兴集集结。由于动作比较大，兵力调动比较集中，很快引起了日伪军的注意，日军集中1000多人的兵力，分乘20多辆汽车，在数辆坦克配合下，分兵四路突然袭击新兴集，企图歼灭第六支队主力。南路500余人，汽车10余辆，由临涣绕至青疃、龙山，经左楼、孙楼，自南向北犯新兴集；北路300余人，汽车七八辆，由永城自北向南，攻击马村桥、梅庙防地，由北向南进犯新兴集；东路100余人，进至黄口集，企图从丹城集，由东向西进犯新兴集；西路亳县数百名敌人，东进泥店集，企图夹击新兴集。一场激烈的战斗在新兴集展开。

（一）战斗序幕

1940年6月1日清晨，五卅运动纪念活动正在举行，忽然接到骑兵送来敌人偷袭的消息，会场气氛一下子紧张起来。面对这种严峻情形，彭雪枫镇定自若，做了紧急动员，并对战斗做出部署。彭雪枫命第一总队扼守集西南至大王庄一线，特务团一营守卫集南门外，特务团一部由团长程志远、政委蔡勇率领，承担集东南防御，并穿插至日伪军背面。余部经"抗日沟"，撤至永城县境。按照部署，各团奔赴阵地，非战斗人员按照指定方向迅速镇定地向安全地带转移。彭雪枫亲自带领一个连队在南门外正面阻击。战士们打得十分顽强，敌人的炮弹在距彭雪枫不远处炸开。营长罗杰连拉带推才把彭雪枫推下路沟，转移到侧面。战士们和敌人在路沟展开肉搏战，战斗异常惨烈，最终打退了敌人的冲锋。

（二）南线桥口争夺战

日伪军炮火从集南孙楼、刘楼之间向新兴集猛烈轰击。孔石泉带着部队沿着沟沿跑步前进，迅速占领已经干涸的岭子沟。右边沟床的部队迅速展开，立即抢占桥口。这时，日伪军的汽车已慢慢靠近桥口，密集的炮火向新四军张营长猛烈射击。张营长指挥部队在机枪的掩护下继续前进，占领桥口的日伪军也沿着沟床向西潜行。情况危急，张营长忽然爬上了路沟，在附近的坟头伏击敌人。在这紧急关口，机枪手牺牲了，营里的陈指导员命令战士们用步枪代替机枪，向日伪军射击，投掷手榴弹。更多的日伪军从正面攻上来，战士们和日伪军展开肉搏战。敌人死伤惨重，终于退却了。九连长命令相开山等人掩护陈指导员向小张庄转移，途中又遇到了敌人。相开山的大腿受了伤，不能动弹，他把枪压在肚子下，伏卧在尸体中间。敌人用刺刀在他背上刺了4刀才走开。相开山忍着剧痛，从敌人后面将一个日本兵击毙。

（三）南线孙楼肉搏战

特务团（代号"江北部队"）担负保卫新兴集及其右翼的战斗任务。团长程志远和团政委蔡勇分别带领四连、五连绕到敌人后方，直达朱庄、左楼之间。程志远带的四连一部运动至刘楼、孙楼，直插敌人的背后，并展开攻击，王连长和指导员段服率部一阵猛攻，炸死日军军官和士兵多人。刘楼的日军在机枪掩护下向四连发起攻击，北沟敌人的机枪也向他们猛烈射击。指导员段服不幸中弹牺牲，王连长忍着满腔怒火退回孙楼。四连指导员秦子民带着队伍，在新兴集南面移动到孙楼、刘楼之间，和日伪军激烈战斗。孙楼西、南、北三面马上被敌人包围。程志远带领四连战士和敌人展开相持，战士王友爱一人在路沟内和十几个日本兵拼杀，杀死日军多人，并夺得一支三八式步枪。牵制敌人进攻新兴集的任务完成后，为避免重大牺牲，在秦子民和3名战士掩护下，四连退出敌人的三面包围，撤向左楼。秦子民因掩护战友，不幸牺牲。

（四）北线阻击战

萧县总队在新兴集北5公里的梅庙担负阻击永城方向敌人的任务。北线敌人300余人，汽车七八辆，由永城向马村桥、梅庙一线进犯，企图合击新四军，聚歼支队主力。萧县总队闻警后，迅速部署，副连长朱文祥和班长侯体力带着两挺机枪和一个班兵力，迎击来犯之敌。战斗持续四五个小时，敌人未能前进一步。一排副排长徐学超不幸牺牲，七班副班长谢玉诗负伤，但大家以"为死者报仇，为伤者雪恨"为口号，接连打退敌人多次冲锋，严守了阵地。代理排长吴孝祥一个人带着机枪跳出战壕追击敌人，终于把敌人击退。排长段广兰带领全排向前冲击，克复鲁庄、孙武庄、杜庄。全营共收复六七个村庄。在马桥村与永城独立团会师后，又打死日本兵10余人，击毁汽车一辆，夺取物资甚多，迫使日伪军向北逃窜。

当天晚上，为避免过大伤亡，彭雪枫命令部队撤出战斗，放敌人进入新兴集再进行反包围。日伪军气急败坏地进入新兴集，放火烧了精忠堂和一些民房，杀害了20多名就地隐藏的群众。黄昏，敌军怕陷入新四军包围，不敢久留。彭雪枫抓住时机，迅速组织部队反击，敌军丢下100多具尸体狼狈逃窜，半小时后新兴集失而复得。

（五）"六一战斗"的教训

"六一战斗"取得了重大胜利，但是教训也是深刻的。主要教训是麻痹轻敌。会前丹城集、马村桥集、书案店等线虽有部队警戒，但未在南线派出警戒部队，致使敌军主力部队由临涣集、青町，经国民党龙山防地，长驱直入，逼近新兴集，造成第六支队仓促应战的被动局面。大会为搞阅兵式，按枪械列队，命令部队间调换枪支，有的换了枪支却没有换子弹袋，以致敌军突袭时，不能有效反击，大大削弱了部队的战斗力。

《拂晓报》关于"六一战斗"的报道

八路军南下和板桥集战斗

国民党五届六中全会确定以军事限共为主、政治限共为辅的方针。在这种背景下，国民党顽固派掀起了第一次反共高潮。抗战进入相持阶段以后，日本侵略军停止了正面战场的战略性进攻，并把对国民党政府以军事进攻为主、政治诱降为辅的方针，转变为以政治诱降为主、军事打击为辅。

1939 年冬和 1940 年春，第一次反共高潮被粉碎后，蒋介石将反共的主要矛头从华北移向华中，华中地区的反共摩擦事件日益增多。安徽的抗战形势因廖磊去世而骤然变化，李品仙继任安徽省政府主席，立即获蒋介石召见，"给以全权，嘱其实行全部反共政策"。李品仙一到安徽省战时省会立煌县（今金寨县），立即拿安徽省民众总动员委员会"开刀"，下令改组动委会，调全体工作团队和各县动委会指导员赴立煌"受训"，企图一网打尽。

1940 年 3 月 22 日，国民党军令部颁发了进攻新四军第六支队的指导方案，命令国民党军第九十二军等部"进出于涡阳、永城、夏邑、宿县、萧县附近"，驱逐"彭雪枫部后，推进至洪泽湖以北地区，与第八十九军之一部协力肃清该地区内非法活动之异党"[1]。

一、八路军南下

在这种情况下，党中央和毛泽东于1940年3月至6月间，连发指示：将八路军三四四旅"开至徐州附近，协助彭雪枫巩固淮河以北于我手中"，"我军将来出路实在中原，此时不争，将来更难了"。要求三四四旅南下协助彭雪枫创立根据地，并策应刘少奇。占领华北为日军已定方针，在华北我军困难增加，扩大不易，而国民党的政策又是将我军封锁在敌人后方与敌拼消耗，防我军南移，黄克诚纵队、彭明治、朱涤新支队，立即开往华中这块国共必争之地。八路军第二纵队主力旅由黄克诚亲自率领，从华北南下华中，与彭雪枫第六支队会师，实现中共中央"巩固华北，发展华中"的战略方针部署，协助彭雪枫巩固豫皖苏"这一极端重要的抗日战略地区"。

根据党中央和中央军委命令，八路军第二纵队政治委员黄克诚所部三四四旅、新二旅等，1.2万余名八路军分两个梯队从华北南下，从1940年5月20日开始，先后从冀鲁豫地区抵达豫皖苏边区。1940年6月下旬，黄克诚率领的南下部队，在豫皖苏边区与新四军第六支队会师。中央军委于6月27日发布决定：同意彭、黄两部合编为八路军第四纵队，以彭雪枫为司令员，黄克诚为政委，"活动于津浦路西、陇海路南，以对日寇作战、巩固豫皖根据地、扩大与整训部队为中心任

---

[1] 《毛泽东、王稼祥、朱德关于关于部队合编及任务致彭雪枫等电》，《新四军·文献》（1），解放军出版社1988年版，第692页。

务"。①明确彭、黄两部编为八路军第四纵队，辖4个旅，即：二旅（新二旅），四旅（三四四旅），五旅（新四军第六支队第一、二团组成），六旅（新四军第六支队第三团和原第一、三总队各一个团组成），并以原新四军第六支队领率机关为第四纵队领率机关，并任命张震为第四纵队参谋长，萧望东为政治部主任。连同特务团在内，全纵队辖11个主力团。

八路军第四纵队编成后，增强了豫皖苏边区军队的力量。三四四旅是中国工农红军改编为八路军时的6个主力旅之一，参加过平型关战斗，是创建华北抗日根据地的主力之一，虽减少了六八七团，仍为第四纵队之主力，使五旅、六旅学有榜样、赶有目标，在纵队首长指挥下，各旅协同作战。②

重新整编后不久，四旅在五旅十四团配合下，进一步巩固与扩大了淮上地区，使涡河、淮河之间的怀远、凤台、蒙城敌占区很快成为豫皖苏边区的组成部分，改善了八路军向南与新四军四支队的联系条件，与此同时，五旅、六旅继续战斗在涡河以北地区，豫皖苏根据地各项建设出现蒸蒸日上的大好局面。八路军二纵队和新四军第六支队的会师，虽然合编时间比较短暂，主要力量根据刘少奇的指令，很快就赶赴皖东北创建皖东北抗日根据地，但是它的作用是巨大的，对于打退国民党顽固派对华中的进攻，保护华中新四军和豫皖苏根据地，都发挥了很大的作用。

---

① 中共中央文献研究室编：《毛泽东年谱（1893—1949）》中卷，中央文献出版社2002年版，第195页。

② 王良：《八路军第四纵队始末》，载《铁流万里》第一辑，新世纪出版社1998年版，第158页。

二、板桥集战斗

1940 年 9 月，八路军第四纵队为了扩大豫皖苏根据地，并解决财政困难，一部坚持涡北地区斗争，一部南下怀远、凤台，进抵淮河北岸，打击日军，控制淮河下游。这就是新四军二进淮上。第四纵队先后建立了淮上办事处以及 4 个县政权，组织区乡自卫队和淮上独立团。共产党领导的新四军和地方抗日力量就成为日伪的"眼中钉"。

11 月中旬，日军为了消灭深入涡阳、蒙城等地的八路军，组织蚌埠、宿县、临涣等地日伪军 5000 余人，配备汽车 70 多辆、坦克 30 多辆，在多架飞机的掩护下，沿着宿蒙公路直扑蒙城、涡阳等地"扫荡"。八路军第四纵队五旅为保卫淮上抗日根据地，在宿蒙公路上的板桥集阻击了敌人，坚决粉碎了敌人的"扫荡"。

（一）战前形势

1940 年 6 月，黄克诚奉令与新四军第六支队彭雪枫部合编组成八路军第四纵队后，滕海清任第五旅旅长，辖第十三、第十四两个团，全旅 3000 余人。当时旅部机构很不健全，旅职干部未能配齐，所辖部队分散活动。10 月下旬，滕海清奉命率旅机关和警卫营进驻蒙城东北 15 公里处的板桥集[①]。此时，国民党军第一〇五师、第一三五师进驻涡阳境内，沿涡河南岸构筑工事，马彪骑八师进驻蒙城以南望疃集、吕望集一线，骑二军渡过沙河进驻张村铺、高公庙一线，桂系第一二七师进至正阳关地区，与日军驻扎徐州的第二十一师团、驻蚌埠之第

---

① 板桥集周围平原辽阔，是宿县通往蒙城的要道，公路贯穿其间，临公路两侧，商业店铺鳞次栉比，有居民 300 余户。

十三独立混成旅团，以及驻宿县、固镇之日伪军遥相呼应，对豫皖苏边区抗日根据地形成夹击态势，形势十分严峻。

日军占领宿县后，板桥集经常遭日伪顽匪的骚扰抢掠。查看镇内外地形后，滕海清召集旅部有关人员和警卫营长杨德隆、教导员刘瑞芳、副教导员（兼十连指导员）王绍渊等，研究组织防御的兵力部署，并抓紧时间利用原有围墙、壕沟构筑防御阵地。同时开展群众工作，宣传我党我军政策，消除群众顾虑，发动和组织群众破坏公路，在部队中加强"三大纪律、八项注意"教育，从而使全镇军民枕戈待旦，准备打击来犯之敌。①

（二）阵地防御战

1940年11月16日，驻徐州日军第十三军之第十二独立混成旅团，以及驻蚌埠、宿县之日伪军共5000余人，附汽车70辆、坦克20余辆，在空军掩护下，分路西犯涡阳、蒙城等地，驻扎该地区的国民党军闻风丧胆，迅速向太和、阜阳方向溃逃。彭雪枫、张震判断敌情，认为沿宿（县）蒙（城）公路西犯之敌必攻板桥集，便令滕海清部在板桥集

板桥集战斗经过示意图

① 滕海清：《鏖战板桥集》，载《铁流万里》第二辑，新世纪出版社1998年版，第140页。

组织防御以阻击来犯之敌，阻滞敌人西犯，支援友军。滕海清部当即在板桥集加宽寨墙至1丈5尺，在顶端修筑碉堡，深挖了交通壕，连接各掩体。全体指战员同仇敌忾，摩拳擦掌，以逸待劳，准备迎头痛击敌人。

果然不出所料，500余名日本兵沿宿（县）蒙（城）公路西犯，南坪集伪军第十五师出动1000余人，一起向板桥集猛扑过来。11月17日8时许，敌军进抵板桥集外围，并迅速展开，对板桥集形成半包围态势。10时，敌军兵分两路，在猛烈的炮火掩护下，从东南和南方同时发起冲击。我军战士沉着应战，一次又一次地将敌击退。敌人恼羞成怒，集中兵力向板桥集东门的十二连阵地攻击，在其施放烟幕掩护下蠕动前进，待敌进到围墙根下时，十二连开火还击，并将炸药包和由700多个分散捆绑的集束手榴弹投入敌群，炸得敌人尸横遍地。五旅趁机加固阵地工事，准备迎接敌军反扑。下午1时，敌军又一次组织猛烈的攻击，敌军的子弹、掷弹筒炮弹如暴雨般地倾泻在五旅阵地上，数架敌机对板桥集和五旅阵地实施扫射轰炸，在火力掩护下，敌军乘机越过围壕爬上围墙。见此情形，五旅指战员顽强反击，与爬上围墙的敌人展开肉搏战。激战至黄昏，敌军屡攻屡败，付出了惨重代价。敌军不甘失败，又增派部队企图包围板桥集，再次猛攻五旅阵地。

滕海清考虑到敌众我寡，敌人机械化部队行动快速，对我军很不利，而五旅坚守板桥集的只有警卫营4个连队，且已苦战终日，如旷日持久地坚守下去，伤亡不断增大，粮弹接济将出现困难，若被敌包围，形势非常被动，情况很危险。为保存有生力量，滕海清决定率部趁着夜色，迅速撤离板桥集，到板桥集西北的大赵家与来援的第十三团1个营会合，计划晚饭后向涡阳东曹市集转移。

（三）乌衣集前哨战

11月16日下午，按照上级部署，一排排长冯健忠和一班班长王殿邦带着全班人去板桥东北20里的乌衣集放哨，得到消息：宿县、南坪等地的敌人，正在集结准备出发，即将向板桥进攻。冯健忠立即派人向上级报告，并带领一班撤到乌衣集南边的小刘庄，扼守进攻板桥必经的一座小桥。

17日拂晓，新四军占领交通沟，修筑工事，与敌人展开殊死战斗。敌人排成战斗队形，弯着腰喊叫着冲上来，在敌人快要登岸时，全班连续投掷两排手榴弹，冲在前边的敌人被炸得血肉横飞。敌人不敢直接向上攻，就派5只狗来探路，被战士们打的死的死伤的伤，余下的夹着尾巴逃了回去。不一会儿，大群敌人又冲上来，战士们再次给予猛烈地回击。听到枪声，在附近活动的第二班增援上来，一起打退敌人的进攻。敌人连续几次冲锋虽然没有成功，但摸清了我军的兵力、火力的底细，开始了更猛烈地强攻，密集的轻、重机枪火力封锁了交通沟，压得战士们抬不起头来。交通沟周围的野草也被敌人的燃烧弹燃着，附近的几座坟包也被削平，不断有战士牺牲。冯健忠认为，再打下去对己方十分不利，便下令撤退。余下的7名战士趁着敌人的烟幕弹，撤回板桥集，投入守卫板桥的战斗。[①]

（四）淝河畔阻击战

17日早晨，四纵队第五旅警卫营教导员刘瑞方，遵照旅长滕海清

---

① 王殿邦：《乌衣集前哨战》，载《铁流万里》第二辑，新世纪出版社1998年版，第151页。

的命令，带警卫营一连前去洮河公路渡口迎敌。警卫营原是胡晓初和侯香山等在西华组织起来的人民自卫武装，后编入新四军。这支部队文化水平较高，武器较好，弹药较多，战斗力比较强。一连接受任务后立即集合，经简单动员，即跑步出东门沿北洮河南岸大堤前进。

刘瑞方远远看到洮河北岸公路上挤满日伪军，一连迅速抵达宿蒙公路上的北洮河板桥渡南堤。王绍渊带一个排到河堤右前方小榆树林里隐蔽起来，做好简易工事，准备在日伪军主力正面进攻时侧击敌人。刘瑞方指挥一连其余兵力依托河堤土坡，布置好交叉火网。

敌军用骡马牵引 6 门大炮，驱赶伪军走在前面，警惕前进。敌军先用大炮开路，炮弹不断落到一连阵地的后边和板桥集里。上午 8 点多，敌人向警卫营一连阵地发起进攻，200 米外洮河北公路上，日伪军攻击前进。刘瑞方为节省弹药，要求战士们在伪军距阵地百米才能开火，集中火力齐射、点射相结合，有力地杀伤敌军。

敌人的炮弹大多落在一连阵地前后，有的战士负了伤。刘瑞方调整兵力部署，把阵地向东西稍加延伸，交叉火网更集中对准公路。日军大队已推到公路前面，他们采取跃进战术动作攻击前进，伪军在后面跟进。敌军火炮先猛烈地打一阵，然后轻重机枪连珠对着河堤一阵猛打，接着发起新的进攻。新四军战士等敌人密集前进集团距离我方只有七八十米的时候，才瞄准射击。

敌人的飞机对阵地狂轰滥炸，低空扫射，炮火越来越急。一连的阵地坚守下去已十分困难，但如撤走，旅部会受到难以想象的损失，刘瑞方把党支委、组长召集来动员，大家决心与阵地共存亡，下决心死守。直到接到旅长滕海清命令撤回板桥集，他们才撤出战斗。

警卫营一连在北洮河南岸对日伪军顽强阻击两个小时，毙伤日伪军 100 余人，对板桥集主力作战起到有力的配合作用。[①]

（五）攻坚消耗战

17 日傍晚，敌军进占板桥集后，当即烧杀抢掠。滕海清率领从板桥集撤下来的队伍吃过晚饭，正准备转移时，纵队司令部作战科科长白浪[②]带领纵队特务团两个营突然赶到，与滕海清部会合。白浪当即要求滕部配合特务团所部作战，由滕海清统一指挥，重新夺占板桥集并坚守之。滕海清认为，五旅从未接到坚守板桥集的命令，且经过白天一天的战斗，不宜再攻打板桥集。但白浪认为，板桥集战略位置重要，不能让敌人占去，要连夜将它夺回来。滕海清提出，板桥集高墙深壕，易守难攻，警卫营 4 个连坚守板桥集，即能对 2000 多敌人造成较大杀伤，现在转而由我们现有的部队去攻打板桥集，恐难以奏效。再者部队既无攻坚的准备，又缺乏登攀的工具，仓促投入战斗，势必徒增伤亡。但在白浪的坚持下，滕海清从锻炼部队的角度考虑，发扬新四军不怕疲劳连续作战的精神，袭击立足未稳之敌，最后还是同意发起攻打板桥集的战斗。

当晚 11 时，滕海清率领队伍来到板桥集南边围墙外，特务团在东，滕海清亲率两个营在西，攻打板桥集。敌军凭借板桥集的工事，居高临下，拼命防守，密集的火力，连续不断交叉扫射，加上没有掩护进攻一方的掩体，因而更有利于防守，新四军几次进攻均无成效。战至

---

① 刘瑞方：《顽强阻击歼敌沱河畔》，载《铁流万里》第二辑，新世纪出版社 1998 年版，第 147 页。

② 原名谢白浪，湖南省长沙县人，1905 年出生，毕业于黄埔军校第四期。曾参加过北伐战争、南昌起义和广州起义，担任过淮北军区参谋长，1947 年去世。

18日凌晨，白浪只好同意滕海清的意见，拂晓前各部迅速撤出战斗，以防敌人在天亮后实施反击，攻坚消耗战到此结束。

（六）遭遇战

18日凌晨，滕海清与白浪各率部队分头向西北曹市集方向转移，途中遭遇正在行进中的日伪军，又一次展开激战。事后查明，该敌于17日下午分别抵达宿县南坪集后集中，18日拂晓出动西犯。一路经芦沟集、赵集、唐集；一路经双堆集、陈集、王集，均在飞机、坦克掩护下向西推进，正是向涡阳、蒙城进犯的敌军主力。

滕海清率部在唐集突然与敌遭遇，他当机立断，命令部队迅速展开抢占有利地形，主动开火，打敌人一个措手不及。密集队形前进的敌人大惊失色，仓促还击。顿时，枪声大作，炮声隆隆，敌人惊慌失措，乱作一团，坦克横冲直撞，低空飞行的敌机也慌忙爬向高空。滕海清又命令部队趁机出击，敌人被打得到处乱窜。激战至10时，敌人边打边逃，在仓皇中向涡阳败退。与此同时，特务团在王集也同敌人遭遇，双方展开了激战，反复冲杀，共击毁敌坦克、汽车10余辆，另击落敌飞机1架，歼敌一部。至此，一场激动人心的遭遇战以敌军的溃退而告终。①

（七）板桥集外"牵敌"

11月18日凌晨，接滕海清命令，五旅围攻板桥敌军的部队主动撤

---

① 滕海清：《鏖战板桥集》，载《铁流万里》第二辑，新世纪出版社1998年版，第145页。

围，分头转移。十三团兵分两路：副旅长兼十三团团长、政委张太生率团主力南渡涡河往蒙城南转进；十三团第一营往西北方向转进，以分散敌人对主力施压的兵力。

十三团第一营的前身是萧望东大队，战斗作风勇猛顽强。当时的营长王振邦、政治教导员张魁受领任务后，立即向各连连长、指导员指出，要千方百计与敌若即若离，吊敌人的"胃口"，而又不让其"吃掉"。王振邦要求全营发扬竹沟革命精神，以坚定的全局观念，自觉、勇敢、顽强地完成"牵敌"重任。第一营一面以极小的兵力和火器袭扰守敌，以迷惑敌人，隐蔽大部队撤离的意图；一面以连为单位向共产党员、青年队员、战斗骨干进行简短有力地动员和布置。天将破晓，全营按照既定的战斗方案，在敌人刚好能发觉的情况下，公开向板桥西北方向转移。板桥守敌发觉我军主动转移，立即分兵追踪而来。

第一连提前从板桥西移，在两公里之外选择地形，做好火力掩护营主力西进的准备。在敌人猛烈火力追击下，第二连迅速超越一连阵地西进；第三连和第一连在营首长指挥下，轮流掩护、交替西移。一、三连沉着应战，不断打击敌人。他们常常利用地形、敌情，时而占领有利地形对敌猛烈射击，时而命令各连轮流掩护、轮流后撤，使追击之敌既不好"掉队"，又无法与一营主力"决战"。就这样，十三团一营牵住了敌人，又没被敌人"吃掉"。

18 日上午，被"牵"之敌 700 余人疯狂地对一营追击、兜击，战斗越打越激烈，硝烟、尘雾遮空蔽日，枪炮声、汽车和坦克声不绝于耳，展开一场歼灭与反歼灭的残酷较量。第一营经过有组织地轮流掩护、轮流撤转，到王土楼集结时已 11 时，教导员张魁和营长王振邦营长商量，队伍已从板桥撤出 7 小时，旅、团主力应走出 30 公里以外。其间，他们多次和敌人发生激烈战斗，甚至被敌人包围，但是他们凭着坚强的革命意志和聪明智慧，一直战斗到 19 日拂晓，终于与敌人拉开了距离，全营在离曹市集 4 里的刘楼再次短暂集结。第一营从 18 日 4 时起至 19 日 16 时，与数倍于己的日伪军鏖战 36 小时，历经险境，不怕牺牲，英勇顽强，完成了上级下达的吸引敌人、保障主力安全转移的艰巨任务。①

（八）战果和影响

经过两天一夜的鏖战，四纵五旅进行了阵地防御战、攻坚战和遭遇战等，作战英勇顽强，取得了毙伤日伪军 1200 余人，击毁敌汽车、坦克 19 辆，缴获洋马 7 匹，击落敌机 1 架的辉煌战果。我军也伤亡 300 余人。战斗结束后，彭雪枫、张震对这次战斗给予充分肯定。12

彭雪枫（右）与张震在板桥战斗中被击落的日机残骸前留影

图为飞机残骸

月初，彭雪枫命司令部通信连连长高震远率人护送敌机残骸（385 号轻型轰炸机，1939 年 2 月造，驾驶员 3 人当场毙命）先到涡阳，后又转

① 李良元：《板桥"牵"敌》，载《铁流万里》第二辑，新世纪出版社 1998 年版，第 154 页。

到洛阳展览。沿途和在展览时都受到参观者赞扬，也受到驻洛阳之国民党第一战区司令长官卫立煌的表彰。

板桥集战斗，八路军第四纵队五旅面对数倍之敌，不畏强暴，以坚韧不拔、不怕牺牲、顽强拼杀的战斗意志，和不顾疲劳、连续作战、克敌制胜的战斗作风，终于在这场恶战中赢得胜利。这在豫皖苏边区平原游击战中是空前的。这次胜利，是在敌众我寡的兵力对比下进行的，五旅以少胜多。同时，五旅以劣势装备战胜了有空军、坦克等优势装备的敌人。实践证明，在敌后平原地带，不仅可以开展游击战争，而且可以打败敌人，再次打破了"日军不可战胜"的神话。板桥集战斗的胜利，鼓舞了边区的军心和民心，既打出了人民军队的军威，又使广大民众认识到，共产党领导下的军队是真正抗日的力量，再一次有力地戳穿了国民党顽固派散布的"八路军游而不击"的无耻谰言，为在边区敌后与敌周旋打击敌人创造了良好的环境和条件。

汪伪政权的统治和盘剥

抗日战争时期，亳县、涡阳县、蒙城县、宿县等地的沦陷区，都在大汉奸张岚峰部伪军的控制之下。张岚峰在其管辖区内，大肆盘剥民众，积极反共，与新四军为敌，对亳州人民犯下了滔天罪行。

一、大汉奸张岚峰

张岚峰，字腾霄，归德府柘城（今商丘市柘城县）人。1922 年考入冯玉祥部学兵团，毕业后参加西北军，1926 年被冯玉祥选送到日本陆军士官学校学习深造。1929 年毕业回国，张岚峰先后任第二集团军第十三军炮兵团长、旅长、师参谋长等职。

1929 年 6 月，冯玉祥到山西邀阎锡山联手反对蒋介石，不料被其软禁在五台县建安村。张岚峰认为冯玉祥落难只是暂时的，如果这时能跟在他左右，日后必得冯重用。于是，他到建安村当起冯玉祥的卫兵，尽心竭力保卫冯的人身安全，取得了冯玉祥夫人李德全的信任，并将外甥女张志兰许配给他为妻。自此，张岚峰成功攀上冯玉祥，成为整个西北军中的"后起之秀"。不久冯玉祥在中原大战中败北下野，张岚峰也丢了军职，转投蒋介石，担任第二十六路军第十四师副师长兼第二旅旅长。1933 年，冯玉祥联名方振武、吉鸿昌通电全国，宣布组建察哈尔民众抗日同盟军，张岚峰被委任为抗日同盟军第十九军军长。同盟军失败后，张岚峰投靠孙连仲当上了第二十六路军少将参议兼干训所教育长，帮助孙训练新兵 4000 余名，借机扩充自己的实力。

　　1934 年，张岚峰以入日本早稻田大学研究经济为名，携妻子张志兰东渡，很快勾结上日本特务松室孝良和负责中国事务的参谋本部的楠本实隆及陆军省的影佐祯昭。1936 年回北平（今北京），经日本特务推荐，宋哲元任命他为"冀察政务委员会"参议，负责对日交涉之责。1937 年"七七事变"后，他以保护察哈尔为借口策动日军进军南京，把国民党汤恩伯的第十三军在察哈尔布防的情况全部通报给日军，致使汤恩伯部遭受日军轰炸，损失惨重，提前撤退。而后他脱离宋哲元，回原籍组织武装。

　　1938 年 6 月 3 日，日军占领了河南柘城，张岚峰得知侵占柘城的日军第十师团指挥官是他在陆军士官学校时的教官矶谷廉介，遂于 6 月底伙同牛乾初等带人前往"慰劳"日军并拜谒矶谷。不久，在其引荐下，张岚峰同牛乾初到北平拜见了日军华北方面军司令官寺内寿一和中国驻屯军司令官香月清司。侵华日军头目对张岚峰大加赞赏，表示他如能于军事方面与日军合作，将来一定能成为中国军事上的中坚人物。[①]

　　9 月，张岚峰和牛乾初很快就网罗了曹大中、李中毅、王恩山等部分失意旧军官入伙，协同日本顾问松室正宪（松室孝良的弟弟）、翻译吴天纽，带着从北平领来的 30 万元活动经费，在商丘正式挂牌组建

----

① 具有讽刺意味的是，张岚峰的弟弟张俊峰，因一点小纠纷被日军用刺刀开膛破肚。张岚峰得知此事后，竟无动于衷。

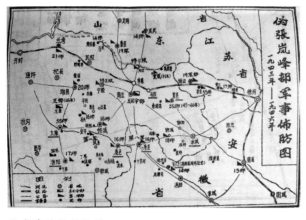

张岚峰伪军驻防图

"豫东招抚使公署"，在陇海路沿线的鹿邑、亳县、夏邑、商丘、宁陵、睢县以及老家柘城等地招募土匪和流民，拼凑了 1.8 万余人，被日军编为"豫东剿共军"，后改名"和平救国军第一军"，拨给其大批武器弹药和卡车。张岚峰的势力进一步得到扩张。

1940 年春，南京伪国民政府成立，张岚峰抓住时机，通过陈公博到南京拜见汪精卫，得到汪精卫赏识，任命张为"苏豫皖边区绥靖副司令兼和平救国第一军司令"，并加委伪军事委员会委员。张岚峰积极扩充队伍，达到 9 万余人，成为豫东、皖北一带实力最强的汉奸队伍，并多次配合日军对豫皖苏边区发动疯狂进攻，成为日军祸害亳州地区的头号帮凶。

1943 年，张岚峰部被改编为伪第二集团军，他任总司令，下辖第一、第八军及涡南挺进军 3 个军共 9 个师，号称 10 万人马，达到其军事集团顶峰时期，部队分驻豫皖边区 12 个县，设立 8 个军管县，成立军粮局、禁烟局等。设立情报队，组织"剿共队"，走私贩毒，横征暴敛，对皖北、豫东人民犯下滔天罪行。

抗日战争胜利后，1946 年 2 月 16 日，蒋介石在南京中央军校校长官邸接见了张岚峰，委任他为国民党第三路军总司令，张表示："肝脑涂地，以报委员长知遇"之恩，积极参加反共反人民的内战。1947 年，张岚峰在豫东战场被俘，不久后病死。

相关链接：

张志兰和涡北中学

张岚峰为欺世盗名，捞取政治资本，插足教育事业。从1940年到1944年，他先后在商丘、开封、亳县、柘城等地兴办和资助了多所学校，亳县涡北中学是其中的一所，其妻张志兰兼任校长。

张志兰是河北省通县（今北京市通州区）人，曾在通县潞河中学学习、工作。她出面邀请准备逃难到西南大后方的潞河中学教师到亳县执教，提高了涡北中学的教学质量。该校宣传中日亲善，毒化青年，开设"精神讲话"科，教师由汉奸组织"新民会"人员充任。学校开设日文课，张志兰曾亲任日文教师。大汉奸汪精卫曾为涡北中学题匾额"诚明勇朴"，作为该校的校训。日伪的奴化教育，遭到

20世纪70年代亳县第一中学（原涡北中学）大门

涡北中学师生的抵制。1945年2月，该校学生赵侠生[1]在三周年校庆时主演话剧《京城的俘虏》，宣扬爱国主义精神，驻亳日寇头目当场提出抗议，张志兰出面予以搪塞掩饰，才敷衍过去。1948年冬，亳县解放，亳县人民政府接收涡北中学，改名为亳州中学（亳州一中前身）。[2]

---

[1] 赵侠生，参加革命后用名仲星火，电影艺术家。

[2] 主要参考《亳县一中校史》。

二、"六二九事件" ①

"六二九事件"是指 1940 年 6 月 29 日，伪"豫皖剿共军"所辖部属约 1.7 万人，在曹大中、李中毅、宋克宾等带领下，携械集体投靠国民政府军队的一次政治事件。张岚峰当时共有三路军（师级）、两个独立支队（旅级）。张岚峰的总部设在商丘，曹大中第一路军驻亳县。

曹大中，伪"豫皖剿共军"第一路军司令，东北人，日本士官学校十九期骑科毕业。其妻张志英系张志兰堂妹，他于 1938 年 9 月到商丘投奔张岚峰。

李中毅，伪"豫皖剿共军"第二路军司令，冯玉祥之五内弟，日本士官学校二十一期步兵科毕业，他于 1938 年 9 月到商丘投靠张岚峰。

宋克宾，伪"豫皖剿共军"第三路军司令，商丘县马牧集（今虞城）人。河南省豫东行政第一区专员（专署设在商丘）兼保安司令，他于 1939 年 8 月间率部投靠了张岚峰。

曹、李、宋等皆西北军旧部，曾受冯玉祥爱国精神之熏陶，既有抗日思想，也有反蒋情绪。全民族抗战初期，因不满国民党军望风而逃，致大片国土沦丧，这些在冯玉祥下野后的失意军官，选择随昔日同僚张岚峰，附日反蒋。投靠日本人后，他们目睹日军对无辜国人肆意残杀和抢掠的惨状，慢慢看清日本侵略者"共存共荣"的谎言骗语，其实是要占领我国土、亡我民族。日军视他们如奴才、狗徒，他们也不甘屈膝俯首，听其使唤。

国民党政府对他们进行策反，程潜派中共地下党员葛佩琪对宋克

---

① 中共商丘县委党史办公室编：《张岚峰其人》，1985 年，第 43—45 页。

宾等做策反宣传工作，何柱国派人对李中毅等展开策反工作。[1]他们三人爱国之心未泯，经常在一起密议，等待时机反正，投奔国民党政府抗日。1939年6月，冯玉祥派王凌霄、李绍先，持其亲笔信到商丘策反张岚峰。张岚峰到开封参加胡毓坤"苏豫绥靖军总司令"的就职典礼，未能相见，王、李二人暂留张岚峰官邸。此事被日本宪兵队侦知，日本宪兵立即搜抄张岚峰官邸，查获冯玉祥信函，将王、李二人逮捕。曹、李、宋等人密议，认为日军正在太康一带"清剿"，兵营只剩下留守人员，兵少力薄，当抓住时机，举义反正。曹大中便以6月29日是其生日为说辞，邀请驻亳县县城的日军赴宴，计划在席间抓捕后，送给国民政府。

6月29日晨，宋克宾在张岚峰的伪"豫皖剿共军"总部以电话催曹大中速自亳来商丘[2]，通知李中毅等各部驻商丘之师、旅长速至军部议事，又以加急电话告知张岚峰，说军中有紧急情况，请他立即返回商丘。11时许，张岚峰回到军部，在会议室和大家见面。众人以国家民族大义为重，请求张立即率部起义反正，张推说时机尚未成熟，不可贸然行事。于是各陈己见，相互劝谏对方，继而发生争吵，各不相让，以致互相斥责。下午2时，张岚峰说："我和你们过去都是好友，大家志趣不同，可各行其是，互不妨碍。你们就是都走完，只剩下我一人，我也不走。"说完，他气冲冲地下楼，带领卫队10多人及日本

---

[1] 何柱国口述，施文淇等整理：《何柱国将军生平》，中国文史出版社1992年版，第210页。

[2] 《亳县文史资料》第二辑，据郭汉三：《曹大中反正始末》载：曹大中以做寿为名，设宴把日本宪兵队和警备队的头目骗去，计划逮捕他们。曹的副官长向日军告密，11时已过，不见日军头目到。曹大中感到事情不妙，匆匆散席，赶回司令部，随后乘车去商丘劝说张岚峰反正，遭张拒绝，乘车返回，才遇到日本兵。曹当天宴请，郭汉三也参加了，曹负伤，被送到河南漯河治伤，郭设法将曹的妻儿送至漯河。

顾问，匆忙开车跑去日军营报告。但是，日军营里仅有几个人，只好固守军营，以防万一，不敢前去阻截。

张岚峰走后，众人也急忙下楼，撤离军部，迅速会集到娄隅首西刘瀛桥家，宋克宾立即以电话通告与会人员所辖各部，命接令后立即开拔出发，急行军赴亳县十字河[①]。下午3时，曹、李、宋等人乘车先行，率部举义反正。行至商丘南门里，迎头碰上日本军车，但车上只有司机、押车的数人，又未携重武器。双方跳下汽车，日本兵拔出佩刀，见众人就砍。曹大中猛扑过去，夺了日本兵的佩刀，但手掌受伤。宋、李等一看情况紧急，持枪向日本兵射击。双方在道旁短兵相接，砍成一团。日本兵丢下数具尸体，逃窜入民宅；曹大中等急率队出城。至此，张岚峰部除杨树森领1000余人随日军在太康"清剿"外，其余均在曹、李、宋等带领下，投奔了国民党政府。

三、日、伪、顽加紧勾结

张岚峰虽然善于投机钻营，见风使舵，但是投靠日本人当汉奸的日子并不好过，他时刻处在日本侵略者、国民党军队和其他抗日武装力量的夹缝里。他以保持并发展其军事实力，作为政治投机的资本为目的，和国民党蒋介石虽然有矛盾，而在坚持反共的立场却是一致的。在革命武装与日、蒋等武装错综复杂的关系中，张岚峰的策略是在夹缝中求生存、求发展，尽量避免与各方发生大的军事冲突，对国民党军既不敢也不愿过分刺激和得罪，即使是对共产党，他也并不把退路

---

① 今亳州市谯城区十河镇，在亳州城南，当时与蒋管区毗邻。

都堵死。这种状态一直延续到 1945 年 8 月日本人投降后，蒋介石为了打内战，又极力拉拢他，而他也认识到别无退路，最后才死心塌地为蒋家王朝卖命。

1940 年，蒋介石曾派人带着冯玉祥的亲笔信，任命张岚峰为新七军军长，拨给 30 万元经费，劝张岚峰脱离伪军，张岚峰没有答应。张岚峰拒绝接受蒋介石的委任后，其军队被国民党军策反，残部仅剩2000 余人，在蒋介石看来已无关轻重，因而未予重视，双方联络遂告中断。后张岚峰部不断扩充，逐步发展到两万多人，再度引起蒋介石重视。1942 年秋，国民党军事委员会参议牛朗初 ①，奉命由国统区到商丘。牛朗初此行是以托运物资做掩护，进行政治活动。牛朗初与张岚峰洽商：已在上海购妥棉布 20 万匹，由长江及蚌埠方面运走 10 万匹，其余拟经由张岚峰的防区输运，税捐及报酬均照常例交纳，请给予方便。张岚峰为和国民党保持不即不离的关系，开展与黄泛区以西地区的经济往来，谋求经济利益，答应帮助他，且言明不收报酬。从此，国民党与张岚峰的往来就日见频繁。如汤恩伯的代表陈雪堂、蒋鼎文的代表于敬孝（曾随张任秘书）等，都先后多次到商丘活动。

1943 年夏，牛朗初同界首货运局局长王兆槐及军统局特务韩瑰生（原名继汉）秘密到商丘，表面上是答谢张助其购运货物，实际上是试探张对蒋的态度，并察看张部的实力。张岚峰精心构思了一番自责之言，但对蒋介石的招降既未明确表示拒绝，也不表示立即归附。

1944 年 9 月，国民党西北办公厅主任熊斌 ②（陕西省政府主席）派代表梁仲三携带熊斌的信，传送蒋介石的任命状。蒋委任张为第三路

---

① 张岚峰重要助手牛乾初的弟弟，张岚峰幼年同学，日本帝国大学毕业，军统特务。
② 熊斌曾任冯玉祥的参谋长，与张岚峰是旧交。

军总司令（第一路庞炳勋、第二路孙良诚），并嘱张岚峰今后与熊斌多联系。梁仲三向张岚峰透露：熊斌已被蒋介石密派为华北宣抚使，负责宣抚华北各伪军。当时张岚峰眼见日军已陷入日暮途穷的境地，意识到必须改换门庭，于是决定改变原来的观望态度，进行新的政治投机，接受了蒋介石的任命，立即派代表李锦河赴重庆洽办一切。蒋在接见李锦河时表示，十分重视张岚峰部，对李锦河本人也很优待，委任李锦河为军委会少将高参，派钱大钧送给他旅费 200 万元。蒋介石指示李锦河转告张岚峰：关于该军的行动，不久将有指示，要努力做好准备。

　　1945 年 3 月，何柱国、陈大庆的代表刘月亭到商丘见张岚峰说："委座（指蒋介石）对你有指示，何副长官（何柱国）、陈总司令（陈大庆）希望同你会见，当面转示机宜。"于是双方约定于 3 月 14 日上午 10 时在亳县南 60 里双沟集① 见面。双方参加人员中，国民政府方有第一战区副司令长官何柱国、第九十七军军长王毓文、第十五军副军长刘月亭，张岚峰方有张本人及第八军军长陈扶民。会见时，何柱国向张传达了蒋介石的 4 项指示：暂时不要发动反正的军事行动，等待中央军全面总反攻的时机；要严加防范共产党的一切活动；消除日本人的"玉碎"心理，劝阻日本人撤退时不对中国的经济基地（各大都市）进行破坏等；一旦同盟军（美国）在连云港或胶东半岛登陆，相机发起军事活动控制陇海线等。

　　其实，这是一次日、伪、顽秘密反共的丑行。日军师团长樱井也亲自参加了此次会面。樱井先秘密到商丘，由张岚峰陪同前往，与何柱国、王毓文等会晤，他们声称是日本士官同学会晤，但三方密谋进

---

① 今亳州市谯城区双沟镇，当时为日军和国民党政府两方中间的缓冲地。

行反共无疑。同年四、五月间，蒋介石嫡系第十八军副军长聂松溪、师长张文新又偷偷到商丘张岚峰公馆秘密会谈[①]。

中国共产党也在做张岚峰的思想改造工作。国民党中统重要成员、国民党军委会政治部中将专员并兼任中统局专员牛道一（传钦）在其回忆录中，特撰写《协助家兄策反张岚峰》一节记载了这一情况：国民党的军委会政治部中将、中统局的专员牛道一，来到张岚峰处，张岚峰不仅不捉拿他，反而给他提供保护，让他担任干部训练班的导师。1945年6月，共产党认为张岚峰虽罪大恶极，但又有不愿意为国民党卖命，又不想与共产党为敌的一面，派八路军冀鲁军区第三支队司令员牛连文（牛道一的哥哥）到商丘争取张岚峰率部起义。张岚峰认为，抗战胜利后，国共两党必定还有一争，鹿死谁手尚难预料，不宜得罪任何一方，要在两方中寻求生存之路。牛连文在张岚峰处住20多天，同张岚峰艰难谈判4次，最后无果而终。后来日军顾问发现后，指名道姓要牛连文、牛传钦（道一）兄弟，张岚峰悄悄把他们放走了。[②]

总之，张岚峰就是这样一个军阀、汉奸，长期在夹缝中求生存，养成了他的求生术和贪婪的性格。当日本投降后，他急于寻找下一个靠山，认为国共两党的最后博弈，蒋介石胜算比较大，为洗刷他当汉奸的历史，除了向陈诚、白崇禧、汤恩伯、胡宗南、薛岳、戴笠等军政要员送轿车和金银之外，更是疯狂地向人民军队进攻，哪怕"再牺牲上几个团，能承认咱们是地下军就行"。果然，蒋介石出于打内战的需要，对掌握着数万兵马的张岚峰给予关注和拉拢，双方一拍即合，张岚峰从此走向彻底反人民的道路，最后在人民军队解放全中国的滚

---

① 中共商丘县委党史办公室编：《张岚峰其人》，第28—30页。
② 《牛道一回忆录》，载政协商丘市委员会学习文史委员会编：《商丘文史资料》第三辑，2004年，第156页。

滚车轮下被碾压得粉碎。

四、张岚峰对占领区的残酷盘剥

除了投机和见风使舵，张岚峰的盘剥和贪婪也是出了名的。

张岚峰为敛财聚财无所不用其极。除了在他管辖的9个军管县设立军粮局，加重征收苛捐杂税外，还以经济封锁为名，于淮阳万砦、亳县十字河、涡阳义门集等地设立货物检验站，凡过往客商一律抽收检验费，同时大量武装走私。他以禁烟（鸦片）为名，收取罚金，后改行"寓禁于征"，每亩大烟收烟浆10两，然后将烟浆加工成50两重的烟砖，运往北平、天津、上海等地销售。日本投降后，除贿赂国民党要员用去大量金钱外，张岚峰的私产计有：徐州志中银行，在南京、上海设有分行（资本总额达1000万元），亳县大陆银号蚌埠办事处；商丘兴华商行、亳县小寨烟厂、商丘美华烟厂、商丘纺纱厂（纱锭2000枚）、商丘面粉厂（资本额达1000万元）、商丘印刷厂（资本额达25万元）、开封中药厂（资本额达3000万元）。在北平有私房两处共200余间，南京有私房2处共50余间，商丘有私房40余间，用地500余亩。除此之外，1946年7月柘城第一次解放时，人民政府还从张岚峰老家没收了1000余两黄金及大批烟土、银元、布匹等。至于张岚峰私产的准确数实在无法计算。①

张岚峰叛国投敌，被日本扶植为华北方面军总部"豫东招抚使"及伪"豫皖剿共军"总司令，总揽豫东、皖北10多个县军、政、财大

---

① 《牛道一回忆录》，载政协商丘市委员会学习文史委员会编：《商丘文史资料》第三辑，2004年，第162—163页。

权，各县伪地方官吏由他指派，赋税归他收。助其理财者，外有牛乾初、郝心佛、牛星垣等人为之出谋筹措，内有其妻张志兰为之掌柜经管；内外双管齐下，既向百姓摊粮派款，横征暴敛，又利用战时经济特点，贩运走私，兼办工厂，开商行货栈及银行，极尽巧取豪夺之能事。

1940 年 8 月以前，张部军需由日本华北方面军陆军总部拨付，其后改由汪伪南京政府供给，由于该部实有官兵超编及物价不断上涨，为弥补其军需入不敷出，便以各种手段从地方榨取。如军粮一项，一开始还付少量官价，名曰征购，继而分文不给，改为摊派征收，且征收额之多，大大超越其实际所需。以亳县一地为例，1943 年所征小麦，除供军队食用外，尚余 2000 多万斤。张岚峰将其各军管县所征收的剩余军粮，运往上海等地，或出售，或交换为其他物资，再走私贩运到大后方。上行下效，其部下在驻地征粮要柴，有时派整团整营的士兵下乡催逼，既要百姓酒饭招待，又恣意克扣勒索，农民交一太平车粮食或柴草，往往只给算作百十斤。各县税务收款，除去地方开支部分后，悉数上交给张。如 1941 年亳县税务收款，除去地方支出及按规定分交徐州一半外，剩余之 24 万元，如数交给张，而他则用这笔款子在北平帽儿胡同买下了张之洞的府第。张岚峰勒索地方粮款，还侵吞日、汪拨付的军饷。1945 年夏，他将从汪伪政府领取的军饷，由他在南京的志中银行为他购得黄金 183 条（每条重旧制 10 两），化为私有财产，经其妻张志兰与牛星垣携存于其北平的私邸之中。

抗日战争时期，从商丘经亳县南，到豫皖交界的界首镇，是自华北及华东北部各沦陷区通往蒋管区的最大交通线。不仅民间肩挑车载的单帮客商，成群结队、络绎不绝地通过此线进行贩运走私，就是蒋、伪双方"物物交换，互通有无"的大规模走私，也必经此道。身处走私起点，又手握大权的张岚峰，利用其无比优越的条件而大肆蝇营。他一面以其军部名义向日、汪领取布匹、纸张、食盐等日用配给品；一面勾结日商，将其自大后方贩运来的烟叶、生漆、桐油等土特产和战备物资，兑换成日本人配给的布匹、纸张、颜料、五金、盘纸、食糖、医药等。张岚峰在复兴一街十九号、二十号开设广和商行与怡和商行，在打蛋厂旧址开设华兴商行，或者就地出售这些紧缺物资给外地到商丘采购的大客商，或自行运往蒋管区贩卖。至于日常生活必不可少的食盐，更是当时走私品的大宗，日本人也控制得特别紧。张岚峰为他的胞兄张云峰（步霄）谋得柘城县的食盐专卖权，每月领盐25万斤，按规定每斤售价不得超过一角，但是私下售给盐贩却高达五角五分，数年间其兄暴富，置地30余顷。柘城县一地尚且如此，张岚峰还投资50万元，命人在淮阳一带经营食盐，其谋利之多，可想而知。后张岚峰又以换取军需为名，派人在汪伪财政部长周佛海处讨要大批食盐，着人专驻海州连云港，将盐运至商丘，再转手倒卖给大小盐贩，或自行运往大后方的涡阳、亳县等地，获利更多。张部于1943年成立的财务处，利用战时经济的特点，以加强封锁为名，在淮阳南之万寨、亳县南之十字河，涡阳县西之义门镇等渡口要津，设货物检验所。凡过往客商，一律征收检验费，所收钞票用汽车运至商丘，收款最多时，一天约折合黄金30两。

敛财还不是张岚峰暴富之根本，其实根本在于禁烟。1939年张部设禁烟委员会，命各县成立禁烟局、颁布"禁烟条例"，对吸食毒品及种植大烟者课以罚金。1941年起，借"寓禁于征"之名，征收烟苗税，规定种植大烟者，每亩需缴纳烟膏10两[①]，每两可获得奖金两元；第二年起不再付给缴纳者奖金，而净收烟膏10两。以种植大烟最多的亳县

---

① 旧制，16两为一斤。

为例，自 1942—1944 年，共收烟浆 100 大缸（大缸可容水 400 斤），每缸烟膏按 400 斤计，共约 64 万两。再以从小麦面粉洗出的面筋为料，掺杂于烟膏内，制成烟砖，每块重 50 两。各县晒制的烟砖，均交存于张岚峰商丘寓所的南库房内，钥匙由其妻张志兰掌管。这些烟砖一小部分售于外地来采购的烟商，大部分运往上海、南京，每块售价可达 10 元，掺假之数除外，售价取其中，每两按 8 元计，则亳县所收烟膏之价折合小麦 2 亿多斤。淮阳、鹿邑、永城、夏邑、商丘、柘城、虞城等地，各县总计远在亳县之上。在征收烟苗税前，张岚峰虽以摊粮派款，贩运走私等征敛掠取手段，攫资无算，但其供给部队军需，对上行贿，对下收买，及个人生活挥霍靡费、与买房置产等支付，花费巨大。他曾于 1941 年向商丘县商会暂借两万元来周转急用，就是他寅食卯粮的实例。等到征收烟苗税后，他的财政状况立即由亏转盈。自 1942 年起，为了掩盖他的丑恶行径，他拿出一小部分罪恶之款，以办学助教为名，做"善事"，从一个侧面证明他橐满囊实。

由于烟苗税之暴敛豪夺，张岚峰府库充实，其妻张志兰于 1943 年从北平聘汪龙玉为经理，在徐州开设志中银行，于南京、上海、海州设立分行，至 1945 年抗战结束时，总计得黄金约 500 两，又在亳县开设大陆银号，由范镇及范镇琦主持，并在蚌埠设有办事处。

张岚峰不但走私贩运攫取暴利，还开设工厂以榨取工人血汗钱，至 1945 年结算，他所办工厂的资本数额：1942 年，在亳县与牛星坦、蒋逊之合办的卷烟厂为 1000 万元，印刷厂为 1500 万元，在开封办的天中西药厂为 3000 万元。此后，张将其资金 3 亿元，交志中银行经理汪龙玉为其在上海从事抵押、放贷等盘剥经营，以生息谋利。

张所购置的不动产计有：在北平，连同 1934 年所购内务部街四合院，共置房 4 处，约 200 间；在南京，陕西路于鼓楼街西南买新建楼房 10 余间（后送给汤恩伯的张高参），买将军庙街旧式楼房三四十间，命名曰"宋园"，其园之东还有空地皮七八亩；在开封老神府后街买房 50 间，乐观街十二号 20 多间；在徐州所置房产赠给其部属陈扶民；在商丘县城内娄隅首西街置房数十间，为其寓所，买复兴一街十九号及二十号为其招待所及开设广和与怡和商行，买叶隅首西路南旧房一所，改建为新式厅房 20 余间，又将打蛋厂厂房连同设备一起买下，开设华兴商行及美华卷烟厂。其于三五年内所置不动产之多，亦可略窥张岚峰横征暴敛、巧取豪夺行径之一斑。

从汉奸张岚峰的所作所为可见，日本侵略者的帮凶汉奸们，如何将亿万人民置于水深火热之中，鲸吞了劳动人民多少血汗。他们是日本帝国主义侵略者压榨亳州人民的罪人。

反共高潮和反共事件

1939年冬和1940年春,国民党顽固派掀起第一次反共高潮,先后制造了河北深县惨案、湖南平江惨案、河南确山惨案,杀害八路军、新四军抗日指战员和共产党员共计千余人。在山西、华北和陕甘宁边区,国民党军向八路军、新四军发动3次大规模军事进攻。第一次反共高潮被粉碎后,蒋介石消极抗日,却把枪口转向华中,华中地区反共摩擦事件日益增多。

从1940年3月开始,国民党顽固派接连制造了皖东摩擦、皖北摩擦和苏北摩擦等进攻淮河流域新四军的摩擦事件。1940年7月16日,国民党提出所谓"中央提示案",强令黄河以南的八路军、新四军在一个月内撤至黄河以北地区,并要求八路军、新四军由50万人缩编为5万人,企图借日军之手消灭新四军。

在第一次反共高潮来临时,国民党顽固派在阜阳太和县制造了"太和惨案",在亳州地区制造了骇人听闻的"蒙城青抗会惨案""亳二区惨案"等反共摩擦事件。

一、蒙城青抗会惨案

蒙城青抗会成立后，积极开展抗日宣传工作，得到豫皖边区党委和新四军游击支队的帮助和支持，发展党员，建立党组织，成为党领导下的一支抗日力量。青抗会力量逐步壮大，1939年底，青抗会会员迅速发展到1500多人。他们在城乡进行抗日宣传，揭露贪官污吏和国民党顽固派破坏统一战线的阴谋，掀起了蒙城县抗日救亡运动的高潮，引起国民党顽固派和地方反动势力的不满和仇恨。

1939年底，袁传璧任蒙城县县长，配合驻防蒙城的安徽省保安六团，严加限制共产党和抗日群众的活动，对青抗会进行侮辱谩骂，并派遣特务、暗探严密监视青抗会活动，制造恐怖气氛。为保护这支抗日力量，豫皖边区党委指示，除卢锡璜、陆振亚、杨子仪、李茂修等人留下坚持地下斗争外，其余会员转移到涡北抗日根据地。

青抗会撤退以后，蒙城的恐怖状态日益加剧，捉拿邵光、马敦五的通缉令贴满城乡。1940年3月中旬的一天晚上，国民党蒙城县政府突然查封大同书店，逮捕共产党员杨子仪、尚志忠、李季臣、卢锡璜等人，并把他们关押在省保安六团驻地城东六里王庄，进行严刑拷打，最后，杨子仪、尚志忠、李季臣、卢锡璜4人被活埋于城东六里王东北的桂乱岗。

二、亳二区惨案

亳县二区，位于涡河以北，东、西、北三面与河南省永城、夏邑、商丘、鹿邑4县接壤地带。1939年秋，中共亳县县委为开展敌后抗日活动，将共产党员马文干、纵食力、刘文灿等分别派往亳二区和亳三区工作。国民党县政府委任刘文灿为亳二区区长，路文华为区员；纵食力为亳三区区长，马文干为区员。国民党顽固派制造第一次反共摩擦时，中共亳县县委从亳南转移到涡河以北，开辟亳县抗日根据地。在转移时暴露了目标，三区区长纵食力、副区长王金铎（共产党员）被捕，马文干涉水逃往涡阳。

1940年4月，为加强对亳二区的领导，中共亳县县委任命马文干为二区区委书记、孙明哲为区员。二区人民在区委的领导下，开展了轰轰烈烈的抗日活动。二区中队长杨英杰、指导员杨天禄，颜集乡民团团长胡金山等均系国民党人员，表面上虽与共产党合作，实际上立场反动。他们经常派人到国民党县党部书记张寅生、县民团副团长杨钟处联系，反映刘文灿、马文干等人是共产党员，留着会终成大害。他们密谋用里应外合的手段发动暴乱，杀害共产党员和爱国人士。

中共亳县县委得知此消息后，采取多种方式制止事件发生，均未成功。此时正值二区开展铲除罂粟的运动，因没能注意群众的利益，激起群众不满。胡金山、杨英杰等人见时机已到，1940年4月27日夜，胡金山等在外埋伏策应，杨英杰带区队将区署所在地末庄包围。杨天禄亲自指挥叛乱分子将区长刘文灿、区员马文干、路文华、到二区指导工作的县委组织部部长丁静之及区乡干部、战士9人杀害；逮捕孙明哲、孙明堂、鲁礼善、鲁宋章等20余人；区、乡队计百余人携枪叛变，乡长刘干华叛变投敌，二区党组织遭到严重破坏。[①]

针对国民党顽固派的无耻罪行，《拂晓报》先后于4月20日、5月

---

① 中共亳州市谯城区委党史办公室著：《中国共产党谯城历史》第一卷，安徽人民出版社2011年版，第66页。

16 日发表文章，揭露国民党顽固派制造摩擦事件的真相，控诉其杀害共产党员和抗日爱国人士的罪行，警告袁传璧等顽固派放下屠刀，不要与人民为敌；发表《告各界民众书》，号召根据地人民积极武装起来，严厉打击破坏抗日统一战线的国民党顽固分子。

其后，随着蒋介石把反共的主要矛头从华北移向华中，皖北又发生了"太和惨案"。

1940 年 6 月下旬，八路军第一一五师副官郜明征奉命护送医院政委丁钱辉，医生叶德润、王琳仁、周信文，抗大锄奸干事曹明辉、青年干事陈之情、文化教员程励，由西安经豫东、皖北转赴山东敌后战场。

7 月 12 日，郜明征等一行 8 人，在途经太和县原墙集时，被当地驻军（太和县国民兵团）无理扣留，并押赴太和县政府拘留所监禁，受到非人待遇。14 日、15 日、16 日，第四纵队连接郜明征由太和县政府拘留所寄出的二封平信、一封挂号信。郜明征在信中报告奉命护送伤愈干部丁钱辉等人，在太和原墙集被无理扣押的经过，并告知现被监禁在太和县政府拘留所，被断绝饮食，有生命危险，请求第四纵队派人援救。17 日，彭雪枫即将此事报中原局及中央军委，并请中原局转新四军军部。第四纵队派联络科科长吴宪持公函前往太和县政府交涉，并派纵队联络部部长任泊生拜访骑二军军长何柱国，请何柱国以抗战大业为重，伸张正义，出面援救抗日军人郜明征等 8 人。但是，经多方交涉，均告无效。太和县政府一意孤行，矢口否认郜明征等 8 人监禁在县政府拘留所。

19 日晚，太和县政府竟以提审俘虏为名，连夜将郜明征等 8 人从拘留所提出，经县政府后门越城墙而下，在太和县至亳县的公路南端，秘密杀害了郜明征等 8 名革命干部，制造了耸人听闻的"太和惨案"。

20日天明，郜明征等人尸体被当地民众发现，太和县政府残害抗日军人的消息不胫而走，顿时传遍全城。太和各界人士闻讯大为震惊，对国民党顽固派消极抗日、积极反共，倒行逆施，残害抗日军人的罪恶行径义愤填膺，满城鼎沸。

第四纵队派人将郜明征等8人惨遭杀害的经过查实后，致电骑二军军长何柱国，强烈抗议太和县政府残害抗战军官的罪恶行径，并要求何柱国"主持正义，昭雪死者，制裁太和县政府之暴行，责成皖省当局赔偿损失，保证今后不再有类似事件之发生，以伸公理而利团结"。国民党安徽省政府被迫下令撤了太和县县长武怀德的县长之职。

亳州地区发生的两起事件和太和当地反动政府制造的"太和惨案"，令人发指，令每个抗日爱国人士心寒。

相关链接：

"耿吴刘事件" [1]

1940年冬，国民党反动派发动了第二次反共高潮。在此同时，蒋介石密令汤恩伯二十万大军向豫皖苏侵犯。国民党第九十二军李仙洲等，利用其在萧县、永城的地方关系，乘机策动豫皖苏边区内部一些投机分子。1940年12月12日，耿蕴斋、吴信容、刘子仁发动叛变，史称"耿吴刘事件"。

---

[1] 欧远方等主编：《淮北抗战根据地史》，中央文献出版社1994年版，第54页；吴守训：《耿吴刘叛变的历史事实》，载《永城县党史资料》第一辑，1982年，第49—56页。

耿蕴斋，萧县黄口人，曾参加过共产党，后脱党。抗战前是安徽省萧县国民党区长。抗战初期萧县沦陷，他拉起了队伍，经过我党的统战工作，收编为新四军第六支队第三总队，耿蕴斋任总队长。后被任命为豫皖苏边保安司令。耿蕴斋对我党的上级决定极其不满，认为夺了他的实权。

吴信容，萧县杜楼人，萧县沦陷后拉起了队伍。1940年任八路军第四纵队第六旅副旅长兼第十八团团长，旅长谭友林调延安学习后，组织决定由饶子建任旅长。吴信容因未能当上旅长，心怀不满。

刘子仁，永城县芒山人。原系西北冯玉祥部队团级军官，后当过永城县保安大队大队长。抗战初期，参加鲁雨亭组织的抗日游击队，随鲁一起被新四军游击支队收编，表面上表现较好，入了党，后任八路军第四纵队第六旅第十七团团长。

耿蕴斋、吴信容时常串联，后发展到不听上级指挥，拉山头，搞宗派，私自把队伍拉到萧县境内单独活动，打乱支队的部署。1940年12月10日，彭雪枫派吴芝圃去做耿蕴斋、吴信容的工作，让他们带队伍回新兴集一带活动。吴芝圃当时是区党委书记、第六旅政委、保安司令部政委。吴芝圃和永城县县长张辑五带了化装成警卫员的吴守训（营长）、侯杰（永城县保卫科科长）、王孝纯（指导员）等6人随行。

当时的计划是，先做耿、吴的工作，教育他们认识错误，加强组织性，服从指挥，把部队带到指定地区活动。如拒不执行命令，则依靠第十七团团长刘子仁和所属部队，扣耿蕴斋、吴信容回司令部。不料刘子仁阳奉阴违，暗地里策动他二人叛变，并扣留了吴芝圃派来做说服工作的地委书记李中道。

12日晨，刘子仁把上级派到第十七团的排以上干部60多人全部扣押。吴芝圃派来做工作的何启光、王静敏，以及第六旅政治部民运科科长丁池等人也被扣押。吴信容还扣押了上级派去的 20 多名干部和四纵队卫生部长林士笑。耿蕴斋、吴信容还胁迫被扣押的陇海路南地委书记李中道一起到吴芝圃处，请吴芝圃去吴信容驻地谈判。此时，为避免发生武装冲突，争取事件和平解决，吴芝圃毅然决定前去与耿蕴斋、吴容信谈判，但是遭二人扣留，后吴芝圃、李中道、林士笑等设计脱离险境。

当夜，被刘子仁扣押的干部组织了突围。突围中除副团长周大灿、政治部主任糜云辉等 6 人牺牲、7 人未冲出去外，其余人员均脱险归队。吴守训等星夜兼程赶回涡北，在麻冢集向张震、萧望东汇报了耿蕴斋、吴容信、刘子仁叛变的情况。张震、萧望东立即电告在淮上的彭雪枫司令，彭雪枫决定令第六旅第十六团及第五旅第十四团（时在淮上）开赴萧、永边区，同时派人做三人的说服教育工作，救出被吴信容、刘子仁扣押的 27 名干部。此时，适逢日军 1000 余人向萧、永边区进犯。我军与日军激战竟日，击溃日军。耿、吴、刘人乘我军与日军作战之机，率部逃至陇海路北地区，投靠国民党顽军汤恩伯[1]，加入了反共摩擦行列，造成八路军第四纵队损失近 2000 人。

张震将军在回忆录中写道："这是一起严重的政治事件，教训沉重，从此，永城、萧县、夏邑地区均为叛军所盘踞，豫皖苏边区形势迅速恶化，使我们失去了巩固的后方。""耿吴刘事件"的发生，加剧了豫皖苏边区的严峻形势，是三个月"反摩擦"遭受重挫的原因之一，新四军第四师被迫转移到津浦路以东地区活动。

---

[1] 1941 年 3 月，国民党第三十一集团军总司令汤恩伯在安徽界首召见耿蕴斋和刘子仁等，任命耿为国民党苏鲁豫皖边区挺进游击第一纵队少将司令，刘子仁为副司令兼第二支队支队长，吴信容为第三支队支队长。

3个月反摩擦斗争

1941年初豫皖苏边区的摩擦事件后，国民党顽固派启动打击共产党领导的抗日队伍的重大反共军事部署，蒋介石调动30万大军进攻华中抗日根据地。首先把矛头集中在津浦路西的八路军第四纵队彭雪枫部暨豫皖苏根据地。进攻豫皖苏边区的反共军，以国民党嫡系汤恩伯指挥的第三十一集团军所部第九十二军的第一四二师、第二十一师、暂十四师及第八十五军的第二十三师为骨干，加上原来部署在豫东、皖北的第十二军、何柱国骑二军、马彪骑八师和地方游杂武装，总计9个师的兵力，沿淮河以北向彭雪枫部进攻，以截断苏、鲁两省的联系为目的。

1941年1月中旬，汤恩伯先头部队推进至涡河以南地区，与彭雪枫部隔河对峙。1月20日，刘少奇、陈毅在苏北盐城致电彭雪枫，就该部作战任务及御敌方针做了具体部署：

"一、反共军在打击我江南新四军后，大举向华中我军进攻，汤恩伯集团之部已渡过新黄河，进至涡阳，何柱国与孙桐萱参加进攻。二、我四纵队全部有以游击战抵抗反共军之进攻，不让反共军向津浦路东及陇海路北深入之任务……四、在军事上因反共军是避难就易，避实击虚及筑垒前进之战术。我军基本上应以游击战打击与阻滞，并集结必要的主力适当的机动，乘敌人在运动中寻找机会求得打击与消灭反共军之一部这种机会，或我攻击敌人之一点，打击其增援部队，或让敌人进至必要地点，趁其立足未稳、工事未筑之际包围歼灭之。"① 1 月22 日，刘少奇、陈毅、赖传珠再次向各部布置反顽斗争的部署，规定："四纵队彭雪枫部以游击战坚持津浦路西、陇海路南现有阵地，坚决阻止反共军向津浦路东及陇海路北深入。应立即进行在敌顽夹击下长期坚持的一切准备。"②

虽然战云密布，但国共关系尚未破裂，中共中央确定了"政治上取全面攻势，军事上取守势"的方针，彭雪枫部奉命坚持津浦路西地区，抵抗反共军的进攻。豫皖苏根据地 3 个月反摩擦斗争的大幕拉开了。

一、血战顽敌

2 月 9 日，日军结束豫南战役，全部撤回原防，而败退的国民党军队突然兵分三路向张村铺、王市集、江口集（三地今均属利辛县）等阵地发起猛烈进攻。八路军第四纵队正奉命西进，来不及调整布置，战局突变，仓促应战，开始了为期 3 个月的反摩擦斗争。整个反摩擦过程大致分为 3 个阶段：

第一阶段：从 1 月下旬到 2 月上旬，以广泛开展政治宣传战为主，

---

① 中共安徽省委党史工作委员会编：《安徽现代革命史资料长编》第三卷，安徽人民出版社 1995 年版，第 253 页。

② 中共安徽省委党史工作委员会编：《安徽现代革命史资料长编》第三卷，安徽人民出版社 1995 年版，第 253 页。

辅以武装自卫斗争。

涡北根据地军民在边区党委领导下，以四纵主力为支柱，广泛开展军事政治游击宣传战，深入进行统战工作。各县委印发传单和标语口号，采取多种方式向国民党军队和民主人士进行宣传：首先对顽固派掀起反共高潮的罪行给予揭露和批判；其次，印发传单标语，提出"枪口对外，中国人不打中国人"等口号。中共亳县县委书记王华派独立营带着标语、传单到大寺集敌伪据点进行宣传，扩大我党我军的政治影响。中共涡阳县委书记江明、三区区委书记姜克亲自参加宣传战，在赵屯、李园一带向涡河南岸顽军喊话，并派人游过涡河张贴标语，收到良好效果。政治宣传战的开展，在一定程度上动摇、瓦解了顽军下层官兵的反共意志。同时，对来犯顽军进行自卫还击，主要战斗有：

檀城战斗。国民党宿县县长田叠波带领县自卫兵团6个中队，侵占李营、大姜庄、母土楼一带。滕海清第十一旅第三十二团和特务营于1月27日拂晓发起攻击，击毙顽军30多人，俘虏40多人。

大吕庄战斗。1月29日，国民党第二十支队副队长马允修率3个大队1000余人，在国民党骑三师配合下，占领亳州城北的大吕庄、吕庄户。四纵第十八团在亳县独立营配合下，于2月1日向马部发起进攻，共打死、打伤顽军30多人，俘虏300多人。

龙山战斗。2月4日，国民党顽军一个营突然包围涡阳县龙山集党政机关，涡北自卫团政委赵文甫率领干部和100多名战士，冲破敌人包围，歼灭顽军一个主力连。

第二阶段：从2月10日到3月底，主要在涡河以南地区抗击顽军的进攻。

2月9日，日军发起的豫南战役突然结束，国民党顽军兵分三路，向张村铺、王市集、江口集我军阵地发起猛烈进攻，八路军四纵队奋勇还击。其主要战斗有：

江口集战斗。2月10日，顽军2个团围攻新四军军驻江口集的2个营。我军与顽军激战7小时，共毙伤顽军500多人，创造了反顽战斗以少胜多的战例。

王市集战斗。顽军1000余人进至王市集（今属利辛县），与新四军一个营的兵力激战，毙伤顽军200余人。同时，顽军骑三师进犯张村铺，围攻第六旅第十六团，我军略作抵抗，向涡阳转移。19日，顽军第二十师分三路进攻涡阳县城，我军第十六团稍作抵抗后，奉命撤出涡阳，中共涡阳县委和县抗日民主政府机关也撤往涡河以北地区。

王圩子战斗。2月18日，第四旅第八团两度袭击驻守蒙城西北王圩子顽军骑八师马彪部。因顽军2000余人来援，这次战斗杀伤顽军数十人，而我军伤亡及失踪117人。

蒙南半古店、罗集战斗。3月8日，顽军骑八师2个团对新四军第四师①驻半古店的一个营进行攻击。经数小时激战，终因敌众我寡，我军大部分壮烈牺牲，部分被俘，少数突围，顽军亦伤亡500余人。半古店阵地失守后，顽军继续东犯，进攻新四军驻罗集的一个营，激战整日，白刃搏斗，终因敌众我寡，该营大部殉难，罗集失守。此后，顽军大举进攻蒙城县城，中共蒙城县委、县抗日民主政府随军撤往涡河以北地区。

第三阶段：从4月初至月底，在涡北抗日根据地进行反摩擦斗争。

门西张家战斗。4月1日，顽军一个加强营与驻蒙城板桥集日伪军相勾结，企图袭击我军驻西门张家的一个营。我军先于敌伪顽之前发

---

① 1941年2月19日，中共中央军事委员会电令，八路军第四纵队改编为新四军第四师。

起冲击，击溃了敌伪顽的合击。

龙山集战斗。4月1日，进占涡阳县城的顽军第二十一师一个团向涡北龙山集阵地进犯，扼守阵地的第三十三团4个连前去迎击，毙伤顽军数十人，顽军溃退。

奔袭马家楼。4月2日，国民党宿县县长田叠波率自卫团200余人，进犯蒙北马家楼一带，摧残地方政权。第十一旅第三十一团4个连在蒙城县警卫连配合下，于4日夜在暴风雨中强行行军30多公里，袭击顽军。经2小时激战，俘顽军40多人，我军伤亡10余人。顽军除少数逃窜外，大部分被歼灭。

万楼战斗。4月6日，顽军第八十一师一个团及骑兵一部，在商丘土顽蒋心亮部配合下，共千余人，向驻永城西南万楼新四军第四师第十二旅第三十四团一营发起攻击。新四军英勇战斗，反复冲击，给顽军以重大杀伤。终因敌众我寡，除少数人员突围外，该部大部分壮烈牺牲。

4月14日，"致电彭雪枫、张云逸：新四军第三师主力及第一师一部正在围困韩德勤、霍守义部，以求得在一个月至两个月内消灭该敌。顽固派军队第一四二师的一部已渡过涡河到达浍河沿岸，有再东进至津浦路东活动，以声援韩德勤的企图。'目前四师主力应布置于浍河北岸适当位置，以便在顽敌渡过浍河时，消灭其大部或一部。如此着成功，即可阻止顽军于浍河、涡河以南；如此着不成功，则我主力即应分散于顽敌侧后活动，避免大的战斗。经常向顽军进行小的袭击，以威胁牵制顽军不能东进。'在配合苏北战斗上，第四师必须尽力达到阻止顽军东进之任务。"[1] 4月19日，陈锐霆率第四二五团在褚集火线起

---

[1]　中共中央文献研究室编：《刘少奇年谱（1898—1969）》上卷，中央文献出版社1996年版，第341页。

义，第四师趁势于4月20日集中2个团兵力，在大、小郭家全歼顽第十四纵队第一支队牛肃久部。但第三十二团于22日在大、小营集遭马彪骑八师等部袭击，伤亡、失联络者360余人。4月25日，中共中央华中局和新四军军部指示第四师："坚持津浦路西游击，四纵主力应由彭雪枫率领到皖东北，统一指挥皖东北部队创造根据地，由四师留3个团及巩固的地方部队在津浦路西，由张震率领坚持游击，保持我路西原有阵地，切实破坏津浦路，以阻顽军之东进。"

5月1日，抗大四分校于庙庄一役伤亡学员60多名。最后，第四师第十一旅、第十二旅不得不于5月间分批奉命转移到津浦路东皖东北根据地。新四军第四师在3个月反摩擦战斗中遭到了严重挫折。

由于顽、敌军的疯狂进攻，加上"耿、吴、刘叛军"的袭扰，新四军第四师作战接连失利，人心不稳，部队疲劳，给养缺乏，抗日根据地中心区变成了游击区，被迫退守北淝河以北的狭长地带，根据地各级党政机关也无法立足工作，只好随军行动。

二、陈锐霆起义

当反共军屡屡得手，欣喜若狂之时，豫皖苏战场上发生了一件汤恩伯做梦都没有想到的事情：国民党第九十二军第一四二师第四二五团团长、中共秘密党员陈锐霆反戈一击，战场起义了。

全民族抗日战争爆发后，陈锐霆任国民党第三十二军炮兵团第三营营长，率部参加喜峰口抗战、徐州会战。1938年秋，陈锐霆的炮兵营参加了赣北万家岭战役。陈锐霆奉命率部在3600米外直接向日军宫琦联队占领的德安白水镇麒麟峰炮击，由于炮弹发发命中，国民党步兵乘机发起冲锋，全歼了宫琦联队。1940 年 3 月，陈锐霆任第四二五团团长，又参加了枣宜会战。皖南事变后，陈锐霆所在团随第九十二军开抵阜阳地区，"进剿"新四军第四师。

1941 年 1 月下旬，日军发动豫南战役，第九十二军不战而退，转移到新黄河以西地区隐蔽。日军撤回原防地后，第九十二军迅即渡过新黄河，向新四军第四师发起猛攻。第四二五团是第九十二军第一四二师的主力部队也是此次"进剿"的前卫部队，2 月 10 日从颍上以北渡过新黄河，东进至涡河西岸、龙亢集西南地区待命。

此时，陈锐霆率部抵达涡河西岸，与新四军第四师隔河相望。为了与党组织取得联系，报告国民党军队的动向，陈锐霆指派团政治指导员屠凤麟暗渡涡河寻找党组织，结果没有找着。正当陈锐霆万分焦虑的时候，在后方养伤的中共党员、迫击炮连连长王朝纲回到部队，与他同来的还有王兴纲。王兴纲原是中共在国民党第三十二军的负责人，既是陈锐霆的入党介绍人，又是陈锐霆与党组织的单线联系人。王兴纲此行受叶剑英的指派，任务就是沟通彭雪枫与陈锐霆的联系。

陈锐霆报告了国民党军队"进剿"新四军第四师的计划与部署，建议王兴纲速去涡河对岸向彭雪枫报告，并请彭雪枫立即派人来，以便了解详细军情。王兴纲到涡北不久，彭雪枫先后派来第四师侦察科科长罗会廉和第四师联络部部长任泊生与陈锐霆取得了联系。

3 月下旬，国民党第九十二军与骑二军协同"进剿"涡北新四军第四师，将"进剿"部队做了统一整编，成立了以步兵、骑兵、地方游击部队三结合的战斗组织，其中，以第四二五团为主体，加上骑八师一个骑兵连和游击第十四纵队牛肃久支队，编成第九十二军第十二路第六纵队，陈锐霆任纵队长。部队在涡河西岸集结，准备渡河发动大规模进攻。第六纵队按照上级规定的时间，于 3 月 31 日在龙亢集附近渡过涡河,以骑兵连和游击第十四纵队牛肃久支队为前卫,第四二五团随后向褚集及其以东地区搜索前进。

渡河的第二天,担任前卫的骑兵连袭击了新四军第四师一个小分队,除打死的新四军战士以外,还将俘虏的十几名伤员抬来报捷。伤员们是被马刀砍伤的,鲜血直流,惨不忍睹。陈锐霆心里非常难过,他作为一个中共秘密党员,却违心地指挥反共军打共产党军队,难以忍受。他暗下决心,要率部起义,能带多少就带多少人,即使只有他一人,也要回到革命部队去。

几天后,罗会廉来到第四二五团。陈锐霆表明了急于起义的决心,并对起义的有利条件和不利条件做了一个基本的分析。他认为,反对内战,举行阵前起义,是后发制人,不会影响大局。陈锐霆部在最前线,离师部近百里,有指挥部队的权力。这里接近共产党的军队和根据地,可以得到有力的策应和掩护。第四二五团没有参加反共战争的历史,对打内战不积极。团里有三四个营团干部政治上同情共产党,同情革命,对蒋介石反共政策不满,可以作为起义骨干。不利的是,这个部队没有共产党组织的基础;连以上干部近半数有家属住在湖南,不可能没有后顾之忧;加上交战以来,国民党军队一直处于胜利地位,新四军第四师处于被动挨打地位。在这种条件下,只有用奉命推进的办法,将部队带过津浦路东根据地,在新四军第四师掩护下再宣布反内战起义。这在政治上是一件大事,陈锐霆请求报告彭雪枫,如果他同意,再请示中共中央批准。罗会廉赞同陈锐霆的分析,当即返回淮上报告彭雪枫。

罗会廉走后,第一四二师电令陈锐霆立即收拢部队,撤到河溜、龙亢集之间的陈溜子附近。事不宜迟,陈锐霆当机立断,决定立即率部起义。他先找团政治指导员屠凤麟和团副陈兴魁商量起义的办法,然后分别找第一、二、三营营长通气，召集营以上军官讲话："军人的责任是保家卫国，而今大敌当前，上面却让我们放着日本鬼子不打，去进攻刚刚与日军打完'百团大战'，并取得辉煌战果的共产党。我们这样做，怎么对得起全国的父老乡亲！希望大家以民族大义为重，与八路军、新四军携手抗日，做一个真正的爱国军人"……征求意见，他们都表示赞同。于是，陈锐霆决定于19日黄昏后发动起义。

4月18日，罗会廉来向陈锐霆传达毛泽东、朱德、王稼祥、叶剑英于4月17日联名发给彭雪枫关于同意陈锐霆起义的电报。其内容是：为了政治上打击蒋介石反共，军事上阻滞李仙洲援韩，同意陈锐霆团在坚持团结、坚持抗战、反对中国人打中国人等口号下光荣起义。要掩护陈团到安全地带；参照外围军对待，使其军心巩固，抗战情绪提高；用陈团反内战事实，进行广泛宣传；委托彭雪枫代表党中央及军委慰问陈锐霆及全团将士。

罗会廉转达了彭雪枫对起义后行动的指示：部队起义后，第一天晚上开到小营集以西的谭大庄，靠近第四师第三十二团。第二天，陈锐霆到陈巷子和彭雪枫会面。19日黄昏后，部队在规定的地点集合，按行军序列就位，骑兵连、第二营和团直属部队到齐，第一营未来，第三营中途返回。陈锐霆即率领千余人从驻地出发，于凌晨到达彭雪枫指定的谭大庄。第二天，陈锐霆到陈巷子与彭雪枫会面。彭雪枫代表党中央和中央军委慰问陈锐霆部将士，制定起义部队过津浦路到皖东北根据地的行动路线，并指派王兴纲和方中铎帮助其工作。20日下午，起义部队出发，在第四师敌工部部长刘贯一的精心安排下，顺利通过了津浦铁路。第三天，到达天井湖东郑集附近。24日，新四军第三师第九旅旅长张爱萍等皖东北根据地党政军民负责人到驻地对起义部队进行慰问，宣布第四二五团改编为新四军独立旅，由陈锐霆任旅长。会后，张爱萍叮嘱陈锐霆："随着形势的变化，原来认为可靠的人，可能变为不可靠，一定要特别注意考察，以防发生意外。"

陈锐霆起义后，中央军委致电彭雪枫，对起义部队做了明确指示：陈锐霆团仍打第三十一集团军第九十二军旗帜，改称独立旅。致电汤恩伯、李仙洲，请他们放弃反共行动，遵照抗日建国纲领、总理遗嘱，实行国共团结抗日。对陈锐霆团内部须坚决执行一个路线的转变，使全团掌握在党的领导下，主要军职以党员与可靠人士充之，但须团结一切不反共的中间分子。然而，该团没有采取内部坚决转变的方针，对一些思想反动分子没有坚决清除，仅施教育，未加防范。

当起义部队从郑集附近移驻泗南县上塘集附近崔庄不久，以第四连政工员袁锡珏为首，串通一二十名思想反动分子，于4月30日午夜发动变乱。他们先打死第二营营长王国纯，然后拉上第二营副营长边长发，以边为头目煽动部队反水。暴徒在团副官的带领下，进入团部领导住所进行暗杀。暴徒们先枪击陈锐霆，致其昏迷过去，接着杀害了屠凤麟、孙兴魁等陈部将士及彭雪枫派来帮助工作的干部，并诱骗走部队大多数人。①

陈锐霆后来成为新四军炮兵司令员、华东野战军特种兵纵队司令员，受到毛泽东的接见，参加了济南战役、淮海战役，屡建奇功。②陈锐霆在淮上褚集战场举行的反内战起义取得成功，虽然起义部队到皖

---

① 欧远方、童天星：《淮北抗日根据地史》，中央文献出版社1994年版，第66页。

② 1949年4月20日的渡江战役前夕，英国"伦敦"号巡洋舰和"紫石英"号、"伴侣"号驱逐舰闯入长江内河，向南京开进，企图干涉阻挠过江部队，陈锐霆亲自指挥对其进行炮击，打得英舰伤亡惨重，狼狈而逃。新中国成立后，陈锐霆历任华东军区炮兵司令员兼南京炮校校长、军委炮兵参谋长、军委炮兵副司令员、第五机械工业部副部长、军委炮兵顾问等职。1955年被授予少将军衔。

东根据地后哗变，但其影响深刻，打击了国民党军队的反共气焰。

相关链接：

豫南战役

1941 年 1 月 25 日，就在汤恩伯反共大军压境，准备进攻新四军之际，日军发动了豫南战役（也称豫南会战）。

1941 年 1 月，日军为消灭豫南地区中国第五战区主力部队，以中国派遣军第十一军为主，在华北方面军一部配合下发动了豫南战役。而蒋介石却发动了"皖南事变"，发表"七一七"命令，部署军队进攻淮北、皖东、鄂中的新四军。日军不情愿看到国民党把共产党领导的队伍赶到华北地区，损害日本人的利益。日军为巩固武汉周边的安全，对豫南第五战区的部队加以打击和歼灭，削弱中国军队的实力，于 1 月 25 日，集中 5 个师团的兵力，发动了豫南战役。当日军一路由徐州、宿县沿涡河西进阜阳，一路由商丘进攻周口等地的时候，汤恩伯第三十一集团军在亳州、太和两地稍作抵抗，就撤退到新黄河以西地区隐蔽，豫皖苏地区成为敌后腹地。日军占领地区的国民党军队纷纷逃跑，中国共产党领导的队伍则迅速跟进和日本人打游击。

日军发动豫南战役是以削弱国共实力、打击和歼灭中国军队，阻止破坏蒋介石驱赶新四军进入华北，而不以争城夺地为目的。由于第五战区主力退避，始终未与日军交锋，日军达不到战略目的，迅速结束战役。国民党军队主力在战役中没有遭到大的打击。新四军则在短期内迅速扩大控制区，导致军力不够，干部不够，建立的政权不稳定。

2月7日，日军先后退回原驻地。10日，当反共军立即卷土重来，新四军猝不及防，造成较大损失，三个月"反摩擦"在不利于新四军的情况下展开。

新四军第四师转移路东

新四军第四师西进遭到严重挫折后，不得不退守北淝河以北狭长地带，处于日、伪、顽军夹击的危险境地。为了顾全抗战大局，保存抗日力量，中共中央华中局和新四军军部于1941年4月25日致电彭雪枫，鉴于李仙洲部已奉命东进入山东，有可能从宿县以南过津浦路，"为了巩固皖东北地区，在皖东北阻击李仙洲的战斗，并坚持津浦路西游击，我四师主力应由彭雪枫率领到皖东北，统一指挥皖东北部队，创造根据地。四师留三个团及巩固的地方部队在津浦路西，由张震率领坚持游击，保持我路西原有阵地切实破坏津浦路，以阻击顽军之东进。地方工作人员亦抽调一大部分，由刘子久率领到皖东北工作。"[①]

一、向路东转移

为了避免扩大内战，保存抗日力量，创建巩固的皖东北根据地，阻止反共军进攻苏北和山东，中共中央华中局和新四军军部在反顽斗

---

① 《彭雪枫传》编写组:《彭雪枫传》，当代中国出版社2004年版，第517页。

争的紧要关头，命令第四师主力和地方党政军人员转移至津浦路东地区。根据这一指示，彭雪枫和豫皖苏边区党委对第四师主力部队和地方党政机关转移问题做了精心部署，要求"不损一人，不丢一枪"。为了保障顺利转移，他们利用统战关系和敌顽矛盾，做好接应和护送工作，阻止反共军队过路，把津浦铁路变成阻止顽军东犯的第一道防线。

边区党委副书记周季方根据彭雪枫的指示，与吴芝圃、萧望东等进行研究，决定边区党委机关组成一个直属大队，各县成立一个中队，均由县委书记负责，并将集合地点和转移时间及时通知各县委，计划先后分3批转移。

第四师主力部队分为3个梯队转移。5月5日，第四师直属部队越过津浦铁路，到达濠城①，稍作休整后，于7日渡过天井湖，进驻管镇一带。原先到达皖东北的第十旅进驻上塘集、郑集、杨景镇一线。8日，第十二旅转移至津浦路东，进驻鲍集一带。30日，原定由张震、吴芝圃率领第十一旅坚持路西斗争，但由于形势继续恶化，部队损失严重，经师部批准，也转移到津浦路东。至此，第四师主力部队全部转移到皖东北地区，豫皖苏边区根据地除睢（县）、杞（县）、太（康）及萧县部分地区尚有共产党地方组织及其武装继续坚持外，其余全部被国民党军占领。

地方干部和武装是随主力之后转移的。5月初，蒙城县部分党政干部随边区党委机关到达宿南孙町集。在孙町集，边区党委召开直属机关干部会议，蒙城县委领导王长俊、朱鸿翔、苗泽杰、林泽生、王蕴、杨瑾等人参加了会议。彭雪枫做了动员报告，他讲了当前的形势和转移的意义及准备，并说："干部不论大小都得听从指挥，地方干部的马

---

① 今安徽省固镇县濠城镇，位于县城以东24公里处，是固镇县的东大门。

匹一律交给部队，轻装行动。其他，该烧的烧，该扔的扔。"行动时，干部由刘子久指挥，苗泽生任干部队队长，由警卫团护送。经过两天的急行军，边区党委机关由固镇北越过津浦路，彭雪枫高兴地说"我们胜利了"，并风趣地讲述了赵匡胤下河东的故事。以后，蒙城县地方干部又分几批陆续转移。5月底，蒙城县大队与宿西警卫营编成一个大队，谢骙任队长，李时庄任政委，寻机急行军东进。

5月1日，中共亳县县委书记王华在观堂东北之秦楼村接到区党委领导吴芝圃的来信，指示县委带领全体干部和武装，务必于5月2日赶到涡阳县丹城集集结待命。当天傍晚，县、区、乡干部和县独立营共300余人，在县委书记王华、县长高峰的带领下，顶风冒雨，弃路避村，越野而行。经一夜急行，3日下午到达丹城集徐楼村，见到吴芝圃、周季方等边区党委领导。为便于行动，边区领导指示，亳县独立营划归新四军第四师第十二旅整编；地方干部编成一个大队，张辑五任队长，王学武、李任之分任正副政委；亳、永两县和边区妇女干部约30人，编为第三中队，赵卓如任中队长，王华任中队指导员；留下没有来得及通知到达指定集合地点的同志，坚持地下斗争。5月3日，队伍从丹城出发，经石弓山、袁店集、南坪集、蕲县集，5月4日夜越过津浦路，与守候迎接的第四师敌工部部长刘贯一会合。

由于国民党顽固派在涡河以南摆下重兵，中共涡阳县委和县自卫团及涡南区、乡人员于4月初全部转移到涡河以北。5月2日下午，涡阳县委书记江明接到边区党委通知，要求把涡阳的县、区、乡干部和地方武装集中起来，立即到丹城集集合，准备撤退。5月3日，涡阳县委把全县干部100多人（包括女同志）编为两个中队，江明任队长，曾谋任指导员，随边区党委和部队东撤。涡阳县自卫团转移路东后，进行整编，随第四师主力活动。此后，涡阳的地方干部又分几小批转移，于 5 月底顺利完成战备转移任务。

二、涡北 3 年总结

1941 年 7 月 19 日，按照毛泽东、朱德、王稼祥等给陈毅、刘少奇的电报，"彭师在皖东北，所得经验教训深入检讨，并将结论电告"的要求，由华中局代表邓子恢主持，在淮宝县（现属洪泽县）仁和集召开第四师军政委员会扩大会议及团以上干部会议。会上，邓子恢做了题为《关于四师三年来在豫皖苏边区斗争总结》的重要报告，首先充分肯定了第四师 3 年来取得的成绩。

1. 创建了党的武装力量

这支武装力量，从无到有，从小到大，从游击队到正规军。1938年 10 月，新四军抗日游击支队从河南确山县竹沟出发时仅有 373 人，到 1939 年底，游击支队改番号为新四军第六支队时，有 9 个团 1.2 万余人，成立了包括 10 余个县的县、区政权、办事处，连同地方武装有17800 余人。发展到第四师时已经成为拥有 14612 人的正规兵团。

2. 打击了日伪军，配合了华中抗战

有力配合了全国的抗日斗争，从政治上争取了伪军，在敌军和反共军中进行了宣传，执行了党的俘虏政策，扩大了党的影响。3 年来共对日伪军作战 324 次，毙伤日伪军 7367 人，俘获日伪军 3128 人。

3. 创立了豫皖苏抗日根据地

在根据地内，建立有边区党委和边区抗日政权，辖有 5 个地委和 1 个行政专署，共有 12 个县委（县工委）和 12 个县政府（县办事处），并建立了工救、农救、青救、妇救等群众抗日团体，总面积为 1 万余平方公里，拥有 430 万人口。

4. 培养了一大批党政军干部

创办了抗大四分校、边区联合中学、淮上联合中学等，还举办了各种训练班，培养和输送了军事、政治、经济、文化各方面的大批干部。[①]

取得这些成绩的原因是多方面的：

1. 国内形势十分有利

1938 年夏，国民党军队连连败退，徐州、开封相继被日军占领。但日军兵员不足，只能占领县城重镇及交通要道，而淮北的地方伪顽武装零乱散漫，力量相对薄弱，为新四军游击支队的发展提供了有利的条件。

2. 党中央的正确领导

1938 年 5 月 19 日，徐州失守后，党中央、毛主席指出：徐州失守后，河南将迅速陷入敌手，我们党领导的武装力量应准备向豫皖苏鲁四省敌后发展。华中各地方党委要动员城市大批学生、工人、革命

---

① 邓子恢：《关于四师三年来在豫皖苏边区斗争总结》，载中共河南省委党史资料征集编纂委员会编：《豫皖苏抗日根据地》（一），河南人民出版社 1985 年版，第 128 页。
② 童天星：《豫皖苏边摩擦事件述略》，载《安庆师范学院学报》1987 年第 3 期。

知识分子和党员到农村去发动群众，组织游击队，开展抗日游击战争，建立游击区。[1]

刘少奇于 1939 年 11 月初到达涡阳新兴集时，解决了创建根据地和建立自己的财政税收制度等问题，指明了第六支队和豫皖苏边区发展的方向，第六支队、豫皖边区的各项工作得到进一步的发展。刘少奇作为中原局书记、新四军政治委员，直接领导和指挥了新四军游击支队的发展和战斗。

3. 党领导的武装力量在豫东地区的前期准备工作

当时豫东地区有两支抗日武装：一是由豫东特委书记沈东平组织的第一战区第七路自卫军，1500 余人；二是由豫西特委书记吴芝圃，以睢县、杞县、太康地区党的武装为基础组成的豫东游击第三支队，约 2000 人。1938 年 7 月，河南省委派萧望东率先遣大队 70 余人，由竹沟出发进入睢杞太地区，配合第三支队开展游击战争。此外，皖北、苏北等地，山东分局所属的微山湖西区党委在丰县、沛县一带组成了人民义勇军第十五大队，又将萧县委组织的 3 支地方武装编入，改称为第十六、第十七、第十八大队。这些前期准备工作为彭雪枫在短期内建立起一支由党领导的上万人的抗日队伍奠定了基础。

4. 彭雪枫的卓越领导

彭雪枫领导这支队伍迅速在睢杞太、商亳永夏宿、淮上地区扩大了抗日游击区，团结永城县县长鲁雨亭等领导的抗日力量，对余亚农、何柱国、魏凤楼、廖梓英、俞肇兴等进步人士做了大量统战工作，为

---

[1] 张震：《豫皖苏边区抗日烽火》，载中共河南省委党史资料征集编纂委员会编：《豫皖苏抗日根据地》（二），河南人民出版社 1985 年版，第 1 页。

游击支队开展抗日工作争取了条件。

新四军第四师（第六支队）创建豫皖苏根据地，3年以来各项工作都取得了巨大的成绩，但是存在一些问题和工作的失误。特别是1941年春夏之交，新四军第四师遭受了前所未有的挫折，豫皖苏边区根据地蒙受了巨大损失，之后新四军四师和我地方党政机关不得不转移到津浦路以东开展工作。

三、反摩擦斗争失利的总结与反思

豫皖苏边区3个月反摩擦斗争失利，其原因是多方面的，有客观原因，也有主观原因。事后，邓子恢代表华中局进行了总结，四师的领导同志也进行深刻的反思。

客观因素:（1）国内大环境对根据地的发展很不利。国民党顽固派积极反共，制造了震惊中外的皖南事变。1940年12月至1941年1月间，掀起了抗战时期的第二次反共高潮。（2）反共军力量过于强大。路西革命与反革命力量的对比，新四军第四师一直处于劣势，在3个月反摩擦斗争中，与数倍于己的反共军连续作战，众寡悬殊。（3）根据地不够牢固。豫皖苏根据地从小到大，新四军四师从游击队到正规军，没有老的基础，干部不多，成分复杂。远离党中央与华中局（中原局），根据地党的建设、政权建设、军队建设都不够巩固。（4）一小撮投机分子的背叛，削弱了根据地的力量。投机分子趁第四师主力进军淮上创建根据地，后方空虚之机，在国民党顽固派的策动、引诱下，带领亲信1000余人投敌叛变，造成豫皖苏边区形势急剧恶化。

主观因素:(1)没有认真领会和坚决执行党中央向东发展的战略意图。第四师不是向东发展,而是向南发展,与具有较强实力的国民党骑二军何柱国所部争夺驻地,对贯彻党的抗日民族统一战线政策和第四师自身发展都十分不利。(2)对敌人的力量估计不够充分。豫南战役后,四师对反共军的进攻失去应有的警觉,缺乏足够的思想准备,造成反共军在日军撤回原防后卷土重来时,猝不及防,被迫被动地自卫反击。(3)存在麻痹轻敌思想。由于思想麻痹,造成对陈锐霆起义的部队管控不力,致使其开入津浦路东根据地后,再次叛变等。

邓子恢在报告中指出:在3个月的反摩擦斗争中遭受的严重挫折与损失主要表现在:(1)我们的部队缩小了,部队的情绪降低了。(2)地方武装除编到主力的以外,大部分逃亡与叛变。(3)丧失了很多武装与材料。(4)根据地大部分丧失了,变成伪化区与顽占区。3年来与我们共同斗争的群众受到严重摧残,不少中间分子变成了敌人。(5)地方党组织遭受很大的破坏,党员被捕、被杀、逃散。(6)增长了反共军的凶焰,推动其冒险东进的尝试。第四师在反摩擦斗争中虽然受到上述的损失,但不能说是失败,只能算是一次重大挫折。因为第四师主力还保存8800余人,转移到路东的党政军干部有四五百人,而且在根据地还留存着我党我军深刻的影响,保存着党的隐秘干部,保持着一部分统战关系与两面派关系,保持着不少武装在各地坚持斗争。

"吃一堑,长一智",面对挫折和教训,第四师领导干部在路东仁和集会议上,深刻检讨反省自己的错误,切实感受到党中央关于第四师战略发展方向的决策英明正确。党中央考虑问题是通观全局的,是以各块根据地必须互相联结、互相支援才能立住脚为出发点的。第四师到路东之后,不仅摆脱了在路西所处的险恶处境,在皖东北、苏北地区站稳了脚跟,而且不断扩大和巩固根据地,壮大武装力量,为最后恢复路西根据地打下坚实的基础。

第四师向路东的发展，促成华中各根据地连成一片。第四师开辟皖东北，不仅把山东地区与华中地区连接起来，打通山东八路军与华中新四军联系的通道，而且与新四军第一、二、三师连接起来，在以后反敌伪"扫荡"、反顽军摩擦中互相支持，共同对敌。1941年10月，第四师配合第二、三师取得陈道口战役的重大胜利。1942年冬的33天反"扫荡"战斗，第四师有了较广阔的回旋余地，顺利粉碎日伪大规模的"扫荡"。1943年3月，第四师主力在第二、三师一部的配合下，对侵犯淮北根据地、盘踞在山子头地区的韩德勤部进行攻击，取得生俘韩德勤以下官兵1000余人、打死顽保安第一纵队司令王光夏的重大胜利，铲除了国民党顽固派保留在华中根据地的反共顽固堡垒。

国民党顽固派的反扑与路西地下斗争

新四军第四师和地方党政机关转移津浦路东后，敌伪顽卷土重来，亳州各地全境被敌伪顽占领。敌伪顽疯狂进行反扑，捕杀共产党员和抗日进步人士，迫害抗日干部及其家属，大搞策反活动，各县区笼罩在白色恐怖之中。

一、敌人的疯狂反扑

日伪军到处烧杀抢掠，残害百姓。日军所到之处，烧杀、抢掠、奸淫，无恶不作，并扶持当地反动势力建立日伪政权。1942年，日军到新兴集、牌坊集一带"扫荡"，看到群众乱躲藏，逮到就杀。小李庄的群众只剩下一个生病的人，日军叫他去找"花姑娘"，他没找到，被吊在树上用刺刀扎死。日寇把群众的柴草垛点燃，将掠来的猪、鸡、鸭用刺刀刺死，整个放在火上烧着吃。伪军依仗日军到处安插据点，拉夫抓丁，要粮要钱。群众为了生产和生存，将口粮和种子埋在地下，年轻人也多在野外露宿。涡阳县侯集子有一青年农民，为了躲避被抓壮丁，用铡刀将自己的右手五指铡去。

国民党顽固派强化特务机构，大搞"自首"活动，杀害抗日干部及其家属。国民党顽固派在各县、区、乡建立调查室，组织一套严密的特务网络，强迫抗日群众和进步人士"自首"，甚至先前给抗日政府送过公粮的普通群众也要"自首"。顽匪和恶霸地主互相勾结，私立法庭，给群众扣上私通八路、贩卖烟土、抗粮不缴、欠款不付等莫须有的罪名，任意逮捕，滥用刑罚。受鞭打绳拴之苦，花无故受累之钱者1000余户。黄刘庄杜氏一户，曾被国民党的伪保长陈登波严审3次，丈夫被打死，2个儿子饿死，32亩土地荒芜，4间房屋扒光，树木伐净，只有孤身一人逃荒要饭，数年无依无靠。蒙城县土顽司令张玉彬带领人马到处搜捕没有撤离的共产党员和主要干部的亲属。移村乡乡长周学孔被土匪头子王蕴恒的爪牙周金斗抓去，用酒掺辣椒水灌得死去活来，后被杀害。周学孔被害后，其子也被活活害死。原蒙城县共产党负责人邵光、卢锡球和马敦五的父亲均被抓去严刑拷打，威逼他们叫其儿子回来"自首"。马敦五的父亲被押到河南省漯河市杀害，邵光的父亲不幸被害。亳县原独立大队分队长郑万君，被日伪政府抓去，坐牢一年零8天；独立大队副大队长耿演武的父亲耿怀宝，被汉奸抓去，险遭杀害。

土匪蜂起，官匪勾结，抢劫群众财物。据蒙城县钱前庄统计，从1941年到1944年7月，该庄每年被土匪抢劫三四次，当地保长马中远带着保丁，三天两头向群众索要钱财。涡阳县王安一带，官匪勾结，勒索迫害群众的罪行更是难以计数，惨不忍睹。当时王安流传一首民谣："王安一带鬼神惊，庄庄土匪村村兵；王安一带杀人场，尸骨成堆血水淌。"杨七庄4年无人烟，兔子在神台上做窝生子。据调查，全乡29个村庄，被抢去牲口145头，衣物2223件，粮食11万多斤，被奸污妇女58人，被杀害群众37人，被打伤群众31人，被迫典妻卖子者

28 户。

当时涡阳地区流传的一首歌谣，正是人民群众控诉国民党顽固派的生动写照：

遭殃军①，生瘟军②，从头坏到脚后跟。

喝人血，吃人心，要比毒蛇狠十分，

抢光掠光放把火，断送千万好良民。

父子不相见，母女两离分，

抛家四处奔，举目无亲人。

提起逃荒饥寒苦，铁石心肠也伤心。

二、人民的奋起反抗

敌伪顽匪到处烧杀淫掠，激起沦陷区人民的无比愤怒，他们自发地组织起来，同敌伪顽进行坚决斗争。涡阳县以朱玉兰为首的"大圣门"（一种教门组织）联合周围几十里的群众，组成抗日反顽武装。他们把队伍编成大队、中队、小队，配发长矛、大刀和步枪，一村发生匪警，各村立即支援。该武装作战非常英勇，给敌人以重大打击。王安乡的农民为了生存下去，白天分散生产，黑夜集中自卫，村村户户以举火为号，互相救应。1942 年 11 月的一天，当地地方土顽 200 余人，黑夜"围剿"代庄，企图大肆掠夺。代庄群众在程庄寨、门李庄的支持下，依仗深沟，集中 40 名男女老幼，以两大车砖头打退匪徒的数次

---

① 遭殃军，指国民党中央军。

② 生瘟军，指国民党正规军。

进攻，坚持 3 小时之久，打死打伤匪徒 20 多人，保全了 3 个村庄群众的生命财产安全。

1941 年冬，国民党顽军单桂山部 1000 多人住在高炉集一带，群众骂他们是活土匪。该部经常向群众摧粮派款，明抢暗夺，张口就骂，抬手就打。他们还私设刑讯室，残酷折磨群众。他们作恶多端，激起涡北人民群众的无比愤怒。1942 年 5 月 1 日，高炉、顺河、曹市、殷庙、青町、石弓、龙山等地群众，手持长矛、大刀，袖扎白毛巾，趁单桂山到县城开会之机，包围了该部驻防的前、后牛庄。拂晓，战斗打响。单部顽匪自认为依仗工事抵抗，不会出现差错，但忽闻四周喊杀声大作，加之内部无人指挥，顿时乱作一团，不少顽匪换上便衣外逃。群众一拥而上，活捉大部分顽匪，罪大恶极者被群众当场杀死。

沦陷区人民在与日军斗争中，涌现出许多可泣可歌的英雄人物。张村铺（今属利辛县）有一个外号叫"老人头"的人，看到国民党第三师师长徐良备与日军不战而逃，痛骂国民党腐败无能。待日军过来，他拿起一枚手榴弹炸坏了日军一辆汽车，自己也牺牲了。日军要张村铺商民韩清信给他们带路，韩清信故意把日军的汽车引到河滩里，使汽车陷进淤泥里不能过河，从而使河对岸几百名男女老幼免遭蹂躏。日军退回张村铺后，韩清信也被日军杀害。

三、路西的地下斗争

1941 年 5 月底，津浦路西地方干部向路东转移基本结束，边区党委决定成立中共路西地委，后改称宿东地委，负责亳县、涡阳、蒙城、永城、宿西、萧县和夏邑等县党的地下组织工作。在路西地委成立前后，亳州地区各县先后成立秘密县（区）委，以应对更加严峻的政治形势，并安排部分党员潜伏下来继续斗争。

1941年5月初，中共亳县县委东撤，县委安排组织部副部长孙明哲留下，并负责联系没有撤出的党员。孙明哲按照县委的部署，与留下坚持工作的党员李云峰、白忠勋、刘一樵、鲁博华、鲁守章、鲁瑞华及上级派来亳县搞地下工作的苏有才等10多位党员取得联系，并秘密成立了中共亳县工作委员会（简称"工委"），孙明哲任书记，李云峰、鲁博华为委员，具体领导亳县地下斗争。

孙明哲、刘一樵分别在家乡以当教师为掩护，开展地下工作。在此期间，孙明哲和李云峰秘密培养发展了宋占祥加入中国共产党。工委委员鲁博华先在民团帮助收粮食，后被委任为军需，在家乡开展地下工作，经常去亳县和商丘秘密搜集敌伪情报。李云峰第三次到路东根据地汇报工作，并返回亳县向工委汇报了上级要求建立固定联络点，与路东根据地保持联系的问题。后来又在河南虞城县和安徽亳县交界处的界沟集鲁博华的姐夫满世秀家开设中药铺作为联络点，满世秀在药铺看病，请进步青年翟玉玺做帮手负责拿药。从此，这里就成为亳县工委和路东根据地之间的联络站。不久，鲁博华和李云峰还培养发展了翟玉玺入党。

为了长期潜伏，鲁守章以公开职业为掩护，进行秘密抗日活动，打入伪军蒋心纯部开展地下工作，直到抗战胜利才撤出。其间，鲁守章按照工委的布置，搜集了蒋心纯、张岚峰等部伪军主要军官、武器装备和兵力分布等情况，为新四军收复路西地区提供了可靠的情报。苏有才到亳州北关煤场当工人，并取得日本老板渡边真野的信任，经常到商丘去办理业务，搜集到不少日伪各方面的情报，由李云峰转报边区党委。

1944年8月，彭雪枫率领新四军第四师收复津浦铁路以西地区，亳县工委立即派李云峰去蒙城县东北部与新四军第四师接上关系。第四师第十一旅第三十二团于永城、商丘、亳县的接合部，开辟建立了商永亳县（后改为雪商亳县），孙明哲等与县长丁希凌等取得联系。11月下旬，商永亳县委派姜延斌带一名通信员去界沟找鲁博华接头，共同开辟亳二区，11月底就成立了亳二区和区中队，姜延斌任区委书记，鲁博华任区长。由于当时亳县大部分地区仍为敌占区，根据工作需要，孙明哲、刘一樵等在敌占区继续坚持地下斗争，直至抗日战争胜利。①

亳县工委的地下党员在秘密战线上机智勇敢，胆大心细，忍辱负重，出生入死，面对敌人巧妙周旋，搜集情报，鼓舞人民群众的斗志，团结一切可以团结的力量，完成了上级党组织部署的工作任务。

1941年5月下旬，中共涡阳县委决定留下原龙山区委书记田启松和县粮食科科长武建周组成秘密县委，田启松任书记，武建周任组织部部长，保存力量，待机而动。不久，由于形势恶化，田启松负责涡北，武建周负责涡南，各自独立开展工作。1942年秋，田启松参加宿西县委。1943年，宿东地委决定成立宿永涡县委，田启松任书记，负责宿永涡边区党的工作，武建周仍独立负责涡南党的工作。当时，根据地的国民党特务与地主、还乡团相互勾结，捕捉我们党地下工作人员。武建周因当时任县粮食科科长，接触群众较多，难以在涡北立足，通过关系介绍到丰集盛小圩子，以教私塾为掩护，从事党的地下工作。后转入西阳集小学，与在校的地下党员常冰如、张友奇联系，建立了党组织，并开展活动。他们一方面介绍进步人士当教师；另一方面，在青年学生中宣传党的政策，传播马列主义，揭露国民党顽固派的丑

---

① 陈陵生：《抗战时期的亳县地下党员》，亳州文明网，2017年6月29日。

恶面目。后来在学生中发展了一批党员，同时利用他们的合法身份，向群众做抗日救亡宣传。1944年，因有地下党员被捕，西阳集党组织遭国民党破坏，武建周于下半年去路东根据地。

1941年5月，边区党委书记吴芝圃安排蒙城县姚克、邵光留在宿南做皖东北农民抗日自卫队第六支队王峙宇的统战工作。该队伍是一支拥护共产党新四军的抗日武装。6月，宿东地区决定成立中共宿怀蒙工委（后改为宿南工委），书记姚克，委员段佩明、邵光。1942年底，姚克调离，邵光任书记，主要做宿南王峙宇的统战工作和开展蒙城、怀远两县党的地下活动。参加工作的党员还有陆在川、李健、刘玉华等。

按照宿东地委指示，留路西坚持斗争的党员设法谋得公开职业，以"灰色"面貌出现，或投奔亲友，或外出做生意，或利用关系打入敌伪军内部，进行党的秘密活动。孙明哲、武建周、邵光等人通过关系当上小学教师，田其松在临涣集开杂货店，亳县工委在亳县与商丘交界处开设中药铺，鲁博华等人以此作为地下联络点。宿东地委派往蒙城工作的党员樊宏略到蒙城东南移村集，在同和堂药店建立联络点，以移村为中心，往来于蒙城双涧和怀远龙亢等地，从事地下联络工作。各县（工）委通过各种关系，打入敌伪军和国民党机关团体任干部，搜集情报，分化瓦解敌人。亳县工委成员鲁博华打入民团胡金山部任军需，苏有才在亳城北关日本人开办的煤球厂当工人，鲁守章打入伪军蒋心亮部。涡阳县委书记田其松派地下党员打入岳集伪据点；武建周在盛圩小学教书期间，与当地保长盛明球交上朋友，并认了干亲，掌握许多敌情和乡、保长的思想动态，派交通员李亚斌向边区党委汇报。宿怀蒙工委派韩效汤到刘村集伪乡公所当会计，派杨春旭任燕头集伪集长。他们在搜集情报、分化瓦解敌人、保护地下党员的活动等方面，做出了贡献。

各县（工）委在联络隐蔽党员干部的同时，在群众中培养积极分子，发展党员，壮大党的组织。亳县工委不仅把隐蔽的党员联系起来，还发展了宋占祥、翟玉玺等人入党。涡阳县委书记田其松、秘密党员刘允武，联络新兴、石弓、丹城等地的地下党，也发展了几名新党员。武建周以教师身份做掩护，通过对学生家访，宣传抗战形势，培养积极分子，发展王允祥、李玉斌、李彦国等人入党，并于1944年初成立中共涡阳工委，武建周任书记，常冰如、相正善为委员。蒙城县樊宏略联络龙亢北秘密党员毛松白，找到有6名党员的移村党小组，鼓励他们坚持斗争，发展了邵运章、张治国等人入党。

各县（工）委根据对敌伪顽开展各种不同形式的经济斗争和政治斗争，组织国统区农民坚壁清野，抗粮抗税。黄德良在蒙南地区利用青纱帐，组织青年集体反抗抓壮丁，取得一些胜利。各县（工）委认真执行党的统战政策，争取进步努力，打击反动势力。武建周以教书为掩护，主动与当地士绅、乡保长交往，宣传共产党的抗日主张和统一战线政策，提高他们的思想认识，拥护国共联合抗日。1944年暑期，西阳乡乡长葛一尘从城里托人带信，告知常冰如被捕，要武建周迅速转移，从而使党组织避免一次重大损失。中共宿怀蒙工委派邵光做宿南农民抗日自卫军王峙宇的统战工作，并在其部队建立党组织，使之成为我们党掌握的一支人民抗日武装，该部队后来被编入共产党员领导的宿东游击支队。王峙宇也因此受到国民党顽固派的敌视。1942年春，王峙宇被顽军李仙洲部秘密杀害。

在中共宿东地委的领导下，亳州地区各县（工）委依靠群众，认真执行党在国统区"隐蔽精干、长期埋伏、积蓄力量、以待时机"的工作方针，在长达3年的艰苦斗争中，卓有成效地开展地下工作，为收复津浦路西根据地创造了一定的条件。

相关链接:

亳县工委所在地——张集小学

20世纪40年代，张集小学[①]是当时亳县北部规模最大的小学，在张集北头路东。张集位于商亳公路交通要道上，日伪军侵占亳县后，为保障商亳公路畅通，在张集驻扎一个伪军团部，营房就在商亳路西张集小学对面。

中共亳县工委张集小学联络站遗址

1941年5月，新四军第四师及豫皖苏根据地党政干部转移到津浦路东地区后，亳县县委组织部副部长孙明哲留在亳县，负责组建亳县工委，联系没有来得及撤离的同志，坚持地下工作。孙明哲与留下坚持工作的共产党员鲁博华、刘一樵、李云峰、白忠勋、鲁守章、鲁瑞华等十余位同志，秘密成立了中共亳县工委，孙明哲任书记，鲁博华、李云峰为委员。孙明哲受聘担任张集小学教导主任，便把中共亳县工委设在张集小学。张集小学在伪军营房对面，有利于观察日伪军行动，了解敌军动态、兵力部署和装备情况，并想方设法把情报送到根据地。

①　今属亳州市谯城区古井镇。

当时，张集小学有100多名学生。学校还通过启发教育，激发学生的爱国热情，经过重点培养，1944年输送了郑崑、郑震、宋克强、苏皖民等青年学生到抗日根据地学习，参加了新四军。

1944年8月，新四军第四师收复津浦铁路以西地区，亳县工委立即派李云峰去萧县联系上新四军，很快建立了亳二区，张集小学才结束其光荣使命。

抗日战场两支骑兵的恩怨

抗日战争期间，亳州大地上曾经驰骋着两支骑兵队伍，一支是国民党军的马彪骑兵第八师，另一支是新四军第四师人称"红色哈萨克"的骑兵团。这两支骑兵曾经对亳州地区的抗日斗争形势产生过重要影响，也结下了解不开的恩怨。

一、马彪的骑八师

国民革命军骑兵第八师主要由西北马步芳和马步青骑兵部队构成，马彪（马步芳族叔）任中将师长。日军称之为"马回子军"或"马胡子军"。1937 年 8 月成军，共 9000 多人，奉命东进抗日，先后在河南陕州①、淮阳地区拼杀，曾重创日军。

经过多次与日军作战，骑八师损失较大，1940 年 7 月，奉命调至豫皖边界的临泉、沈丘两县。为了便于指挥，部队经整训后，原有的旅、营建制改为师、团、大连编制，属第一战区战斗序列。同年 8 月，

① 今三门峡市陕州区。

骑八师奉命驻守在涡河以南、淮河以北的三角地带，以牵制津浦铁路蚌埠沿线的日军。部队经整训后，补充了豫、皖等省的青年，经常出其不意地袭击并破坏敌占区铁路、公路、桥梁等，断敌交通要道，阻滞其物资运输。9月，骑八师工兵连和一个步兵大连进驻涡河北岸的重镇龙岗镇，构筑了两道防御工事，用机枪扫射尾随坦克冲锋的敌步兵，并派兵疾速渡涡河迂回突袭来犯的日军。此役，日军伤亡惨重。

涡河以北属于新四军第四师的抗日游击区。骑八师与新四军分属国民党与共产党领导，两师军官信仰不同，在国民党政府"防共、反共"思想的指使下，两军经常发生摩擦。彭雪枫耐心做马彪和骑八师的争取工作，在共同抗日、一致对外的民族大义感召下，争取做到两师互相支援，互通情报，协同作战。两军先后多次夹击前来"扫荡"的日伪军。彭雪枫曾给马彪送去100匹军衣布料，马彪也以10匹战马和一些枪支弹药回赠。有一次骑八师某部奉命迎敌，发现对方不是日军而是新四军，马彪即令撤军。有一次骑八师巡逻，进入新四军游击区，被新四军拘留，彭雪枫得知后，立即将骑八师的人马、枪支全部放还。①

1941年春，3个月反摩擦期间，骑八师的军阀本性决定了其必然与人民为敌，骑八师与新四军第四师发生激烈冲突。骑八师不善枪炮火力之战，却精于马上白刃格斗，所用的马刀环柄宽刃，形同西北步兵使用的大刀片。新四军第四师与骑八师激战于津浦路西，第四师成百上千战士死于骑八师的马刀之下，著名的老三十二团②几乎被打光，最令人痛惜的是抗大四分校的近60名学员，也在此战中全部牺牲。白

---

① 孙报竹：《阜阳保卫战》，载阜阳市政协文史资料委员会编：《阜阳文史》第十五辑，第269页。

② 三十二团为彭雪枫从竹沟带出来的人马为班底组成，是新四军第四师的骨干力量。

刃格斗，马上的敌人占有很大的优势，他们疾驰如风，锋利的马刀或劈或刺，数十米内都是骑兵的控制范围。而新四军的步兵，腾挪不过两三步，出枪不过四五米，与国民党的骑兵一交手，便被马刀劈倒在地。骑八师对新四军第四师和豫皖苏边区犯下了不可饶恕的罪行。

1941 年夏，日军三面包围驻防在怀远龙亢、河溜，蒙城双涧、陆瓦房一带的骑八师。骑八师转移至涡河以西今利辛县展沟集一带，师部驻地张楼。此时的骑八师官兵从火线撤至展沟休整，思想松懈。有些中下级军官放纵自己，吃喝嫖赌吸鸦片，甚至奸淫民女，军纪败坏，在展沟百姓中影响恶劣。1942 年，马步康接替马彪任骑八师师长，决定整饬军纪。师部校级军官李冰杰，胡作非为，轮奸民女，被军法处判处死刑。1942 年冬，骑八师迁往今利辛县的展沟西北 60 多里的马店孜镇，师部驻在马店南叶寨。

1944 年前后，日军为了打通平汉线，重兵围攻阜阳。在保卫阜阳的战斗中，骑八师作为侧翼掩护参加了战斗，陆军少将、骑兵八师副师长卢广伟阵亡，葬在马店镇。利辛县马店南二里马庄建有骑八师烈士陵园，1986 年马店区政府重修，2004 年利辛县人民政府重新立碑马店烈士墓，为县级重点文物保护单位。1990 年，中华人民共和国民政部追认卢广伟为"革命烈士"。

二、"红色哈萨克"——骑兵团

1941 年春，在 3 个月反摩擦斗争中，4 月 22 日，新四军在大、小营集遭到国民党马彪骑八师的袭击，骑八师从南边砍杀过来，新四军战士们来不及修工事，只有凭借村庄、坟地、树林进行反击。战斗进行得十分激烈，子弹打光了，就用刺刀、梭镖进行格斗，但终因寡不敌众，许多身经百战的老战士牺牲在敌人的马刀之下，彭雪枫和警卫员也一度陷入敌人的重围。

1941 年 5 月，彭雪枫率部奉命转移到路东后，他深刻反思路西反顽斗争的教训，意识到我军的短处是没有骑兵部队，而骑兵在今后的平原作战中将居于重要位置，要达到快速奔袭的目的，必须有一支精干的骑兵部队。同年 7 月，在淮宝县仁和镇（今淮安市岔河镇）召开新四军第四师军政委员会扩大会议，彭雪枫提出了组建骑兵团的想法，得到与会同志的一致赞同。1941 年 8 月 1 日上午，新四军第四师骑兵团在淮宝县岔河镇正式成立，黎同新任骑兵团团长兼政委。后来，彭雪枫得知周纯麟曾在新疆盛世才部队学过骑兵，就任命周纯麟为骑兵团团长。

1941 年冬，在根据地经济极端困难的情况下，彭雪枫为给骑兵团解决马匹问题，拿出 3 万元淮北币给骑兵团买马、打马刀和配备马装具。为了能让战士们拥有一把克敌制胜的战刀，他亲自为骑兵团战士们设计了马刀，战士们亲切地称之为"雪枫刀"[①]。那时每个战士每天的菜金大致是 2 角淮北币，3 万元淮北币相当于全师大半年的菜金。为了支援骑兵团的建设，淮北区党委也做出决定，发动大家多种谷子，以解决马的饲料问题。1942 年，党中央号召全党全军开展大生产运动，骑兵团通过到洪泽湖里割草、挖藕等办法，实现生产自给。这样既可发展部队，又不与民争粮、争草，减轻了老百姓的负担。

---

① "雪枫刀"，马刀之一种。1941 年新四军第四师组建骑兵团，自幼习武、精通刀术的彭雪枫，博采众长，为骑兵团亲自设计马刀。该刀刀身顶长，刀背轻薄，锋利异常。骑兵战士们爱不释手，称之为"雪枫刀"。由于装备少，也无相关图片流传下来，"雪枫刀"至今已失传。

为了解决经济问题，第四师还抽调几名干部去做盐运生意，用挣来的钱买马、马装具以及马草。做盐运生意的同志们也很努力，他们来往于洪泽湖东西两岸，钱越赚越多，本钱早已归还给团供给处，净赚几百万。银元装满几马车，还有金砖、金条等100余两黄金。孟昭贤一次到鲁西南，就带去卖盐赚来的几麻袋银元，买回七八十匹马。打马刀、买马装具等都是用自己赚来的钱，不向上级要。骑兵团就这样在自力更生中发展壮大起来了。

彭雪枫非常关心骑兵团的成长，对战士们的训练尤为重视。他不但给骑兵们上政治课，观摩指导训练，有时还亲自进行动作示范，并教导大家："平时多流汗，战时才能少流血。"他激励战士们勤学苦练，争取尽快掌握各种本领。

彭雪枫平时是很偏爱骑兵团的，在训练结束时总是和大家有说有笑，但对指战员们的要求也是极严格的，在工作和训练中一旦发现缺点就毫不留情地提出批评。彭雪枫对骑兵团的纪律要求也很严，经常告诫骑兵们，不要认为骑兵比步兵高人一等。骑兵和步兵要互相学习，取长补短，才能更好地协同作战。

1942年夏，经过整训后的骑兵团很快投入了保卫夏收的战斗。麦子快成熟的时候，敌人企图抢掠粮食，骑兵第一、三大队奉命到泗县东北打击来抢粮食的敌人。骑兵团以迅雷不及掩耳之势把敌人压到开阔地里，然后两个大队南北夹击，拼力冲杀。骑兵团战刀飞舞，敌人死伤遍地，不到半小时，300多名日伪军全部被歼。骑兵们第一次乘马作战，打了大胜仗，彭雪枫非常高兴，把自己心爱的"火车头"战马送给了骑兵团。在整个麦收期间，骑兵团积极配合兄弟部队参加了多次战斗，仗仗都取得了胜利。

1942年11月中旬，日军对淮北抗日根据地进行大"扫荡"，骑兵团又投入了反"扫荡"的战斗。第四师骑兵团配合各部队，猛烈打击敌人，取得了宿迁以南的朱家岗血战和泗县以东的马公店战斗的胜利，日军伤亡惨重，宣告了日伪军对淮北抗日根据地 33 天"扫荡"的失败。1943 年 3 月 17 日，骑兵团 3 个大队全部出动，参加了山子头战斗，粉碎了国民党反共顽固派企图夹击新四军的阴谋，活捉了国民党顽固派江苏省主席韩德勤。从此，日伪军不敢轻易到根据地"扫荡"。

随着形势的变化，打回津浦路西、恢复豫皖苏根据地的条件日渐成熟。1944 年 8 月，彭雪枫率部西征。部队越过津浦路后，第一个硬仗就是攻打小朱庄。小朱庄是新四军第四师西进途中的大门。这一仗打得很漂亮，全歼了国民党反共顽固派一个纵队，敌纵队长王传绶也被骑兵的战刀劈死。为进一步扩大战果，彭雪枫率主力继续西进，很快收复了萧县、永城一带。1944 年 10 月中旬，他们配合兄弟部队在永城北保安山和国民党顽军展开了激战，最终击溃顽军。

10 月 20 日，在河南永城和安徽涡阳交界处，新四军第四师骑兵团与国民党骑八师遭遇，展开了殊死的白刃拼杀。"一寸长，一寸强"，新四军第四师的马刀长于骑八师环柄宽刃马刀一寸，而且刀身细约一指宽，轻捷灵便，敌人的马刀还未到，新四军的马刀已劈中敌人。此战双方一阵拼杀，都伤亡惨重，最终骑兵团战胜骑八师。骑兵团分三路追歼敌骑八师，直至永、涡交界的麻冢集，再次击溃骑八师余部。

之后，骑兵团在新四军总部的指示下，转战淮北各战场，参加了抗日大反攻，最终迎来了抗日战争的最后胜利。因为英勇善战，骑兵团被战士们亲切地称为"红色哈萨克"。

相关链接：

抗战烈士李庆一

李庆一是涡阳县义门镇人，父亲李金辉，字汉三。抗日战争爆发后，李汉三将独子李庆一送上了抗日前线。李庆一被编到何柱国率领的第十五集团军暂编五十六师第三团当兵。李庆一作战勇敢，又有文化，被任命为第三团骑兵连上尉连长。

1942年初，日军占领淮阳。2月8日拂晓，日军出动2000多人，以数倍兵力向水寨、朱集①发起猛攻。中国军队进行了英勇抵抗，此役日军释放毒气弹，第三团全团战士殉国者千余人，团长徐春芳壮烈牺牲。李庆一率领骑兵连负责守卫朱集东南的邵楼村，他们以石磙、

骑兵团部分战士在泗阳县界头集合影

柴垛、乱坟为掩体，与日军拼死搏斗，重创日军，全连100余人均为国英勇捐躯。

李庆一牺牲后，其父李汉三说："以烈士抗战阵亡，乃军人天职。"他随即带领族人前往朱集为李庆一及其牺牲的战友收尸，并把国民政府发给李家的抚恤金捐给国家抗战。

1943年，国民政府军事委员会政治部、新闻局编写的《抗战特殊忠勇军民题名录》《抗战史迹专册》均收录了这对父子的事迹。2017

---

① 水寨，今河南省项城县政府所在地。朱集，河南省今周口市淮阳区朱集乡。

年，中华人民共和国民政部颁发了李庆一烈士证明书。

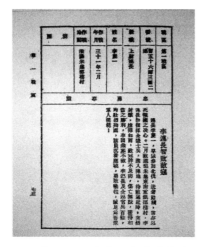

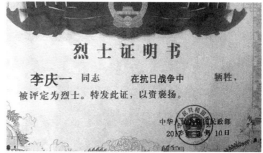

1943 年，国民政府军事委员会政治部《抗战特殊忠勇军民题名录》第 73 页

李庆一烈士证明书

收复路西抗日根据地

    1944 年 4 月，日军为打通大陆交通线，大举向国民党正面战场发动了战略进攻，首先攻占河南，而后又向湖南、广西两省及浙赣铁路、浙闽沿海进攻。国民党顽固派仍然采取消极抗战、积极反共的政策，在日军进攻河南时，国民党守军一触即溃，40 万大军不战而逃，38 天丢失 38 座城池，河南广大地区很快沦入敌手，日军打通了平汉路南段。与此同时，国民党仍将第十五、第十九、第二十一集团军布置在阜阳、太和及大别山地区，伺机向根据地发动进攻。河南、安徽的广大人民群众在日军的烧杀和国民党军的蹂躏下痛苦呻吟，无时不盼望我党我军早日解放他们。党中央根据上述形势，为了给进攻国民党战场之敌以打击，并打开河南抗战局面，从战略上将华中、华北、陕西、陕北连接起来，提出了向河南敌后发展，控制中原的战略方针和任务，决定新四军第五师调一部分兵力加强鄂南，相机向南推进，发展湘鄂赣边敌后根据地区。冀鲁豫军区一部分部队南下，开辟豫西根据地。新四军第四师西进，恢复豫皖苏边区根据地，然后打通与睢、杞、太地区的联系，相机控制新黄河以东地区。[①]

新四军第四师积极响应，彭雪枫遵照党中央指示，于 8 月 15 日亲自率领主力部队在泗南县半城誓师西进。誓师大会上，他用铿锵有力的声音说："三年前，我们忍痛撤出了豫皖苏路西根据地。从撤出路西那天起，我们就发誓一定要把它收回。君子报仇，三年不晚，现在三年时间到了。我们是豫皖苏人民的子弟兵，豫皖苏是我们的家乡，那里有我们的父母，我们的妻室子女，我们的兄弟姐妹。三年来，我们日夜盼望着能早日收复失去的根据地。我们终于盼来了这一天。我们一定要把日本鬼子和敌伪军消灭掉。为了路西倚门东望的父老乡亲，我们就是战死疆场，也心甘情愿。"

国民党顽固派发现新四军第四师主力进入路西地区，第一战区命令骑八师、暂编第三十师、暂编第六十二师、暂编第十四师集结于涡阳、蒙城地区，由暂编第一军军长王毓文指挥向北进犯；同时命令陇海路北苏北挺进军耿继勋、冯子固、刘瑞歧部南下；津浦路东第三十三师段海洲部和第十四纵队苗秀霖部西进，企图从东、南、北三面合击，在 10 月底将新四军西征部队歼灭在萧永地区。

第四师从 1941 年 5 月撤到苏北后，经过了 3 年的组织建设、战备训练和战斗锻炼，人员数量得以壮大，军队素质有了较大提高，战斗力显著增强，军民关系更加密切。豫皖苏边区原为第四师开辟和创建的根据地，第十一旅基层干部和老战士都是来自豫皖苏边区，大家自从来到路东后时刻准备打回老家去，收复路西失地。

20 日，西进部队从萧铜边境越过津浦铁路，进入萧南地区。21 日，

---

① 滕海清：《四师西进，首战小朱庄回忆》，载中共河南省委党史资料征集编纂委员会编：《豫皖苏抗日根据地》（二），河南人民出版社 1985 年版，第 151 页。

国民党苏北挺进军第四十纵队王传绶部阻拦部队西进抗日。23日，新四军发起小朱庄战斗，击毙纵队司令王传绶，毙伤500余人，俘虏纵队副司令以下1040人，彻底歼灭王传绶部。新四军第四师以迅雷不及掩耳之势，横扫路西地区，小朱庄战斗胜利结束之后，迅速夺取了萧县、永城和宿县等城镇，解放了200多万人口。至此，新四军打开了西进的大门，该地区的顽军土崩瓦解，为新四军恢复并开辟豫皖根据地创造了极为有利的条件，西进部队乘胜前进，迅速收复失地，并相继建立抗日政权。

9月12日，韦国清、彭明治指挥路东第九旅、第七旅发起了阻截国民党军段海洲、苗秀霖部的战斗，粉碎其西进计划。同日凌晨，彭雪枫指挥西进部队发起夏邑八里庄战斗①，全歼苏北挺进军第二十八纵队第八十二支队李光明部。彭雪枫在这次战斗中不幸中弹牺牲。

为了不影响部队的士气，师领导请示新四军党委后，决定暂缓公布彭雪枫阵亡的消息，并做好保密工作。根据师领导的指示，旅长滕海清派人到王白楼一户大地主家，用500块

小朱庄战斗前，彭雪枫（中）和滕海清（左）、张震（后）、周纯麟（右）在研究作战部署

---

① 1944年8月15日，彭雪枫率领第四师主力誓师西进。9月11日在河南夏邑东部八里庄与国民党军第二十八纵队第八十二支队李光明部1000余人相遇，展开激战。新四军阵亡4人，伤25人。国民党军死85人，伤20人，第四支队支队长李光明、副支队长李良五、程青山以下官兵564人被俘，另有300余人投诚。彭雪枫在战斗即将结束时中流弹，壮烈牺牲。

银元买了一副上好的棺材，将彭雪枫入殓，悄悄地用船送回路东，安放在成子湖边的柴滩上，然后再运回师部驻地半城，暂时存放在半城附近一只停泊在濉河上的大木船里，派人日夜守卫。

中共中央任命张爱萍为新四军第四师师长，韦国清任副师长，继续指挥四师西进，收复路西失地。10月14日，国民党军暂编第一军军长王毓文亲率暂编第十四师、骑八师及第五纵队等地方武装，由涡蒙地区北犯，并令其他各部按统一部署，同时东进、南下合击，妄图歼灭新四军第四师于永北薛家湖地区。20日夜，第四师发起攻击，直捣王毓文军部，王部惊慌失措，全线崩溃。第四师全线出击，穷追猛打，直追至涡阳城下，共歼王毓文部3600余人，取得涡北战役的重大胜利，彻底粉碎了反共军合击的阴谋。第四师乘胜扩大战果，到12月底基本肃清了涡河以北地区的国民党反共武装，收复了豫皖苏边区失地，淮北抗日根据地路东和路西两地区连成一片，成为一块完整的抗日根据地。

直到4个月后的1945年1月24日，彭雪枫殉国的消息才公布于世。对彭雪枫的牺牲，党中央极为重视。中共中央办公厅和第十八集团军总司令部在《解放日报》上联合发出启事：新四军第四师师长彭雪枫同志，1944年9月间阵亡于淮北前线。雪枫同志早年献身革命，艰险备尝。抗战后组织人民武装，于豫皖苏一带驱逐强敌，解放人民，创建淮北抗日民主解放区，功在国家。噩耗传来，同声哀悼！

之后，毛泽东、朱德、刘少奇、彭德怀等率延安各界代表1000余人，在延安中央大礼堂沉痛追悼彭雪枫。中央大礼堂门口挂着中国共产党中央委员会的挽联："为民族，为群众，二十年奋斗出生入死，功垂祖国；打日寇，打汉奸，千万同胞自由平等，泽被长淮。"

2月2日，7000多名淮北军民将停泊在濉河大木船上的彭雪枫灵枢恭迎到原驻地大王庄，并于2月4日到6日举行了公祭。2月7日，在洪泽湖畔半城的大王庄，淮北各界1.6万余人参加了彭雪枫的追悼大会和安葬仪式。

在追悼会上，军民齐声呼唤师长，声震淮北。从半城到大王庄两公里的路边上，群众自发地摆了128处祭桌。每个祭桌上都放着一炉香、一碗水和一面镜子，表示颂扬彭雪枫为官清如水，明如镜。在彭雪枫的灵枢运往墓地时，老百姓成群结队地跟在后边，哭声一路。不少年迈的老人拄着拐杖，在子孙的搀扶下，也跟着送葬。棺材下葬后，淮北根据地各县干部群众，还络绎不绝地到墓地拜祭。中共中央华中局代表曾山看到这些情景感慨地说：一个领导同志牺牲后，出现这样动人的情景，过去很少有。可见，彭雪枫在人们心目中多么高大。

1945年5月，淮北区党委和行署决定，在彭雪枫墓地修建淮北烈士陵园，并建造淮北抗日阵亡将士纪念馆。陵园中，铸造彭雪枫半身铜像一座，镌刻着彭雪枫及淮北抗日阵亡烈士英名录的石碑13块，还有淮北解放区阵亡将士纪念塔等建筑物。纪念塔高8米，塔顶有新四军战士铜像一尊。战士铜像身高5米，一手持枪，一手指向东北方向，表示一定要把日军赶出中国。铜像形象逼真，雄风浩然。陵园的大门上，为李一氓亲笔题写的匾额和对联。对联是："半壁河山留战绩，两

1945年2月5日，淮北军民近2万人在半城大王庄举行彭雪枫追悼活动

淮风雨慰忠魂。"

1946 年 6 月，全国内战爆发。11 月下旬，新四军第四师部队和淮北地区党政机关先后撤离根据地。国民党部队和地主还乡团进入淮北后，不仅破坏了烈士陵园，还把彭雪枫的遗骨抛撒在水塘里和路旁荒野。目睹了敌人暴行的哑巴（彭雪枫从前的马夫），夜晚冒着生命危险爬进陵园，从齐腰的水塘中和荒野路旁，把彭雪枫的遗骨一块块地收集起来，装进蒲包里。他连夜奔向洪泽湖边，找到坚持在湖区斗争的新四军游击队，把彭雪枫的遗骨交给他们保管。游击队员用红绫把彭雪枫的遗骨包好，秘密埋在洪泽湖边的一个石岗上。后来，由于坏人告密，哑巴被敌保长高殿魁抓住，逼问彭雪枫遗骨下落不成，将其杀害。1947 年 3 月，我军打回淮北，高殿魁和破坏烈士陵园的凶手被枪决。

1949 年 1 月，淮海战役刚刚结束，张震冒着刺骨的寒风专程来到半城镇，看望久别的父老乡亲，凭吊牺牲的战友。当他目睹彭雪枫墓和烈士陵园遭受敌人疯狂破坏后的惨景时，无比愤怒，泪流满面。张震当即指示重新修建彭雪枫墓和淮北烈士陵园。

随后，人们把彭雪枫的遗骨从洪泽湖畔石岗上起出来，重新入殓，安葬。重建后的彭雪枫墓和淮北烈士陵园，庄严肃穆，烈士纪念塔巍峨高耸，纪念室宽敞整洁。如今，彭雪枫墓和淮北烈士陵园已被列为江苏省重点文物保护单位和爱国主义教育基地。

相关链接：

小朱庄战斗

小朱庄位于萧县以南，濉溪县以北，距杜集约2公里处，周围地形开阔，是新四军西进的必经之路。驻守小朱庄的王传绶，外号王疤拉眼子，生得个高肥壮，凶恶无比。他时任国民党苏北挺进军第四十纵队司令，驻安徽省宿县、萧县等地，有两个团约2000人的兵力，成为阻拦新四军西进的拦路虎。不解决小朱庄，我军无法西进，为振奋抗日军民的士气，必须打掉小朱庄这一顽固堡垒。

1944年5月21日，新四军四师包围小朱庄，23日13时发动攻击，一举突入圩内，经两小时激战，将其大部歼灭。残部从东南角突围逃跑时，被埋伏在河沟里的骑兵团包围，杀伤其大部，残余被迫投降。此次战斗，击溃国民党苏北挺进军第二十八纵队，击毙国民党苏北挺进军第四十纵队司令王传绶以下354人，击伤151人，俘第四十纵队副司令王忠鼎以下1040余人，缴获轻重机枪40余挺、步枪1000余支。新四军阵亡营以下干部15人、战士87人，伤团以下干部30人、战士189人。小朱庄大捷以后，盘踞在小朱庄西北的新四军叛军刘子仁部，率部向西北方向逃窜，吴信元部1000人起义，弃暗投明。

根据地"双减一增"运动

新四军第四师西征以来，仅用了 4 个月的时间，便控制了东自津浦铁路、西至商亳公路、南至涡河、北至陇海铁路的广大地区，收复了豫皖苏抗日根据地，扩大了我军在西线战略反攻的阵地，同时建立了中共淮北第二地委（淮北路西地委）。

一、二地委地方工作会议

1944 年 12 月 11 日至 17 日，在蒙城县马圩子召开淮北二地委第一次地方工作会议，主要任务是研究"减租减息增资"（也称"双减一增"）工作，进一步明确路西地区工作的方针和纲领，巩固新生的民主政权。淮北二地委第一次地方工作会议，是淮北根据地路西地区在抗日斗争即将取得胜利的前夜召开的一次十分重要的会议，它对于进一步发动群众，巩固路西抗日根据地，大刀阔斧地进行根据地各项建设，具有十分重要的作用，影响深远。

参加淮北二地委第一次地方工作会议的有第四师二地委、二分区、二专署的负责同志，各县的县委书记和县长，地委、专署、分区各部门的负责同志。大会主席团成员有韦国清、吴芝圃、张震、赖毅、何启光、雷明、李时庄等。会议于 12 月 11 日开幕,共分 4 个阶段进行。第一阶段由各县负责同志做工作汇报;第二阶段由会议主席团做工作报告,其中韦国清做《目前的形势与总任务的报告》,吴芝圃做《群众工作的报告》,张震做《武装建设的报告》,雷明做《财政经济工作的报告》,何启光做《组织工作与培养干部的报告》,赖毅做《地方武装政工建设的报告》;第三阶段为组织讨论,主旨是"讨论地方工作,发表意见,决定问题","进一步明确路西地区的方针和纲领"。最后会议进行总结和部署。大会于 12 月 17 日胜利结束。[①]

会议经过各县负责同志的汇报和讨论,认真总结了恢复路西 4 个月来的工作成绩和存在的主要问题。会议一致认为:路西收复以来,整个形势发生了根本转变,武装建设得到迅速发展,县、区武装已发展到 7460 多人,形成了一支强大的群众抗日武装;各县、区、乡政府相继建立,培养和选拔了一批抗日积极分子和民主人士为区、乡、保干部;群众工作已打开局面,部分区、乡成立了农救会、妇救会等群众组织,并有重点地进行减租减息和增资工作,解决了贫苦群众的生活。老百姓喜笑颜开地说:"新四军带来了雨水,带来了福星。"在财粮工作方面,各县根据公平负担的原则,制定了合乎实际的财粮政策,征粮近 8000 万斤,基本上解决了军政支出。在教育方面,开展学校的恢复和整顿工作,以及教师队伍的建设工作。另外,在统战工作、司法工作和敌伪军工作等方面,均做出了一定的成绩。但是由于当时复杂的社会条件和主客观因素,还不同程度地存在着一些问题,主要是

---

① 中共亳州市委党史和地方志研究室:《中国共产党安徽省亳州历史》第一卷(1926—1949),中共党史出版社 2019 年版,第 117 页。

部分人执着于单纯的军事观点，没把工作放到群众运动上去，三级农会没有建立起来，放松了对教育阵地的占领，对个别地主没有把减租减息与群众运动结合起来，甚至出现了退租现象。

会议根据淮北区党委的指示，结合路西的实际情况，通过报告、讨论，最后由吴芝圃做会议总结，提出了今后工作的总任务，即"集中全力深入开展广泛的群众运动，将广大群众组织起来"。要求"在今年（1944年）旧历年底组织全人口十分之一的群众，明年午季前组织全人口三分之一的群众"，"在发动群众中进行根据地的各项建设工作"。会议强调，路西抗日根据地的巩固、坚持和发展，主要是依靠千百万群众，这是由路西根据地前途命运所决定的。群众运动是一切工作的依据，有了群众便有了一切。群众不发动，根据地也无从巩固。发动了群众，才能长治久安。会议严肃批判了轻视群众工作的观点，指出目前正是发动群众的重要时机，任何犹豫迟缓都是不允许的。

会议制定了今后斗争的纲领，指出"纲领的中心是减租减息增资"。会议重申，实现上述纲领，主要依靠群众的自觉斗争，发动群众为自身利益而斗争，使斗争成为广大群众的一致舆论和共同行动。会议要求，在群众运动中发展我们的力量，要吸收大批群众参加农救会，培训积极分子和乡保干部，发展党员，建立党的组织。县委书记、区委书记要把群众工作作为各级党委的基本工作来抓，各级政府至少要以一半力量做群众工作，真正把群众运动开展起来。

二、减租减息增资

淮北二地委第一次地方工作会议召开后，各县的减租减息运动由点到面，迅速铺展开来。大体可分为 3 个阶段。

减租减息增资的第一个阶段为重点示范阶段。地委选择了永涡县曹市区曹市乡两个保进行试点。地委民运部部长赵敏、永涡县委书记党若平带领工作队，抓这两个保的试点工作。试点工作大体分为 3 个步骤：

第一步是调查了解情况，深入宣传发动。通过调查访问、开调查会、座谈会等方法，了解阶级状况、东佃情况和各阶层思想动态，掌握第一手材料。路西地区由于长期受敌伪顽摧残和地主的剥削，生产力遭到严重破坏，群众生活极端贫困，迫切希望共产党解救他们。宿蒙县马圩子、马洼一带土地比较集中，一些大地主用地租和高利贷残酷剥削农民。包租者遇到大灾之年，即使颗粒无收，也要如数交租，致使许多佃户倾家荡产。广大贫苦农民拥护减租减息，但很多人心存顾虑。如永涡县大地主刘治舜，家有 18 顷土地，与国民党及伪军上层人物均有联系。佃户希望减租，但又怕"变天"，怕新四军站不住脚，不敢接近工作队。在掌握各阶层思想动态的基础上，认真做好思想动员工作，向他们讲清抗战形势和党的方针政策，进行"谁养活谁"的教育，提高阶级觉悟，树立抗战胜利信心，解除"怕变天"的顾虑。在思想教育中，要访贫问苦，扎根串连，培养"双减"带头人，引导他们组织起来。同时做好开明士绅的工作，说服动员他们带头减租减息。继而成立佃农小组、农救会小组，为减租减息做好组织准备。经过深入细致的思想动员，进一步提高了广大劳动群众减租减息的积极性，提出要"减租减息过好年"，"减租减息买黄犍，一年胜一年"。

第二步是加强领导，大张旗鼓地进行宣传。主要宣传全国的抗战形势、党的统一战线政策、减租减息的各项法令和组织农救会的重要性，召开群众大会，请部队领导在大会上讲话，以鼓舞群众斗争的士气，讲解"双减一增"的标准，"双减"是"二五减租、分半计息"，即原每交 100 斤租，现减去 25 斤；借一元钱的利息，现改为一分半。同时，要做到"一增"，即增加雇农工资，改钱资为粮资，大领（长工）工资每年 600 斤至 1200 斤，麦秋各半领取。

第三步是进行减租减息增资斗争。整个"双减"斗争是以群众出面为主进行的，各佃农小组带领佃户到地主家实行集体退租。多数中小地主慑于抗日政府的威力和群众斗争的气势，如数减了佃贫农的租子。但有少数大地主和恶霸不配合，不愿减租，并公开制造谣言，背后威胁群众，利用其打手四处活动。为了打击这些地主分子的嚣张气焰，确保群众运动的健康发展，地委工作队组织群众，召开斗争会进行说理斗争，迫使他们低头认罚，答应"双减一增"，对个别有罪恶、顽固不化的分子，由抗日民主政府予以严惩。曹市乡两个保共有 60 户地主减了租粮，155 户佃农有 133 户受益。减息 1000 元，受益农民 6 户，有 33 人增加了工资。贫苦农民的生活得到了初步改善。经过"双减一增"，贫雇农的政治、经济地位得到很大的提高，树立了贫雇农当家作主的优势。进一步加强基层组织建设，普遍成立农救会、妇救会，发展党员，建立基层组织，民主选举新的乡、保长，对乡保政权进行改造。淮北二地委在曹市乡的试点经验，很快得以推广。各县也都纷纷仿效曹市乡的"双减"经验，开展试点工作，均取得了成功的经验。

"双减一增"运动的第二阶段——全面铺开阶段。1945 年 3 月，春节刚过，二地委总结了各地试点工作的成功经验，部署第二阶段的"双减"工作。当时正值春荒，群众生活很苦，永商亳、永涡北部、宿西南部，十家就有七八家断粮，只靠红芋、红芋叶、芝麻叶等糊口，外出逃荒的很多。因此，减租对救济春荒、恢复生产有着决定性意义。地委确定，在当年午收前，各县仍以减租为中心，在一般地区要做到普遍，中心地区要力求深入。各县从机关抽调人员，或把试点的骨干加以培训，组成工作组，派往力量薄弱的乡保开展工作。淮北区党委还从皖东北调派来一批有群众工作经验的区乡干部，分配到各县帮助工作，以推进"双减"工作的顺利开展。各县根据不同情况，采取不同的方式，如宿蒙县在南坪区先抓好几个试点，以点突破来推动全面。在巩固的板桥区、坛城区则全面开展。二地委下辖8个县，吸取试点经验，在充分发动群众的基础上，均建立和健全了农救会、民兵自卫队、基层党组织，轰轰烈烈地开展了减租减息运动，取得了较为显著的成果。据粗略统计，从3月20日到5月20日，减租的佃户近5万户，减租退粮160多万斤，增资粮50万斤，加上减息、生产救荒，共折合粮食400万斤以上，解决了几十万贫困人口的生活问题。

1945年夏收后，减租减息进入第三阶段——查漏补退阶段。午收前地委下发了《关于夏收群众工作的决议》，重申了减租减息的具体规定，指出减租后，根据各地情况，有分租不当者，可以做部分调整。各县根据决议精神，开展了查漏补退、公平负担工作，重点解决雇佃农负担过重的问题，巩固"双减"运动成果。

淮北二地委领导的"双减一增"群众运动，于1944年底开始，到1945年春全面展开，一直持续到1945年秋，取得了较大的成就，有着较大意义和影响。

根据地民主政权建设

新四军第四师主力在西进的 4 个月里，在兄弟部队的配合和支持下，粉碎日伪军的"扫荡"及国民党反共军的阻截，共歼灭日、伪、顽军 1.3 万余人（含投诚部队 3700 人），拔除日、伪、顽据点 36 处，控制了东自津浦铁路、西至商亳公路、北自陇海铁路、南迄涡河的广大地区，恢复了豫皖苏边区抗日根据地。

1944 年底，淮北边区党委决定，重新调整各地党政军领导机构，在全区设立 3 个地委、3 个专署和 3 个军分区，路东设立第一、第三地委、专署、军分区，路西设立第二地委、专署、军分区。为扩大解放区，缩小沦陷区，1945 年春，第四师兼淮北军区武装在全边区范围内向日伪军据点发起猛烈的攻势，历时一个月，拔除日伪军据点 20 多个，毙俘日伪军 2000 余人，解放了 300 多平方公里国土。5 月 21 日，在第二军分区司令员张震的指挥下，路西主力部队在地方武装的配合下，发起宿南战役，历时 56 天，全歼伪第十五师窦光电部 3000 余人，收复了涡北、浍南广大失地，解放国土 500 平方公里，淮北第二分区 8 个县连成一片。6 月 19 日，第三军分区武装发起睢宁战役，历时 20 天，攻克睢宁县城，使第一、第三两军分区完全连成一片。

随着失地收复战斗的节节胜利，各地抗日民主政权的建设也相应铺展开来。

一、建立民主政权

（一）雪商亳县

1944 年 8 月，彭雪枫奉命率新四军第四师主力跨过津浦路，挺进豫皖苏边敌后，开展抗击日伪的斗争。11 月 25 日，第十一旅第三十二团于永城、商丘、亳县结合部，建立商永亳县[1]，后改为雪商亳县。

雪商亳县所处位置十分重要，它是豫皖苏边区与水东地区[2]联系的纽带，也是华北、华中两大战略区的重要通道，自成立之日起，即处于激烈的斗争之中。该县军民先是与日伪、土顽进行殊死的搏斗，后又与国民党顽固派展开了长达 3 年的血战，并在斗争中日益发展壮大。至 1948 年秋，全县发展到 12 个区，3000 多个自然村，45 万多人口，120 万亩土地，总面积 1000 多平方公里。

1944 年 11 月 8 日，按照上级指示，新四军第四师第十一旅以第三十二团附骑兵一大队进入永商边活动，执行打通水东任务；该旅第三十一团仍留涡北永南活动，并相机开辟永商亳。19 日，根据敌情变化，第十一旅全部配合师直骑兵团由涡北龙山集北进，20 日进至永商

---

[1] 现分属商丘市永城市、夏邑县、虞城县和亳州市谯城区辖区的一部分。1945 年 2 月，根据华中局和新四军政治部《关于纪念彭雪枫同志的决定》，改为雪商亳县。

[2] 1938 年 6 月 9 日花园口黄河大堤决堤，造成豫皖 17 县黄水泛滥，黄河沿颍河南下入淮。新黄河以东地区，日伪称"豫东"，国民党称"泛东"。共产党称该地区为"水东地区"，创建的抗日根据地称为水东抗日根据地。

边，一举攻克土顽蒋心亮①部盘踞的马头寺及其西北刘光楼、刘胡亮等据点，消灭其第三支队张德功部500余人；接着又于商亳边全歼其第四支队郑守三部1个营，俘其营长以下500余人，缴获轻机枪2挺、步枪400支，手榴弹70多箱。此次战斗，打开了商永亳的局面，奠定了建县的基础。

马头寺战斗后，中共商永亳县委、商永亳县抗日民主政府和商永亳县总队于11月25日在马头寺宣布成立。第三十二团政委李毅兼任县委书记，丁希凌任副书记兼任县长、县总队长和政委，殷效舜任县委委员，负责组织工作及农民抗日救国会工作。12月，张景华任县委委员、县总队政治处副主任，负责宣传工作。当时干部缺乏，敌情又很严重，困难很多，但县党政军领导依靠武装力量，以大无畏精神大刀阔斧地开展建县活动。一方面在控制区广泛召开群众大会及开明士绅座谈会，讲解党的抗日主张，宣布建立抗日民主政权和各项政策，并以武力攻克日伪据点，摧毁其下层政权，以打击敌人的反动气焰，鼓舞各阶层群众的抗日热情和斗志；另一方面将带来的干部立即分配到各区乡，县委召集社会进步青年开办干训班，培养区乡干部，加紧建立区乡政权。至12月中旬，全县已建有永四、商三、商五、亳二4个区，含15个乡、120个保。后随着政权的巩固和扩大，先后又新建了鄽阳、马头、李集、观堂（后划雪涡县）4个区。这些政权机构，虽然大多不够健全，其中个别乡保尚属两面政权，但为商永亳县的建立奠定了基础。

1945年2月，更名为雪商亳县。同月，李毅调走，丁希凌任县委书记。在此前后，上级派来冯登紫任副县长，谭勋任县总队参谋

---

① 蒋心亮，国民党河南省商丘县党部书记长，苏鲁豫皖挺进军第二纵队司令。

长（不久任副总队长），徐爱民任县总队政治处主任（3人均为县委委员），胥照五、刘廷良任县委城工部正、副部长（对外称新四军第四师驻雪商亳办事处正、副主任），县级领导力量得到充实和加强。与此同时，县政府亦设立秘书科、民教科、财粮科、货管科（后改为货管局）、金库及公安局、交通局等工作机构。区乡政权亦得到充实和发展，对接管过来的基层政权，进行初步整顿和改造，两面政权改造成只拥护共产党的一面政权。7月，在中心区马头寺一带建立马头区。雪商亳县成为淮北二分区的重要组成部分。淮海战役后，豫东、皖北完全解放，根据新的形势需要，行政区划恢复原建制，雪商亳县于1949年2月撤销。

雪商亳县建立后，加强了武装建设。建县之初就成立了县总队，总队长丁希凌兼，政治处副主任张景华。1945年春，谭勋任总队参谋长（后任副总队长），徐爱民任政治处主任，丁希凌兼政委。当年10月，分区将县总队改为独立第五团，丁希凌兼任团长和政委，副团长谭勋，下辖3个营。12月，丁希凌带县区3个连上升至分区独立第三团，第五团团长由县长冯登紫兼任。各区建有区、乡队，部分村建立了民兵组织，尤以亳二区的民兵工作搞得最好。民兵不仅有步枪、手榴弹，还能自造地雷。为进一步发挥民兵作用，县委在亳二区李楼召开了全县民兵大会，县委书记丁希凌到会讲话，鼓励民兵积极主动地打日、伪，斗匪顽，抓生产，对保卫根据地起到很大作用。

坚持游击战争，打击日、伪、顽军。雪商亳县建立后，敌情严重，形势恶劣。当时，徐州、商丘、谯城沦陷区有日军驻守，伪军张岚峰部5万余人分驻豫皖12个县城境内，涡阳的义门集，永城的酂城、黄冢集，商亳公路上的坞墙、宋集、张集等处，均有伪军驻扎；刘子仁叛军和蒋心纯、蒋心亮等伪军也时常向我根据地进犯，战斗频繁。

1944 年冬，亳二区成立的第二天，区委书记姜延斌、区长鲁博华就带领只有一条半枪①的区队，夜袭伪小奈集乡公所，俘伪军 20 余人，活捉伪联保主任 1 人，缴获部分武器，全胜而归。年底，伪军张岚峰派 1 个师到亳县，在张集、三里湾、董楼等村建立据点，妄图摧毁雪商亳抗日根据地。新四军第四师第三十二团在县区武装配合下，包围了 3 个伪据点，采用"围三打一"的战术，在董楼歼敌一个营，俘敌 200 余人，赶走了全部伪军。1945 年 1 月，分区与各县部队在宿西、亳北向伪据点连续发起进攻，19 日突袭颜集、袁庄伪据点，击毙伪军 12 人，俘敌 50 余人，缴获步枪 50 余支、子弹 500 余发、手榴弹 1000 枚、电话机 2 部、自行车 6 辆和其他用品等，至月底拔敌伪据点 14 个。7 月，伪张岚峰部第八团 1000 余人向芦家庙进犯，亳二区委书记姜延斌率区队奋力反击，打退了敌人的进攻。同月，伪军进犯泥店等处，均被打退，抗日民主政权得到进一步巩固。

（二）宿蒙县

随着新四军第四师西征不断推进，1944 年 10 月建立了宿怀蒙县，成立了县委、县政府，胡天喜任书记，段佩明、邵光、汪冰石为委员，邵光任县长。12 月中旬，淮北二地委决定将宿怀蒙县划为宿蒙、宿怀两县。宿蒙县委书记段佩明，县长邵光，武装有沈维金率领的宿怀蒙总队第二连，所辖区域在宿县、蒙城两县接合部。1944 年 12 月，板桥

---

① 姜延斌，曾化名雷震，1944 年受刘瑞龙派遣，带通信员一人到亳县开展革命工作。两个人各带一支手枪，但其中一支是坏的，故战友们称为"一条半枪"闹革命。新中国成立后，姜延斌历任航天部某基地党委书记、主任，中国测控与计算机联合公司董事长。

区委、区政府成立，辖板桥、许疃、唐集、陈庙、张集乡，后又增设迎水、白园、阎集、鹿楼、潘湖、戴集乡，区委书记卢锡球（先）、陆振亚（后）。1945年1月，县委、县政府进入宿蒙后，驻板桥北的马圩子、张集一带，并以板桥、坛城为重点活动区域。宿蒙县放手发动群众，积极开展武装斗争，迅速建立了基层政权。

1944年12月，坛城区委、区政府成立，下辖8个乡。1945年1月，白沙区委、区政府成立，下辖8个乡，区委书记陈文国，区长张云龙。1945年1月，浍南区成立，后改为南坪区，下辖6个乡，区委书记赵纯，区长张亚仙。1945年3月，将板桥以东地区划为王集区，下辖9个乡，区委书记卢锡球，区长马彝伦。1945年7月，界沟区委、区政府成立，下辖7个乡，区委书记戴之刚（先）、宋政（后），区长马彝伦。到抗战胜利前，宿蒙县共辖6个区，43个乡，34个支部，有党员813人，人口近20万，地方武装发展为5个连，千余人。之后，宿蒙县又先后建立了许町区、小涧区、顺河区、南坪区，至1948年5月，宿蒙县共恢复、建立10个区，54个乡，有24万多人口。

（三）雪涡县

1944年8月15日，彭雪枫率领第四师主力于半城誓师西进。9月，李晨带领一批涡阳地方党政干部和武装配合第四师主力作战，活动在龙山、曹市一带，开展政权恢复准备工作。10月间，苏皖边区党委决定划涡河以北、永城南部建立永涡县，下旬，中共永涡县委、县政府在龙山集宣布成立，党若平任县委书记，李晨任县长。1945年2月上旬，为纪念彭雪枫，永涡县改称雪涡县。

1944年10月永涡县建立后，永涡县县总队在第四师第九旅第二十六团、第十一旅第三十一团的帮助下建立起来，区、乡武装也随之建立。县总队由李晨兼总队长，党若平兼政委。各区队队长、政委依例由区长、区委书记兼任。县总队成立时有100余人70余支枪，到年底即发展到1个营，有256人；全县成立5个区队244人，30个乡队186人。以上共计686人，拥有机枪3挺、步枪394支、驳壳枪3支。同时，各区、乡在控制区还普遍建立了基层民兵组织，到1945年5月，全县有民兵大队5个、民兵中队16个、民兵小队37个，民兵总数达1837人。这时县总队已发展到1000余人，各区建立大队，各乡建立中队，区、乡队员共2000余人。

1945年10月29日，淮北津浦路以西地区划为中共华中八地委、华中第八专员公署、华中第八军分区。随着形势的发展，在涡阳辖区内，还先后建立涡亳县、涡阳县（涡南办事处）、涡阳市等民主政权。日本宣布投降后，1945年9月21日，中共地下党员、师长杜新民率领日伪军第十八师5000余人起义，永城西部鄷城集、沿浍河两岸李口、马桥、裴桥一带解放，建立雪枫区。10月，义门区建立，下辖8个乡，建立5个党支部。1946年5月，龙山区划出吴桥乡、李小庙乡、张老家乡，建立吴桥区。雪涡县辖区不断发展壮大。先后建立丹城、曹市、裴桥、黄口、龙山、青疃、雪枫、义门8个区。1949年3月初，雪涡县恢复原有行政区划。

二、民主政权的巩固

淮北二地委遵照淮北区委党委"在发动群众中进行根据地的各项建设工作"的指示，在减租减息的群众运动中，大力推进根据地的各项建设事业，取得了辉煌的成就。

（一）加强党的建设

淮北二地委成立以来，随着群众运动的深入发展和抗日根据地的日益巩固，党的组织得到了很大的发展。这一时期，地委和各县委把发动群众减租减息与组织群众大多数紧密结合起来，把武装斗争、群众运动与党的发展紧密结合起来。在普遍发动群众进行减租减息斗争中，组织农救会、妇救会等群众团体，注意发现、培养积极分子，逐步提高他们的思想觉悟和政策水平。据调查统计，各县都有 2000 人以上的积极分子，并通过各项斗争的锻炼与考验，有计划地把他们发展为中共党员，并建立党支部，充分发挥他们在群众运动中的模范带头作用。

1945 年春，我军进行了局部反攻，拔除一些伪军据点，全国抗日战争胜利在望，进一步激发了广大群众的抗战激情。许多积极分子要求加入中国共产党，党的组织得到了较快的发展。据 1945 年 9 月统计，淮北二地委共有 8 个县委，57 个区委，438 个乡建立基层党支部的有379 个，共有党员 7264 人。其中地直机关有 10 个党支部，党员 201 人；雪涡县有 6 个区，58 个党支部，党员 872 人；宿蒙县有 6 个区，35 个党支部，党员 875 人；雪商亳县有 6 个区，32 个党支部，党员 486 人。这一时期党组织建设的特点是：在轰轰烈烈的群众运动中培养发展党员，从而推动了群众运动的深入发展。党员数量空前发展，在广大农村普遍建立了党支部，发挥了战斗堡垒作用，在实际斗争中培养了大批工农干部，成为根据地区乡干部的骨干。当然，由于大量发展党员，也不可避免地让一些不纯分子混进党内来。

淮北区党委根据党内的这一实际情况，于 1944 年秋提出了整理支部的号召，要求每个县搞一个典型支部的试验，为全面整理支部工作打下基础。1945 年 6 月，淮北区党委召开组织工作会议，通过了《关于开展整支工作的决议》，提出了整理支部的目标，是建立在思想上统一坚定、组织上严密巩固、作风上民主团结，与广大群众有密切关系的并为群众所拥护的农村支部。《决议》规定了整理支部的方针、内容和步骤，强调把政治上的审查和组织上调整放在首位。二地委按照淮北党委部署，由点到面地开展整理支部工作，从而进一步提高了党员的政治思想水平，纯洁了党的组织，密切了党与群众的关系，巩固和加强了党的领导，发挥了基层党支部的战斗堡垒作用。

（二）政权建设

淮北二地委的各级政权，严格遵循淮北行政公署颁布的《施政纲领》，认真贯彻党的抗日民族统一战线政策，团结各阶层人民，大力发动群众，进行根据地建设，逐步建立和完善起来。

1944 年 11 月，在淮北二专署成立前后，建立了永城、萧县、宿西、夏邑、永涡、宿蒙、宿怀、永商亳 8 个县抗日民主政府。随后，各县、区、乡政权相继建立起来。到 12 月，共建立了 53 个区、315 个乡。这些区乡政权有一部分还是原来的"旧摊子"，被群众称为新四军的"维持会"。随着根据地区域的不断扩大和"双减"运动的普遍开展，各县抗日民主政府在"双减"的基础上对基层政权进行改造。

基层政权在改造过程中，根据淮北行署规定，首先，调整行政区划，划小乡、保，在中心区局部地区取消保、甲制，建立行政村。乡村成立行政委员会，乡设正、副乡长，村设正、副村长。其次，贯彻

"三三制"原则，注意选拔任用抗日斗争和"双减"运动中的积极分子。对共产党员和进步青年委以重任，对左派民主人士一般衔以副职，对中间分子也要加以使用，以体现抗日民主政权的代表性。最后，实行民主选举，各地按照"三三制"原则，将政府组成人员名额和候选人情况，先行公布，经群众或代表充分酝酿后，实行投票选举，然后加以委任。各界人民第一次行使神圣的民主权利，参加管理根据地的各项工作，逐步形成了民主政治的新作风。到1945年9月，各县区、乡、保（村）普遍建立和健全起来。据统计，淮北二地委全区共建立57个区、438个乡抗日民主政府，所辖250多万人。其中雪涡县6个区、63个乡，人口约36万；宿蒙县6个区、43个乡，人口约20万；雪商亳县6个区、32个乡，人口约23.4万。各县区、乡政府成立农村工作的领导核心，推动了根据地各项事业的蓬勃发展。

成立参议会是政权建设的一个重要方面，也是政治民主化的重要形式。县参议会具有人民代表会议的权力，可以选举和罢免政府组成人员，讨论与决定政府立兴的重大事项，决议群众提交的请议事项，监督各级行政人员，不少区乡也成立了人民代表会。参议会也按"三三制"原则组成，共产党员、进步民主人士、中间派人士各占三分之一。如蒙城县参议会，县委书记段佩明兼任参议长，爱国民主人士任永庆担任副参议长，方同年、杨崇武等20余人为参议员，到抗战胜利共开过3次会议。参议员能够积极发言，讨论决定政府重大事项。参议员的身份，有利于开展统战工作，甚至对国民党统治区和敌伪占领区的中上层人士做教育、争取工作，都取得了很好的成绩。参议会的成立，推动了根据地民主政治的新发展。

（三）武装建设

淮北二地委在发动群众进行"双减"运动的同时，不失时机地进行武装建设，动员群众参军抗敌，县、区、乡武装得到较大的发展。各县成立县总队，区成立区中队，乡成立乡队或自卫队。各县发展武装的共同经验是：或以亲友关系互相串连，个别发展，或分散活动"滚雪球式"的发展，或成立扩军小组，公开号召动员群众参加武装，或采取逐级上升的方式等。特别注意把政治上可靠、作风上踏实正派的村民吸收到队伍里来，保证了部队的政治素质。到1944年底，收复路西短短4个月，就发展了一支7600余人的抗日武装，组织民兵1.2万人。其中宿蒙县、永商亳县、永涡县三级武装发展300人至900人。1945年春季，全面开展减租减息后，群众参军的热情更高，地方武装得到迅猛发展。乡队保持一个班，区队保持一个排，县总队经常保持3个连。乡区武装多了，就成班成排上升为县总队。县总队多了，就成连上升为主力。如宿蒙县总队不到一年发展为6个连，先后上升3个连到主力部队。

淮北二分区在发展地方武装的同时，把组训民兵列为武装建设的重要工作。以抗日、防匪、保家乡为口号，动员各阶层人民自愿参加民兵，民兵人数占农救会人数的5%—10%，普遍建立了民兵组织。区设大队，乡设中队，村为民兵基干队，号召民兵看家防匪，武装自卫。在反抢粮、反拉夫的口号下，组织民兵对敌斗争。淮北二地委于1945年夏做出决定，组织民兵数目要达到4万至8万人，每县要组织民兵5000至1万人。如宿蒙县板桥区陈大庄有100多户、400余人，组织两个民兵小队，最多时达100人。他们跟随工作队参加减租减息，配合地方武装打击敌人，带头参军扩大地方武装。在1945年秋扩军时，陈庙、迎水两个乡有 100 多人参军，被编为县总队第六连。民兵在根据地建设中发挥了重要作用。组织正规军、地方军及民兵三位一体的武装力量，是当时战胜日本帝国主义及一切敌人的重要、切实的武装组合。

（四）经济建设

淮北二专署的财政工作，在党的统一领导下，首先建立和健全财政工作机构。二专署设财政处，各县设财粮局（或财政局），下分三科一库，即财务科、税务科、粮食科和金库。各区乡配有财粮员、税收员。各县的财政开支，由财务科按照专署财政处制定的供应标准，审批支付，由金库发给。当时财务干部缺乏，淮北区党委于 1944 年底又从路东抽调一批懂财务的同志，分任专署和各县财务领导工作，同时增设专署和县财管局，主要征收过路行商税。财政工作的主要任务是：发展生产、开源节流、保证供给，以保证战争和根据地各项建设的需要。

一是征收公粮。各县根据"合理负担"的原则，根据土地数量、人口多少和收成好坏，制定了一系列合乎实际的征粮政策，由上而下分配征粮任务。主要是以土地多少和好坏为计征标准，采取累进法，地多者多征，地少者少征。有以下几种情况：（1）5 亩地以下的不征，有的只征午、秋各一季；5 亩地以上的则又根据土地肥瘠征收不等。（2）烈士家属全部免征。（3）对抗属、工属，根据其在主力部队和地方部队以及收成情况，酌情减免。（4）对赤贫户，10% 的免征。基本上达到公平合理，群众踊跃交粮。据统计，到 1944 年 12 月，各县共征粮近 8000 万斤，其中永涡县 460 万斤，宿蒙县 600 万斤，既保证了群众生活，又解决了军政支出。1945 年，淮北二专署召开全地区征粮工作会议，总结经验，分配征粮任务，提出以每人 230 斤为起征点，最低征 3%，最高征 5%，使征粮任务更趋合理。

二是做好税收工作。抗日民主政府取消苛捐杂税，建立财政工作新秩序。其税收项目主要有 7 种：（1）盐税；（2）过境税，即进出口税；（3）屠宰税；（4）烟酒税；（5）化妆品、奢侈品税；（6）迷信品税；（7）地契税。抗日民主政府为了促进生产的发展和市场的繁荣，对商品分别采取免收、轻税、重税及没收的政策。如对食盐则采取轻税保护政策，奖励棉花无税进口，以鼓励纺织业。对名烟名酒课以重税；对迷信品课以高税；对鸦片、金银、军用物资和资政物资则采取一律没收的办法；对偷税、漏税商人和不法奸商，严惩不贷，一经查获即罚款一至二倍，甚至没收其全部货物。这样不但开辟了财政收入的来源，而且有力地保证了战时军费开支。

三是节衣缩食。为了保证党政军机关必不可少的供应，又要减轻人民的负担，淮北二地委号召党政军节衣缩食、艰苦奋斗。当时实行供给制，不但官兵一样，而且地方工作人员，从领导到基层官兵都是一样。吃粮标准：部队干部战士每人每月 67.5 斤（包括油、盐、菜金），地方人员每人每月 60 斤。衣服每人每年单衣两套（经济困难时改为一套），棉衣一套。营以上干部发有棉大衣，地方区以上干部有棉袍。鞋子每人每年 3 双，不够穿的就打草鞋。棉被两年一床（每床只有 3 斤棉花）。毛巾、肥皂每季各一条，牙刷每季度一把，牙粉每月一包。干部的津贴也很少，县团级干部每人每月 3 元法币，营、区干部 2.5 元，连、乡干部 2 元，排级干部 1.5 元，战士 1 元。由于节衣缩食，党政军机关克服了重重困难，保证了基本生活费用，养成了艰苦朴素的优良作风。

上述工作的有力推进，进一步加强巩固了根据地新生的抗日民主政府，团结了一切可以团结的力量，鼓励了国民党顽固派等反共势力，为最终取得抗日斗争的胜利打下了良好的基础。

（五）文化教育建设

1940 年 2 月，豫皖苏边区联防委员会在涡北新兴集附近的何庄、二郎庙开办抗日联合中学，刘作孚任校长，主要招收根据地各县和国统区的爱国青年。招收两期，学生 600 人，所附小学部，招生 120 人。中学课程有政治、国文、算术、史地、游击战术、军事训练等。同年 9 月 18 日，中学部学生毕业，又招收一批新生，约 200 人。1941 年春，反顽斗争形势恶化，学校停办。

豫皖苏边区联防委员会教育处制定《小学教育实施抗日民主教育的暂时规定》，编写统一的"抗日课本"。1940 年 7 月，边区在曹梁余村召开了教师代表大会，各县教育局局长和文教区员参加，会议交流了教学经验，讨论了初级教育的方向、目标和措施，推动了根据地教育事业的发展。各县还对私塾进行改造，举办私塾先生培训班，提高他们的爱国意识，开展抗战教育。

1944 年底，新四军在恢复路西时，由于社会动乱，匪顽横行，各县的教育陷入瘫痪，学校几乎全部停顿。淮北二地委、二专署成立后，立即对原有的学校进行恢复和整顿改造，要求每保有一至二所初小，每区一所高小，每县办一所中学。根据地的教育方针是："实行生产教育、民主教育与社会教育相结合。"当时教材比较缺乏，便采取自行油印、专署代印的办法解决。由于采取了正确的教育方针和措施，路西的教育事业得到较快的恢复和发展。据 1945 年 3 月 5 个县的统计，共有中学 7 所、高小 133 所、初小 922 所。每乡最少恢复 1 所小学，每区恢复 1 所高小。

1945 年六、七月间，二专署召开第一次教育工作会议，专员彭笑千做《大力发展教育事业》的报告，提出创办各种形式的镇学、乡学、中心乡学、村学、中心村学，实行"民办公助"的办学方针，动员广大青年参加学习。对原有公办学校，适时加以改革，同时奖励私人办学，拟改私塾为民办或私小。制定中学生减免学费和奖学金制度的标准，师资及其待遇条件均有所改善。决定增设永商亳、萧永、涡蒙宿怀 3 所中学，另设宿西中学补习班。开办私立中学 4 所，其中有高炉集私中。同时对不同地区做不同安排：中心区办安全小学，使用"抗日课本"；接近边缘的游击区采取私塾改良的形式，四书与"抗日课本"并用；拉锯式的游击区，采取私塾的形式，以识字为目的。教育工作会议后，全地区教育事业有了较快的发展。

取得抗战的最后胜利

根据当时的国际、国内形势，1944 年 12 月 15 日，毛泽东在陕甘宁边区参议会上发出了"消灭敌伪，扩大解放区，缩小沦陷区"的号召，指示各解放区战场实行局部反攻，驱逐日本侵略军。

一、对日伪的全面反攻

自西进部队涡北反顽战役胜利后，路西日伪军已成惊弓之鸟，龟缩在据点内，不敢轻举妄动。淮北二分区军民按照新四军军部和淮北军区的部署，发起了春季攻势，主动出击，进攻日伪据点，取得了一系列战斗的胜利。

2 月 22 日，第九旅第二十六团第四连在群众配合下，破坏青瞳集到临涣集段公路及青瞳集北大桥。日伪军 150 余人分三路向新四军合击，第四连占领有利地形阻击敌人，战至黄昏，残敌狼狈逃窜。

3 月 9 日，新四军第四师第九旅第二十六团、第二十五团和第十一旅第三十一团在骑兵大队配合下，进攻涡北曹圩子伪军据点。该据点驻有伪第十五师一个特务团，筑有坚固的防御工事。第九旅先以猛烈的炮火摧毁碉堡和外围工事，抢占外壕，并于10日下午4时发起总攻，在密集交叉的火力掩护下，突击队攻入圩内，迫使敌人投降。有一股敌人突围南逃，被骑兵大队堵截围歼。经过一天多的激烈战斗，特务团被全歼，毙伤100余人，俘伪特务团团长和日军第五十九团副团长以下500余人，缴获曲射炮1门、重机枪1挺、轻机枪14挺、步枪400余支、电台1架。11日，驻守袁店集的日本兵100余人及伪军一部到曹圩收尸，途经大张家，被第二十五团截击，毙伤日伪军数十人，残敌逃回据点。

3月16日，第十一旅第三十二团第二营进袭宿蒙交界之界沟集伪军据点，俘敌150余人。4月12日，第九旅第二十七团奔袭宿蒙县境南坪集伪军据点，全歼伪第十五师两个中队，俘伪军300余人，缴获轻机枪6挺。4月24日，第十一旅第三十一团一部进袭亳城东北颜集的伪军据点，亳县日伪军400余人来援，我军攻击部队随后撤离，在阻击战中毙伤敌伪50余人。5月7日，第十一旅第三十二团及骑兵连，包围伪军张岚峰部第八军十四师驻地新兴集、东小寨据点。牌坊集伪军在营长张开端率领下前来增援，遭我军伏击，东小寨据点的伪军被迫投降。9日晨，我军向伪保大队发起总攻，伪军全部缴械投降。我军乘胜进攻张老家（在新兴集北）伪军据点，伪军一个连投诚。计俘伪军300余人，缴获轻机枪9挺、步枪250余支。两个月的春季攻势，二分区主力和地方武装还袭击了伪军郝鹏举部，怀远县奶奶庙以南陈庄、何集、火神庙等伪军据点，取得了重大胜利。共攻克日伪据点10余处，消灭日伪军有生力量，扩大了解放区，巩固了涡北抗日根据地。

通过一系列战斗，第四师西进部队基本上收复了豫皖苏边区失地，但是宿西南地区仍为伪军暂编第十五师窦光电部所盘踞。该师辖6个团，共4000余人，驻防津浦路西侧浍、洆两河中间地带的界沟集、芦沟集、孙疃集、袁店集、孙圩孜、任集6个据点内，向路西解放区"蚕食"，企图截断涡北与淮上、宿南之交通，夺取税收资源。第四师师部决定集中第二分区主力第十一旅和第九旅一部，骑兵团两个大队和地方武装，在第四师参谋长、二分区司令员张震指挥下，于5月21日向伪军第十五师进攻，发动了宿南战役。

5月21日晚，第十一旅向驻任集的伪军特务第三团进行强袭，用平射炮摧毁了北门等3个碉堡，扫清了据点周围障碍。22日晨发起总攻，冲入围内，奋力拼杀，将其全歼。计俘团长任亚航以下100余人。其间，驻芦沟集伪军第五十八团5个连出援，遭预伏的第二十七团一部和骑兵大队的夹击，将其大部歼灭。继有驻孙疃集伪军第五十九团4个连、骑兵一部增援。骑兵团一大队与第三十一团两个连协同出击，将其歼灭。计俘伪第二营营长以下200余人枪。

6月23日夜，第十一旅第三十二团向驻袁店集伪军第五十九团一营发起攻击，伪军据坚顽抗。24日，我军以猛烈炮火摧毁碉堡，在火力掩护下，攻占大、小圩子，全歼守敌，计俘营长以下390余人。24日16时，驻孙疃集伪第五十九团团长左本一率伪第五十九团和伪第五十七团各一个营及骑兵一部驰往增援，遭我第九旅第二十七团阻击。除少数骑兵逃窜外，其余被全歼，击毙伪军30余人，俘伪团长左本一、伪副团长徐伯英及2个营长以下180余人。24日，日军教官野相率敌400余人，乘汽车3辆赶来增援，遭二分区主力阻击，遂撤回原防。驻孙圩子新成立之伪特务团，亦于当日弃据点逃窜。

袁店集战斗胜利后，伪第十五师聚集残部，坚守孙疃、界沟据点，等待日军援救。第二分区主力乘胜追击，第十一旅第三十一团及警卫连于6月30日攻击驻界沟伪军第五十七团。在炮火配合下，我军顺利突破敌围寨，伪第二营营长率部投降。我军乘胜攻击，迫使伪军纷纷缴械，计俘伪第五十七团正副团长 3 人、营长 3 人及以下官兵 800 余人。

7 月 14 日，第二军分区主力一部在宿蒙县总队的配合下，向伪军第十五师师部驻地孙疃集发起攻击。此时，伪第十五师残部千余人已无心恋战，急待逃往宿城。第二军分区领导估计到孙疃集据点伪军这一状态，故以小部兵力从南门佯攻，而将主力隐蔽在通往宿城七里沟公路两侧。果不出所料，孙疃集伪军倾巢而出，沿公路向宿城逃窜。当伪军进入伏击圈时，枪声骤然四起，伪军猝不及防，纷纷跪地投降，近千名伪军当了俘虏。至此，伪军第十五师全军覆灭。

宿南战役从 5 月 21 日至 7 月 15 日，历时 56 天，计攻克、逼退 5 个据点的伪军，歼灭伪军特务第三团、五十七团 2 个营、特务团一个营，俘伪军官兵 3000 余人，毙伤 200 余人，收复了涡北、浍南大片失地，使淮北二分区 8 个县连成一片。宿南战役是第四师西进作战以来的第二次大捷。7 月 22 日，新四军军部致电嘉奖第四师第十一旅领导及宿南战役的参战部队。

二、日本无条件投降

经过世界反法西斯同盟的不懈努力和全国人民的浴血奋战，日本帝国主义终于在 1945 年 8 月 15 日宣布无条件投降。

1945 年 5 月 8 日，德国无条件投降，第二次世界大战欧洲战场的战争以反法西斯国家的胜利而宣告结束。7 月 26 日，中、美、英三国以共同宣言的形式发表了《波茨坦公告》，要求"日本政府立即宣布所有日本武装部队无条件投降"。8 月 8 日，苏联政府对日宣战，100 多万苏联红军向在中国东北地区的日本关东军发起进攻。8 月 9 日，毛泽东代表中共中央发表《对日寇的最后一战》的声明，号召八路军、新四军及其他人民军队，应在一切可能条件下，对一切不愿投降的侵略者及其走狗实行广泛的进攻。8月10日24时至8月11日18时，朱德发布受降及配合苏军作战等7道命令，令华中及各解放区部队迅速前进，收缴日伪军武器。8月11日，中共中央又发出关于日军投降后我们党任务的决定，指出目前阶段应集中力量迫使日伪军向我军投降，猛力扩大解放区，将来阶段，国民党可能向我军大举进攻，我们党应调动兵力对付内战。

根据中共中央指示，新四军军部于8月11日发出致华中各地日军通牒，命令华中日伪军停止一切抵抗，就近派代表到新四军部队接洽。8月13日，淮北区党委就日军投降后淮北解放区的中心任务做出紧急指示：当前的中心工作任务是要集中一切力量，采取各种方式，彻底扫除日伪军武装，迅速促使日伪军缴械投降；应有计划、有步骤地占领淮北解放区周围一切大小城市与交通要道，收复国土，解放沦陷区人民，建立民主政权新秩序；要巩固解放区，巩固后方，巩固大城市的外围阵地；要猛烈壮大武装力量，部队要加强练兵，反对骄傲和盲目乐观；干部要有充分的全面准备，原则上要做好原有区以上外来干部调出的打算，同时要搞好现有的领导班子等。

1945年8月15日，日本天皇裕仁以广播《终战诏书》的形式，宣布无条件投降。9月2日，日本天皇和政府代表及日军大本营代表在投降书上签字。日本无条件投降，标志着第二次世界大战结束，也标志着中国抗日战争的最后胜利。

淮北第二地委、第二军分区，根据新四军军部和淮北区党委的指示，向日伪军举行大反攻。8月中旬，将雪枫县独立团组编为第十一旅第三十二团，团长扶庭修，政委洪流。同时新成立的第四师第十二旅（辖第三十四、三十五、三十六团）3 个团开往津浦路西萧县地区。第二分区 8 个县总队重重围困各县城镇敌伪据点，并相机歼灭之。8 月25 日，二分区武装和萧县独立旅向永城伪军发起攻击，全歼守敌。计毙伤伪军 200 余人，俘伪县长丁石平、副总队长杜春台以下 1000 余人。9 月中旬，在第十一旅配合接应下，驻守永城西部鄸阳城之伪第四方面军张岚峰部第十八师，由师长杜新民（中共秘密党员）率领 5000 余名官兵举行起义，华中军区授予"人民解放军独立第二军"番号，杜新民任军长，冯文华任参谋长，王子光任政治部主任。① 至此，津浦路西除涡河以南为国民党军占领外，全境获得解放。

1938 年 9 月底，彭雪枫率领新四军游击支队东进皖北豫东敌后，开创豫皖苏边区抗日根据地，给予日伪和国民党投降派沉重的打击，他领导建立的淮北抗日根据地，成为共产党领导下的全国 19 块主要抗日根据地之一。涡北抗日根据地是豫皖苏边区的核心部分，也是淮北抗日根据地的重要组成部分，辖亳县、涡阳、蒙城等涡河以北、永城以南、濉溪县西部、商亳公路以东的广大地区，面积 6700 平方公里，是新四军发展华中、东进苏北、西进中原的战略要地。亳州地区是新四军第四师在淮北抗日根据地特别是前期的豫皖苏边区主要活动地区，新四军第四师为中国的抗日大业和亳州人民的解放做出了重要贡献。

战胜日本帝国主义，亳州军民和全国人民一样，沉浸在胜利的喜悦中，各县纷纷开展了庆祝活动。喜讯传来，雪商亳县以区为单位召开庆祝大会。亳二区于 8 月 17 日在陈楼召开了 4000 余人的庆祝大会。区委书记姜延斌、区长鲁博华在会上发表讲话，热烈庆祝中国人民百

---

① 中国人民解放军陆军第二十一集团军编印：《新四军第四师大事记》，1989 年，第365 页。

余年来在反对外国侵略者的斗争中第一次取得的伟大胜利，号召全区人民提高警惕，坚决保卫胜利果实。日本宣布无条件投降，雪涡县人民上下一片欢腾，县委、县政府在龙山集召开了有 5000 余位军民参加的庆祝大会，欢庆抗日战争的全面胜利。日本宣布无条件投降，宿蒙县广大人民奔走相告，无不欢欣鼓舞，县委在马圩子召开了庆祝胜利的大会。

当胜利的喜讯传到延安的时候，曾任晋察冀军区民运干事、战地记者的鲁藜，当夜就写下《黎明的信号》[①]，反映了此时此刻人们共同的心声。

向天上，向天上，

把红色的太阳点起来，

听吧，听吧，

兄弟姐妹们，

黑夜已经走到了末路，

晨鸡已经叫唤了，

黑暗开始从东方总崩溃，

那祖国的土地上，

已吹起了黎明的信号，

看吧，看吧，

看光明要泛滥了东方，

让我们行进吧，

兄弟姐妹们，

---

① 刊登在 1945 年 9 月 3 日的《新华日报》第四版上。

向海洋、天空、大地前进吧，

把那同志流血的地方，

变成新主义的花园，

把那人民受难的地方，

播种自由和幸福。

《新华日报》刊登毛泽东题词

安徽省庆祝抗战胜利

抗日战争的胜利，极大地推进了中国民主革命的历史进程，为中国民族民主主义革命彻底胜利奠定了坚实的基础。亳州地区的军民为抗日战争的胜利，做出了较大的牺牲，立下了不朽的功勋。

亳州抗战群英谱

1. 彭雪枫

彭雪枫（1907—1944），原名彭修道，河南南阳镇平县人。中国工农红军和新四军杰出指挥员，中国无产阶级革命家、军事家，是抗日战争中新四军牺牲的高级将领之一。

彭雪枫

1925年加入中国共产主义青年团。1926年9月转入中国共产党。1927年参加北京南苑农民暴动。1930年5月起，先后任红军大队、纵队、红三军团师、江西军区、红军大学政治委员，中革军委第一局局长。参加中央苏区历次反"围剿"作战和长征。历任军委第一野战纵队第一梯队队长、红三军团第五师师长、红军陕甘支队第二纵队司令员、红一军团第四师政治委员等职。在中央红军进行的历次战斗中，多次担任先锋部队指挥员。1936年秋被派往太原等地，做团结各界爱国人士和地方实力派阎锡山的统战工作。抗日战争爆发后，任八路军总部参谋处处长兼驻晋办事处主任。1938年春，调河南省确山县竹沟，任中共河南省委军事部部长，组织训练抗日武装。同年9月组建新四军游击支队，任司令员兼政治委员，领导开辟豫皖苏边区抗日根据地，历任中共豫皖苏边区委员会书记，新四军第六支队司令员兼政治委员、八路军第四纵队司令员。1941年皖南事变后，任新四军第四师师长兼政治委员，后兼淮北军区司令员。他领导淮北抗日根据地军民同日伪军及国民党顽固派进行了艰苦的斗争，先后取得1942年冬季淮北反"扫荡"和1943年3月山子头战役的胜利，巩固和发展了淮北抗日根据地。1938年至1944年，彭雪枫率领新四军第六支队（前期番号为新四军游击支队，后改编为新四军第四师）进行了大小战斗3760次，累计歼敌48000余人，并在洪泽湖地区取得了著名的淮北反"扫荡"作战的胜利，取得了敌我伤亡比例5∶1的辉煌战绩。彭雪枫刻苦学习毛泽东军事著作，博览群书，注意总结实践经验，对抗日战争的游击战术和政治工作深入研究，编写了《游击战术》《战略战术讲授提纲》等军事教材。1944年8月执行中共中央关于向河南敌后进军的指示，率领所部向西进军，收复路西失地。1944年9月11日在河南夏邑八里庄指挥作战时牺牲，时年37岁。主要著作有《彭雪枫军事文选》。

彭雪枫投身革命20年，被毛泽东、朱德誉为"中华民族英雄，共产党人的好榜样"。为了纪念彭雪枫，在河南省镇平县、夏邑县，安徽省宿州市、蒙城县等地均建有彭雪枫纪念馆，或以雪枫命名的公园和学校。2009年9月10日，彭雪枫被评为"100位为新中国成立作出突出贡献的英雄模范人物"。

2. 邓子恢

邓子恢（1896—1972），曾用名邓建中，福建龙岩人。中国无产阶级革命家、政治家，我国农业工作的卓越领导人，是闽西革命根据地和苏区的主要创建者和卓越的领导人之一。

邓子恢

早年留学日本。1926年12月加入中国共产党。1928年3月参与领导龙岩后田农民起义。曾任中共上杭县委宣传部部长、闽西暴动委员会副总指挥、中共闽西特委书记、闽西苏维埃政府主席兼闽西红军学校和闽西第十二军政治委员、中共福建省委巡视员、闽西苏维埃政府经济部部长、中华苏维埃共和国中央执行委员会委员兼财政人民委员。1932年7月，邓子恢任中华苏维埃共和国临时中央政府财政部部长期间，亲自制定文件和财政制度，培养了一大批财政干部，保证了红军第四、第五次反"围剿"的供给。中央红军主力长征后，任中共苏区中央分局委员，闽西南军政委员会宣传、财政兼民运部部长，闽西南军政委员会副主席，与张鼎承、谭震林共同领导闽西军民坚持三年游击战争。全民族抗日战争爆发后，1937年12月25日，新四军军部在汉口成立，邓子恢任新四军政治部副主任兼民运部部长。1938年3月1日，邓子恢与张鼎丞、谭震林率领闽西南红军改编为新四军第二支队北上。1939年，陪同新四军军长叶挺处理高敬亭问题。1939年5月5日，调任新四军江北指挥部政治部主任，开展皖东敌后游击战争。1939年7月1日，新四军第四支队分编成第四、第五支队，邓子恢直接指导第五支队。1939 年 12 月初，增补邓子恢为中原局委员。1940 年 3 月，邓子恢亲自指挥了半塔集保卫战。1941 年，皖南事变发生，新四军军部重组，邓子恢担任政治部主任。由于当时淮南形势紧张，邓子恢未立即赴军部任职，仍留在半塔集领导新四军第二师改编。1941 年 5 月中共中央华中局成立，刘少奇任书记，陈毅、张云逸、邓子恢等为委员。不久，邓子恢代表中共中央华中局率新四军军部巡视团，到皖东北地区新四军第四师检查和帮助工作，稳定了部队的情绪。8 月 11 日，邓子恢兼任新四军第四师政委。1942 年 11 月 25 日，淮北地区实行党政军一元化领导，撤销淮北军政党委员会，邓子恢任淮北区党委书记，同时兼任淮北军区政治委员，坚持并发展了淮北抗日根据地。1944 年 7 月 25 日，在豫湘桂会战河南沦陷背景下，新四军第四师向路西发展，恢复豫皖苏边区，彭雪枫率领第四师主力 5 个团执行西进任务，邓子恢等率领 2 个团和地方武装坚守淮北路东根据地，配合支援主力西进。抗战胜利后，邓子恢任华中分局书记兼华中军区政治委员，出色地领导了华中解放区的土改工作。党的七届二中全会后，邓子恢任中共中央华中局（后改称中南局）第三书记兼华中军区政治委员。新中国成立后，1950 年，邓子恢任中南局军政委员会副主席兼中南财经委员会主任，主持全区财经工作。1953 年后调中央工作，历任中共中央农村工作部部长，国家计委副主任，国务院副总理。

邓子恢是中共第七、八、九届中央委员，第四届全国政协副主席。

3. 张爱萍

张爱萍（1910—2003），四川达县（今达州市达川区）人。中国共产党的优秀党员，久经考验的忠诚的共产主义战士，中国无产阶级革命家、军事家。

1925 年参加革命，1926 年 4 月加入中国共产主义青年团，1928 年 8 月转为中国共产党党员。在上海做地下工作期间，曾两次遭外国巡警和国民党保安队逮捕，在狱中进行了坚贞不屈的斗争，保持了革命气节。1929 年 12 月参加中国工农红军，在红十四军第一师历任小队长、政治指导员、中队长、大队长。1930 年底，张爱萍到中央苏区工作，历任共青团闽西特委常委、宣传

张爱萍

部部长，共青团苏区中央局秘书长，共青团万（安）太（和）中心县委书记，共青团江西省委常委、宣传部部长，少年先锋队中央总队部训练部部长、参谋长、总队长，中央反帝拥苏大同盟青年部部长，中华苏维埃共和国中央执行委员会候补委员。参与创建少共国际师，先后参加第三、四、五次反"围剿"作战。1934 年 9 月任红三军团第四师第十二团政委。参加长征，历任红三军团第四师政治部主任、团政委、中央军委骑兵团政委兼代团长。1936 年 6 月，进入红军大学学习。1937 年，任抗日军政大学教员。全民族抗日战争爆发后，任中共江浙省委军委书记。1938 年春，任八路军总指挥部参谋，8 月中旬赴河南确山，组建新四军挺进纵队。1939 年 1 月，任中共豫皖苏省委书记，同年 6 月赴津浦路东开辟敌后根据地，任八路军、新四军皖东北办事处处长，开辟皖东北抗日根据地。12 月，任新四军游击支队第四总队总队长兼政委，开辟苏皖边区敌后抗日根据地。1940 年 8 月，任八路军第五纵队第三支队司令员，率部挺进淮海、盐阜地区，开辟苏北抗日根据地。1941 年皖南事变后，任新四军第三师第九旅旅长、副师长

兼苏北军区副司令员。1942 年 12 月，任第三师副师长兼第八旅旅长、政委，兼盐阜军分区司令员、政委及盐阜地委书记，统一指挥盐阜地区的反"扫荡"斗争。1944 年 9 月，任新四军第四师师长兼淮北军区司令员。解放战争初期，任华中军区副司令员、中共中央华中局委员。1948 年底，任第三野战军前线委员会委员。组建中国人民解放军海军部队，任华东海军司令员兼政委。新中国成立后，张爱萍历任中国人民解放军副总参谋长、国防部部长、国防科委副主任、国防工业办公室副主任、中央专委委员兼办公室副主任、中央军委委员等职务，主持国防科技、装备和国防工业工作，组织领导"两弹一星"协作会战，为新中国的国防事业作出巨大贡献。

1955 年被授予上将军衔，曾获一级八一勋章、一级独立自由勋章、一级解放勋章、一级红星功勋荣誉章。是中共第八届候补中央委员，第十一、十二届中央委员，第一至三届国防委员会委员。中央顾问委员会常委。主要著作有《张爱萍军事文选》。

4. 张震

张震（1914—2015），原名张见生，别名张祖寿，又名张中天，湖南平江县人，是中国共产党的优秀党员，久经考验的忠诚的共产主义战士，无产阶级革命家、军事家，中国人民解放军的卓越领导人。

1926 年在家乡参加劳动童子团，任副团长。1928 年参加少年先锋队，曾两次参加平江扑城暴动。1930 年 4 月加入中国共产主义青年团，7 月转为中国共产党党员。同年 5 月参加中国工农红军，曾任红三军团宣传队队长、连政治指导员、营长，参加了中央苏区第一次至第五次反"围剿"作战。1934 年 10 月随中央红军主力长征。1936 年任红一军团第四师第十二团参谋长，参加了山城堡战役。1937 年 1 月至 8 月，在中国人民抗日军事政治大学第二期学习。后调任八路军总部参谋、八路军驻晋办事处科长，协助彭雪枫对阎锡山等开展抗日民族统一战线工作。1938 年 2 月，赴河南确山竹沟，任中共河南省委军事部参谋长。1938 年 9 月底，任新四军游击支队参谋长，协助司令员彭雪枫率

张震

部从竹沟誓师东征。先后任新四军第六支队参谋长兼豫皖苏保安司令部司令员，八路军第四纵队参谋长，新四军第四师参谋长，第十一旅旅长兼淮北路西军分区司令员。解放战争期间，张震任华中野战军第九纵队司令员兼政治委员，华东野战军第二纵队副司令员、第一兵团参谋长，第三野战军参谋长，华东军区兼第三野战军参谋长。新中国成立后，曾任中国人民解放军第二十四军代军长兼政治委员，中国人民解放军军事学院院长，武汉军区副司令员，中国人民解放军副总参谋长，中国人民解放军国防大学校长，中央军委副主席等职。

张震是中共第十一届中央候补委员，第十二、十四届中央委员。中央顾问委员会委员。1955 年 9 月被授予中将军衔。1988 年 9 月被授予上将军衔。曾荣获二级八一勋章、一级独立自由勋章、一级解放勋章。

5. 吴芝圃

吴芝圃（1906—1967），原名殿祥，字芝圃，河南杞县人。1925

吴芝圃

年加入中国共产主义青年团，同年秋，受党组织派遣回杞县领导农民运动，年底加入中国共产党。大革命失败后，先后到睢县、扶沟、永城、兰封、偃师、洛阳等地，以教书为掩护，秘密从事革命活动。1937年9月中共河南省委重新建立后，任省委委员、豫西特委书记。1938年5月，任豫东特委书记。他依靠睢县、杞县两个中心县委，以党领导的抗日武装为基础，联合地方势力，成立豫东抗日游击第三支队，任支队长，在睢、杞、太（康）、通（许）县接合部开展抗日游击活动。同年10月，第三支队与彭雪枫领导的抗日队伍整编为新四军游击支队，彭雪枫任司令员兼政委，吴芝圃任副司令员。随游击支队主力东进豫皖苏边区后，先后任边区党委副书记、书记。1939年1月上旬，率支队第三大队及特务连回师睢杞太地区，在地方党组织和抗日武装配合下接连出击日、伪、顽、匪，争取杞县地方武装500余人编入新四军游击支队第三团。1940年12月，发生"耿吴刘事件"，他奉命处理事件，争取部分受骗的干部和战士重新回到革命队伍。1946年冬，国民党反动派向豫皖苏根据地发动全面进攻。他与张国华率领一部分武装到豫东地区，把水东地委与津浦路西八地委合并，重建了豫皖苏区党委和军区，张国华任司令员，吴芝圃任政委兼区党委书记。至1948年夏，豫皖苏区已扩大到陇海路以南、淮河以北、津浦路以西、平汉路以东的广阔地带，武装力量由3个军分区发展到8个军分区，有力地支持和配合了刘邓大军挺进大别山，为淮海战役和解放军渡江创造了有利条件。

新中国成立后，任中原临时人民政府副主席，河南省人民政府副主席、主席，河南省省长，中共河南省委第二书记、第一书记，河南省军区政治委员，中共中央中南局书记处书记，中共第八届中央委员。

6. 萧望东

萧望东（1910—1985），原名萧惠存。江西庐陵（今吉安）人。1927年11月加入中国共产主义青年团，1929年转为中国共产党党员，同年参加中国工农红军。曾任红三军师教导队、军教导大队政治委员，红一军团无线电队、卫生部政治委员。参加了中央苏区历次反"围剿"和长征。1936年红一方面军东征山西时，奉派任河东游击支队政治委员，在主力红军回师陕北后率部就地独立坚持游击战争。1937年2月入抗日军政

萧望东

大学第二期学习，任二队党支部书记。全民族抗日战争爆发后，调鄂豫皖边红二十八军工作，任军政治部主任，新四军第四支队政治部主任。1938年参与组建新四军抗日先遣大队，任大队长兼政治委员，率部挺进河南睢（县）、杞（县）、太（康）地区开展游击战争，成为豫东敌后抗战有名的"萧大队"。1939年后，历任新四军第八支队、八路军第四纵队政治部主任，新四军第四师、第二师兼淮南军区政治部主任。解放战争初期，任淮南军区政治委员兼中共淮南区委书记，山东军区第七师政治委员。1947年2月，在莱芜战役中指挥所部抢占绵

阳关，对战役全胜起了积极作用。4月起，任华东野战军第十纵队政治部主任、副政治委员，第三野战军第十兵团政治部主任，参加沙土集、陇海路破击战、豫东战役、济南战役等。1949年3月，出任中共苏北区委和苏北军区书记、政治委员，全力以赴组织军民展开渡江战役船只、资材等准备工作，为渡江战役胜利作出贡献。

1955年被授予中将军衔，获二级八一勋章、一级独立自由勋章、一级解放勋章。1988年获一级红星功勋荣誉章。中共第十一届中央候补委员、中央军事委员会委员，中共十二大、十三大中央顾问委员会委员；第一、二届全国人大代表，第三届国防委员会委员。

7. 谭友林

谭友林（1916—2005），湖北江陵人，原名谭有林。1930年7月加入中国共产主义青年团，1934年春转为中国共产党党员。1930年10月参加中国工农红军，在湖北石首洪湖军校学习。1934年3月任红三军政治部青年干事，独立营政委。1935年2月任红六师第十七团政委。1935年秋任红二军团第五师政委，参加了长征。1936年7月任红二方面军第三十二军第九十六师政委。1937年1月入延安抗日军政大学学

谭友林

习。抗日战争时期，1938年任河南确山竹沟留守处教导队队长兼政委，新四军游击支队政治部副主任。1939年1月兼任游击支队第二团政委。1939年12月任新四军游击支队第三总队政委。1940年7月任八

路军第四纵队第六旅旅长。1941年1月任第十二旅旅长。1941年4月入延安中共中央党校学习。是党的七大代表，代表新四军第四师参加了党的第七次代表大会。解放战争时期，1945年任松江军区第四（哈北）军分区司令员、第三五九旅副旅长。1946年任合江军区第一（勃利）军分区副司令员、司令员。1947年8月后任东北民主联军独立第二师政委、东北野战军第十二纵队第三十四师政委、中国人民解放军第四十九军第一四五师政委。1949年4月任第三十九军副军长。新中国成立后，历任中国人民志愿军第三十九军副军长、东北军区公安部队副司令员、沈阳军区公安部队司令员、新疆军区副司令员、乌鲁木齐军区政委，兰州军区政委、军区党委书记，中央顾问委员会委员等。

　　1955年授予少将军衔，荣获一级八一勋章、一级独立自由勋章、一级解放勋章、一级红星和功勋荣誉章、朝鲜民主主义人民共和国授予的一级自由独立勋章。

8. 滕海清

　　滕海清（1909—1997），安徽省金寨县人。1929年参加霍山游击队，次年返回家乡参加苏维埃运动，任赤卫大队大队长。1930年8月带领30余名赤卫队员参加中国工农红军。1931年2月加入中国共产党。先后任红四军第十师班长、副连长、连长、师部通信队排长。参加了鄂豫皖苏区反"围剿"和双桥镇、黄安、商潢、苏家埠等战役，作战英勇顽强，多次负伤。1932年10月，随红四方

滕海清

面军主力撤离鄂豫苏区西征入川，参加开辟川陕苏区的斗争和反"三路围攻"、反"六路围攻"作战，曾任巴中游击大队大队长兼政治委员，红三十军连指导员、营教导员。长征到陕北后，任红四军第十师第二十八团政治委员。抗日战争期间，任八路军第一二九师第三八五旅教导大队大队长。1938 年 3 月入延安抗日军政大学学习，毕业后奉派到新四军，任游击支队第二大队大队长兼政治委员。1939 年 1 月曾指挥所部首战芦家庙，迅速打开皖北地区抗战局面。此后历任游击支队第二团团长，八路军第四纵队第五旅旅长，新四军第四师第十一、第九旅旅长，率部参加了豫皖苏抗日根据地反"扫荡"斗争和山子头、小朱庄、保安山、宿南、睢宁等战役战斗，大力推进敌后根据地建设，为争取抗日战争胜利屡立战功。抗日战争胜利后，率第九旅由淮北进入鲁南，划归山东野战军建制，任山东野战军第二纵队第九旅旅长，后任华东野战军第二纵队第六师师长、第十三纵队副司令员、第二纵队司令员，第三野战军第七兵团第二十一军军长。参加了宿北、鲁南、莱芜、孟良崮、济南、淮海、渡江等战役。新中国成立后，继任第二十一军军长并兼政治委员，曾指挥所部解放舟山群岛，尔后担负浙东、浙南和闽北地区的剿匪和海防任务。1951 年入军事学院高级系学习，毕业后留任高级系一班副主任兼党支部书记。1954 年 6 月起任军事学院高级系副主任、政治部副主任、战役法教授会副主任。翌年调任石家庄高级步兵学校校长。1961 年起任北京军区副司令员、北京军区副司令员兼内蒙古军区司令员和内蒙古自治区革委会主任、济南军区副司令员。1987 年离职休养。

滕海清是中共八大代表，中共第九届中央委员，第四届全国人大代表。1955 年授予中将军衔，获二级八一勋章、一级独立自由勋章、一级解放勋章。1988 年获一级红星功勋荣誉章。

9. 高峰

高峰（1914—1970），原名高文彬，又
名高凌云、高啸平，江苏淮阴人。1938年2
月参加革命，5月加入中国共产党，后到延
安抗大学习，毕业后被分到河南省宋克宾
部做友军工作，年底调任中共永城县委委
员。1939年2月调到亳县开展抗日救亡活
动，任亳县抗日工作团团长。1939年5月，
亳城沦陷后，遵照中共豫皖苏边省委的指
示，在亳城南古城集，与汪笑生（汪振华）、
丁静之秘密建立中共亳县委员会，任县委

高峰

书记。县委成立后，依托动委会、工作团合法组织，利用国民党各派
系之间的矛盾开展统战工作，团结争取国民党亳县县长俞肇兴等爱国
人士，推动亳县的抗日救亡工作，宣传党的抗日主张，举办保甲长训
练班，培养和发展了一批党员和抗日骨干。1939年底至1940年初，国
民党顽固派掀起第一次反共摩擦，县委根据区党委指示，将大部分共
产党员和抗日工作团员转移至涡河以北，开辟亳县抗日根据地。1940
年4月，在观音堂成立亳北抗日独立大队和亳县涡北办事处，高峰兼
任大队长和政委。10月，亳县抗日民主政府成立，高峰任县长。1941
年初，国民党顽固派发动第二次反共摩擦，领导亳县独立营配合新四
军第四师第十八团，开展武装斗争，保卫了根据地。5月，新四军第四
师及豫皖苏区党委转移皖东北，亳县党、政、军随之东移。高峰到达
淮北区党委后，先后任洪泽县、泗阳县委书记，运河特区书记，夏邑
县委书记，华中八地委委员。解放战争爆发后，高峰调往华中五地委

工作，历任地委宣传部副部长、部长，社会部部长，分区政治部主任，地委副书记、书记。新中国成立后，曾任苏北区党委农委书记、组织部部长，中共江苏省委农工部部长、组织部部长，中共扬州地委第一书记，中共江苏省委宣传部部长、党校校长、统战部部长，中共江苏省委委员、常务委员等职。"文化大革命"中受到迫害。

10. 邵光

邵光（1916—2005），原名邵锦章，安徽蒙城县人。幼读私塾，1933 年春考入蚌埠乡村师范学校。在校期间，阅读进步书刊，加入进步组织，参加游行示威等抗日救亡活动，毕业后从事教育工作。全民族抗日战争爆发后，与李笑春赴西安八路军办事处，后到延安中国人民抗日军政大学第三期第三大队第七中队学习。1938 年 3月结业回到蒙城，4 月与马敦五组织蒙城青年救国团（后改称蒙城青年抗敌协会）。

邵光

5 月，日军攻陷蒙城。当年秋，邵光回到蒙城县城领导青抗会开展抗日救亡宣传活动。1939 年 3 月，任安徽省民众总动员会第十六委托工作团团长，成立抗敌小学，出版《前锋报》和《大家看》墙报，演抗日剧，唱抗日歌，宣传抗日救亡。1939 年 5 月，加入中国共产党，任中共蒙城县委委员，后任中共蒙城县工委书记。1940 年，袁传璧任国民政府蒙城县县长，青抗会被取消，蒙城县委撤退，邵光到区党委任萧宿永夏联合中学中队长兼指导员。新四军挺进淮上，随新四军东进，任中共宿蒙县工委书记、蒙城县板桥区抗日民主政府区长。1941 年 2 月，任蒙城县三义区抗日民主政府区长。5 月，随新四军东撤，途中留任宿怀蒙工委委员。1943 年春，任中共宿南区委书记，领导群众开展斗争。1944 年路西根据地恢复，任中共宿怀蒙县县长兼武装总队总队长。12 月，中共宿蒙县建立，任宿蒙县县长兼武装总队总队长。解放战争爆发后，宿蒙县委西撤，他任中共鹿亳太办事处主任。后宿蒙县恢复，任中共宿蒙县委书记兼县长。1948 年后，历任中共蒙城县委书记、中共阜阳地委宣传部部长、涡阳县委书记、淮南师范专科学校校长、淮南市政协副主席等职务。

11. 李晨

李晨（1915—1982），又名李亚士，安徽涡阳县人。幼随父习字，后到南京五卅中学读书。1934 年在家乡加入反帝大同盟。西安事变后，回乡组织抗日宣传。1938 年 2 月投奔延安时，经八路军西安办事处介绍，到陕西省泾阳县安吴堡战时青年训练班学习。结业后返回涡阳，途中加入中华民族解放先锋队。1939 年春参加涡阳县动委会，宣传抗日。同年 8 月，加入中国共产党，担任中共涡阳城中支部书记，团结进步青年开展抗日

李晨

宣传。经豫皖苏边区党委同意，担任国民党《涡阳日报》编辑。1940 年 3 月，李品仙下令解散各级动委会，李晨根据党的指示动员组织动委会和委托工作团等工作人员近百名到涡北新兴集参加了新四军，李

晨被安排到拂晓报社担任记者。1940 年 4 月，中共涡阳县委在涡北重新成立，李晨调涡阳县委负责统战工作。同年 7 月，涡阳县各界抗敌联合会（抗日民主政权）成立，李晨担任抗联会主任。1941 年 2 月 11 日，八路军第四纵队第六旅第十六团进占涡阳县城，涡阳县抗日民主政府成立，李晨担任县长。3 个月反顽斗争期间，李晨担任涡阳县抗敌自卫团团长。5 月，随新四军第四师转移津浦路东，任泗阳县委宣传部部长、敌工部部长。1944 年 8 月，新四军第四师誓师西进，收复路西豫皖苏边抗日根据地。同年 10 月，永涡县抗日民主政府成立，任县长兼县独立团团长。解放战争期间，雪涡、宿县两县合并为雪涡宿中心县委，两县政权合并成立雪涡宿联合办事处，任中心县委委员、联合办事处主任。1946 年 12 月 12 日，豫皖苏军区成立，任雪涡县委书记兼县长、县大队政委，逐步恢复建立地方各级民主政权。1947 年 9 月，奉命开辟涡南新区。10 月，豫皖苏六地委、六行署建立，任六行署副专员兼涡阳县委书记、县大队政委。1949 年 3 月，按照原区划，建立了阜阳地委、阜阳专署，李晨任阜阳专署副专员。南京解放后，任南京市委秘书处处长。1949 年 10 月任中共中央西南局干部大队支队长，后兼任中华全国总工会西南办事处政策研究室主任等职务。调到北京后，先担任外交部亚洲司副司长、第二亚洲司副司长。"文化大革命"期间受到冲击。

12. 耿演武

耿演武（1914—1983），曾用名耿忠纯，安徽亳州城东人，家中颇有资财。1937 年 12 月，耿演武投笔从戎，改名"演武"，报名参加第五战区抗敌青年军团。1938 年 8 月入延安陕北公学，学习毛泽东的《论持久战》《实践论》等著作。1939年2月，经新四军游击支队政治部主任萧望东介绍，回亳县参加抗日斗争，动员孙明哲、刘仲元、鲁博华、张开道、潘醒民等参加抗日工作团，任亳县工作团副团长。1939年4月加入中国共产党。1940年4月，亳北抗日独立大队成立，亳县委书记高凌云任大队长兼政委，耿演武任副大队长，主持大队工作。同年10月，亳北抗日独立大队改为亳北独立营。耿演武带领亳北独

耿演武

立营配合新四军第六支队英勇作战，攻打大寺伪区部，伪区长耿侠甫（系耿演武伯父）仓皇逃跑，躲进城里。1945年9月底10月初，耿演武调至商永亳县，任商五区委书记。1946年4月，耿演武根据县委指示组建李集、观堂区工委，任工委书记。9月间，国民党军队向华中八分区大举进攻，观堂区委书记周杰被害，两个区队合编为一个大队，鲁博华任大队长、耿演武任政委，配合主力战斗。1947年初，新四军收复雪商亳县，1947年12月至1948年7月，耿演武任雪商亳县县长，发动群众斗地主分田地，开展减租减息运动。1948年淮海战役前，耿演武离开雪商亳县到雪枫公学工作。淮海战役胜利后，耿演武随金陵支队南下，先后担任南京市办公厅政研室副主任、南京交通银行经理，南京交通管理局副局长、党组书记，南京第四人民医院总支书记兼院长。1961年7月，任上海邮电局医院总支书记兼院长。

13. 孙明哲

孙明哲（1911—1965），安徽亳县（今谯城区）人。10 岁开始刻苦读书，考入亳县县立初级中学。九一八事变爆发后，与同学组织抗日救亡宣传。1938 年 5 月 31 日，亳县县城沦陷后，临危不惧，积极参加抗日救亡运动，组织宣传队到亳县西部一些集镇进行宣传和募捐活动。1939 年，新四军游击支队东进豫皖苏敌后抗日，在亳县建立驻亳联络站，孙明哲找到联络站站长任泊生，参加了由共产党员高峰任团长的亳县抗日工作团。

孙明哲

1940 年 4 月，国民党头目胡金山、杨英杰等夜间发动暴乱，杀害多名共产党员，熟睡中的孙明哲也被带走。后趁暴乱分子不注意时逃脱，但很快又被外围的暴乱分子抓住。孙明哲经亲戚保释后，立即到县委汇报亳二区事件经过，使党组织避免了更大损失。1940 年冬至 1941 年春，国民党顽固派制造第二次反共摩擦，抗日根据地军民被迫东撤。孙明哲留下坚持地下工作，牵头成立中共亳县工作委员会。按照上级"保存实力、长期埋伏、待机而动"的指示，他和同志们自谋职业做掩护，潜伏下来。1944 年 11 月，中共亳县县委、县政府成立，中共亳县工委撤销。孙明哲继续在敌占区张集以教书为名做地下工作，并和其他地下党员组成秘密党支部。在此期间，孙明哲搜集大量的敌方情报送到县委，领导学生散发传单，贴标语，鼓励进步学生参加革命。亳县解放后，孙明哲历任亳县颜集区委书记、中共亳县县委常委、副县长，直到 1965 年 7 月去世。

14. 农超谋

农超谋（1914—1946），壮族，化名李德群，广西邕宁县人。8 岁入福田村私塾，后考入南宁高中，免试入广西大学深造。全民族抗日战争爆发后，参加广西学生军，奔赴安徽抗日前线。1939 年 7 月至 1944 年秋，农超谋历任安徽省立煌县政工队分队长、亳县政府秘书、抗日民主政府县长、亳北办事处主任，睢宁、灵北县县长等职。1945 年10 月，国民党蒋介石借国共两党和谈之机，向解放区运送兵员和物资，准备发动内战。

农超谋

灵璧县的高娄、九顶、朱集、冯庙、渔沟 5 个区的民兵、民工 3000 余人，组成突击总队，县长农超谋任政委，副县长江祥斋为总队长，配合主力部队到津浦铁路徐州—宿县段，扒毁路基，运走钢轨，并消灭夹沟伪军 80 余人，破坏敌人向解放区运兵计划。1946 年 7 月，国民党调集重兵进攻地处苏皖根据地外围的灵璧县，地委电告县委机关撤出灵城。为了迟滞敌人行动，农超谋带领 10 名便衣队员，深夜赶到灵东虞姬墓，动员民工 200 余人，破坏濉河桥梁，毁断泗、灵公路。后又带一个连活动在濉河南岸，因敌重兵"围剿"，队伍被迫于 11 月初撤到泗、灵、睢 3 县边境活动，与泗县、睢宁及五河县撤退的干部和地方武装会合，组成四县联防大队，农超谋任政委。联防大队组成后，即投入反"清剿"斗争，清除顽乡保长、还乡团、黑杀队等反动人员 100 余人。11

月中旬，敌对四县联防大队"清剿"更为加剧，在组织突围时，500人被俘，伤亡惨重。农超谋在前往运河东寻找领导机关途中被捕，后被活埋。1955年，泗洪县人民政府将农超谋遗骨迁葬于朱岗烈士墓，竖有水泥制墓碑。

15. 谢骙

谢骙

谢骙（1906—1944），原名谢家骙，字促信，广西宜山城关镇人。1929年进入张云逸在广西主办的军事学校学习。1937年全民族抗战爆发后，投笔从戎。1938年参加淞沪会战，在上海与日军作战时负伤，伤愈后返回广西，在桂系廖磊的第二十一集团军任职。1939年廖磊任安徽省主席时，他随廖至皖北，任第一三八师第四一四团团长兼第二营营长，驻防霍邱县叶家集。当时反动的霍邱县县长陈应生残酷镇压抗日力量，引起各界人士极力反对，共产党乘机发动群众控告陈不问因由非法捕人、杀人等罪行。陈应生被省政府撤职，谢骙由桂系第一三八师副师长赖刚和省政府科长李一冰保荐出任霍邱县县长，被中共霍邱县委发展为特别党员。他利用国民党县长的身份，积极为共产党工作。中国共产党组织暴动，成立新四军皖西游击队，谢骙任总队长。后因身份暴露，组织安排他入抗大四分校学习。1940年9月，谢骙调任淮上行署二科（民政）科长。1941年2月出任蒙城县抗日民主政府县长，经过3个月反摩擦斗争，谢骙率警卫连和政府工作人员，随新四军第四师转移到津浦路东。在蒙城的3

个月内，他扩充武装，开辟新区，配合四师张太生团作战，奔袭马家楼，歼灭国民党宿县流亡政府田迭波部 200 余人。1941 年 5 月东撤后，谢骥任皖东北保安司令部参谋长、淮北行署民政处处长。1943 年 1 月，出任泗阳县县长兼县总队队长，为加强县武装力量，第四师独立营改编为泗阳第七大队，谢骥兼任大队长，配合第四师第九旅作战，打击了顽军韩德勤部。1944 年 3 月下旬，日军先袭扰泗阳县界头集，又于 29 日向裴北庄一带回窜，谢骥率第七大队一部埋伏于杜墩一带进行伏击。激战中，因敌众我寡，谢骥与 6 名战士壮烈牺牲，时年 38 岁。其遗体葬于太平集东大橡树下，中共淮北区委副书记兼淮北行政公署主任刘瑞龙亲书墓志，立碑纪念。

16. 罗会廉

罗会廉（1913—1944），贵州普安县人。自幼聪颖好学，15 岁考入兴义县中学。1932 年入昆明昆华中学高中部读书。1934 年考入上海暨南大学土木工程系。在大学里，罗会廉受到党的影响，读了大量进步书刊。1936 年秋从暨南大学肄业，到淮南铁路工程处任职。全民族抗日战争爆发后，奔赴延安入中国人民抗日军政大学学习。1938 年加入中国共产党，被选送到中共中央革命军事委员会二局参谋训练班

罗会廉

接受短期培训。1939 年，罗会廉被派往豫皖苏边区任新四军游击支队侦察参谋。他积极培养侦察人员，开展侦察工作，建立情报网络，为

豫皖苏抗日根据地的创建与巩固作出了贡献。皖南事变后，罗会廉任新四军第四师四科代理科长，为策反国民党第一四二师第四二五团做了大量的工作，促成陈锐霆率部起义。1942 年 7 月，罗会廉任新四军第四师二科副科长，1943 年升任科长。1944 年 8 月，罗会廉随新四军第四师西进。短短 3 个月，就把豫皖苏边情报网络恢复起来，在收复津浦路西的斗争中发挥了重要作用。1944 年 12 月 2 日，罗会廉带领 6 名侦察员奉命到萧县执行任务，当晚住宿在永涡县石弓集南高楼庄。由于伪保长、匪首高仲法告密，驻地被宿西县临涣集的日伪军 300 余人包围。战斗中，罗会廉等打死日伪军 10 余人。战斗持续 1 个多小时，罗会廉等人全部壮烈牺牲。罗会廉牺牲后，新四军第四师和当地民众召开了隆重的追悼会，将罗会廉安葬在宿蒙县坛城乡王楼村（今属蒙城县）。

17. 周元

周元（1894—1938），字凯之，广西明江（今宁明县）人。幼年家境贫寒。16 岁离开家乡，投身反帝反清斗争。曾参加过护法战争、北伐战争，在革命战争中机智勇敢，屡立战功，由战士提升为班长、排长、连长，1925 年任营长。1930 年，周元任国民革命军团长，刻苦学习文化军事，与士兵同场操练，经常对士兵进行爱国主义教育。1931 年九一八事变后，周元义愤填膺，教育广大士兵一定要把日寇赶出中国。他还常教育子女，发奋读书，为国出力。1937 年七七事变后，周元任国民党第二十一集团军第一七三师少将副师长兼第五一七旅旅长，于 9 月中旬奉命北上抗日。出征前，妻子刘桂云去世，4 个孩子均由外婆抚养。临别时，周元教育孩子说："日军侵略我国领土，我们要把他们赶出国境，等着爸爸打胜仗回来。你们要听外婆的话，学好本领，将来报效国家。"1937 年 9 月中旬，周元奉命率部赶赴上海参加淞沪战役，身负重伤，部队嘉奖他"忠勇爱国"，升任他为中将副师长兼第五一七旅旅长。后转战安徽，驻防淮南田家庵。1938 年 4 月，国民党第五战区李宗仁部队在山东台儿庄重创板垣、矶谷师团，取得重大胜利。日军企图歼灭第五战区国民党军队，打通津浦线，纠集 13 个师团，

周元

共 30 余万人，包围徐州。李宗仁命令驻守淮河中游地区第二十一集团军第一七一师师长杨俊昌和第一七三师副师长周元，各率一团赶赴宿县、蒙城设防，阻击敌人，掩护主力撤退。5 月 5 日，日军侵犯怀远，随后沿蚌阜公路、涡河北岸向蒙城进发，企图攻占蒙城，夺取涡阳、亳县、商丘，切断陇海路线，包围李宗仁部队。当日，日军 18 架飞机轮番轰炸蒙城。5 月 6 日，周元率部在日军到来前强占蒙城。经 8 日、9 日、10 日 3 天激战，2000 多名战士战死，周元带领残部突围时壮烈牺牲，全团仅 16 人突围至凤台。周元牺牲后，蒙城建有周元墓和纪念塔。1985 年 5 月 21 日，中华人民共和国民政部追认周元为革命烈士。

18. 余亚农

余亚农（1887—1959），安徽寿县下塘集（今属长丰县）人。1904年考入安徽武备练军学堂，深受安徽陆军小学堂会办徐锡麟革命思想的启蒙。后入北京清河镇陆军第一中学、保定军官学校入伍生队学习。

余亚农

1910 年经吴禄贞介绍秘密加入同盟会，参加辛亥革命。南京临时政府成立后，柏文蔚任第一军军长，驻浦口、徐州一带，余亚农被推举为全椒民军司令，应聘为第一军训练处代理处长。

安徽老乡王亚樵对他非常敬重。王亚樵在上海创办斧头帮，郑抱真、华克之、余亚农、余立奎成为其手下"四大金刚"。斧头帮惩恶除奸，后来发展成为铁血锄奸团。余亚农在上海为王亚樵制造炸弹，在爆炸中不幸受重伤，被法租界巡捕逮捕，被关 3 个月，后经多方营救出狱，随后进入军界，出任国民联军第二军第八旅旅长。1927 年，国民联军被国民革命军收编，余亚农随方振武加入了蒋介石的中央军，任第三十四军第八十九师师长，驻守济南。1928 年 5 月 3 日，日军进攻济南，制造了震惊中外的"五三惨案"。当时，余亚农的第八十九师就驻扎在附近，因为没有接到出兵命令，余亚农只能眼看着济南百姓惨遭杀戮。这次惨案，日军共杀害了 1.7 万人，举国悲痛，余亚农痛不欲生，从此认清了蒋介石的真面目。1929 年，蒋介石扣押时任安徽省政府主席方振武，派整编第六师师长方策代理安徽省政府主席，准备解除余亚农的兵权。余亚农扣押了方策，告诉蒋介石：以方易方，不然就上山和你打游击。蒋介石不但没释放方振武，还派兵来追杀余亚农。余亚农带着部队上了湖北黄梅与安徽宿松交界的五祖山，和蒋介石打起了游击战。1935 年 11 月，他参与策划孙凤鸣刺杀蒋介石的活动，误将汪精卫枪击成重伤，蒋介石悬赏 50 万大洋捉拿余亚农。余亚农逃去香港，戴笠亲自带军统特务去香港捉拿，余亚农抄水路逃到李济深处。1936

年8月，余亚农带着李济深的介绍信去陕北，受到毛泽东、朱德、周恩来的亲自接见。按计划，余亚农准备去找王亚樵，带人一同赴延安参加抗日队伍。后王亚樵被戴笠杀害，余亚农大哭一场，带着愿意跟他走的兄弟一起去了延安。1938年，余亚农被桂系安徽省政府任命为安徽人民抗日自卫军第五路指挥，因跟新四军游击支队关系密切，被桂系军阀抓捕入狱，险些丧命。出狱后，他所领导的抗日人民自卫军第五路军被安徽省政府收编，他只好弃武经商。日军投降后，余亚农应中共中央华中分局书记邓子恢之邀，赴苏北与蔡蹈和、郑抱真等共商大计。回沪后，经沈钧儒、沈志远介绍，加入中国民主同盟，以民革名义开展兵运工作。1949年冬，余亚农在宁、沪、芜间进行策动国民党军队起义活动，协助解放军。新中国成立后，余亚农历任华东军政委员会委员、皖北政治协商委员会副主席、皖北行署监委会副主任、安徽省人民政府副省长等职。1959年去世前，根据其本人请求，中共安徽省委员会批准他为中国共产党正式党员。

19. 田丰

田丰（1887—1965），字惺凡，安徽涡阳县人，清末四川提督田振邦之子。早年从军，有强烈的爱国之心，曾加入中国同盟会，试图劝新疆巡抚袁大化独立、毅军左翼翼长马连溥举兵起义不成，协助广东省省长朱庆澜武装北伐未就，遂返涡阳隐居，在涡阳县开中药铺营生。1939年夏初，新四军游击支队在涡阳城建立联络站。联络站站长任泊生多次拜谒田丰，与之促膝交谈，给他讲解我党抗日方针与主张，还带去新四军游击支队出版的《拂晓报》、毛泽东的《论持久战》《为动员一切力量争取抗战胜利而斗争》等，令他深受感动。从此，田丰

田丰

常常帮助联络站做些力所能及的事情，接待、协助安排我党过往人员，为新四军购买药品、纸张等紧缺物资。1940年3月18日，田丰应邀到涡北抗日根据地参加抗日军政大学第四分校开学典礼，受到彭雪枫等支队首长的亲切接待和涡北抗日根据地军民、抗大四分校师生的热烈欢迎。他看到新四军官兵之间互相尊重的亲密关系和根据地军民亲如一家的欢乐景象，心情十分激动。在抗大四分校的开学典礼上，他眼含泪水说："我年老却不是腐朽的老顽固，我几十年来梦寐以求的是政治开明，民富国强，今天终于见到这样一片新天地。我仿佛重获新生！"1940年11月，日军再次侵占涡阳县城。日军为实施"以华治华"的阴谋，想利用田丰在涡阳的声望和号召力，派人劝说他出任涡阳县的"维持会长"。田丰听后沉默不语，待来人走后，毅然决然收拾行李，连夜赶到新兴集，参加了新四军，时年54岁。彭雪枫赞许他"年高气壮，报国心切，抗日意志坚强"。田丰参加新四军在豫皖苏边区产生了积极影响，一些地方贤达、民主人士纷纷加入新四军，参加地方政权建设。在根据地，田丰担任了豫皖苏边区联防委员会委员。1941年初，兼任新四军第四师参议。全国抗战胜利后，苏皖边区临时议会成立，田丰当选为参议长。新中国成立后，田丰先后任河南省人民政府行政委员兼司法厅厅长、河南省人民法院院长等。1957年5月，当选为政协河南省委员会副主席。

主要参考文献

（一）党史和地方志资料

1. 中共安徽省委党史工作委员会编：《安徽现代革命史资料长编》第三卷，安徽人民出版社 1995 年版。

2. 中国人民解放军历史资料丛书编审委员会编：《新四军·文献》（1），解放军出版社 1988 年版。

3. 徐则浩主编：《安徽抗战史》，安徽人民出版社 2005 年版。

4. 欧远方、童天星编：《淮北抗日根据地史》，中央文献出版社 1994 年版。

5. 《抗战风云》（安徽文史集萃丛书之四），安徽人民出版社 1987 年版。

6. 中国人民解放军陆军第二十一集团军编印：《新四军第四师大事记》，1989 年。

7. 中共亳州市委党史和地方志研究室：《中国共产党安徽省亳州历史》第一卷（1926—1949），中共党史出版社 2019 年版。

8. 中共亳州市谯城区委党史办公室著：《中国共产党谯城历史》第一卷，安徽人民出版社 2011 年版。

9. 中共涡阳县县委党史办公室编著：《中国共产党涡阳历史》第一卷（1919—1949），中共党史出版社 2013 年版。

10. 中共蒙城县委党史办公室编：《中国共产党蒙城地方史》第一卷，黄山书社 2006 年版。

11. 亳州市档案局、中共亳州市党史办公室编：《亳州党史文献选》，安徽人民出版社 1991 年版。

12.《亳州党史资料》，安徽人民出版社 1989 年版。

13. 亳州市地方志编纂委员会编：《亳州市志》，黄山书社 1996 年版。

14. 蒙城县地方志编纂委员会编：《蒙城县志》，黄山书社 1994 年版。

15. 涡阳县地方志编纂委员会编：《涡阳县志》，黄山书社 1989 年版。

16. 中共河南省委党史资料征集编纂委员会编：《豫皖苏抗日根据地》（一），河南人民出版社 1985 年版。

17. 中共河南省委党史资料征集编纂委员会编：《豫皖苏抗日根据地》（二），河南人民出版社 1985 年版。

18. 中共永城县党史办公室编：《永城县党史资料》第一辑，1982 年。

19. 中共商丘县委党史办公室编：《张岚峰其人》，1985 年。

20. 蒙城县党史办等编：《山河生辉》，2010 年。

21. 亳州一中校长办公室编：《亳州一中校史》，2010 年。

（二）传记和回忆录

22. 中共中央文献研究室编：《毛泽东年谱（1893—1949）》中卷，中央文献出版社 2002 年版。

23. 中共中央文献研究室编：《刘少奇年谱（1898—1969）》上卷，中央文献出版社 1996 年版。

24.《铁流万里》第一辑，新世纪出版社 1998 年版。

25. 刘健身主编：《铁流万里》第二辑，新世纪出版社 1998 年版。

26.《皖北烽火》，中央文献出版社 1995 年版。

27.《彭雪枫传》编写组：《彭雪枫传》，当代中国出版社 2004 年版。

28.《彭雪枫全传》，河南人民出版社 2008 年版。

29. 张胜：《从战争中走来：两代军人的对话》，中国青年出版社 2008 年版。

30. 程思远：《政坛回忆》，广西人民出版社 1983 年版。

31. 李品仙：《李品仙回忆录》，台湾中外图书出版社 1975 年版。

32. 何柱国口述，施文淇等整理：《何柱国将军生平》，中国文史出版社 1992 年版。

33. 胡秉璋：《记太湖、泗安、广德之战》，载《川军抗战亲历记》，四川人民出版社 1985 年版。

34.《徐州会战：原国民党将领抗日战争亲历记》，中国文史出版社 1985 年版。

（三）文史资料

35.《安徽文史资料》第九辑（1981 年）、第三十二辑（1989 年）。

36. 政协蒙城县委员会文史资料研究委员会编：《漆园古今》第二辑，1984 年。

37. 政协亳县文史资料研究委员会编：《亳县文史资料》第一辑，1984 年。

38. 政协亳县文史资料研究委员会编：《亳县文史资料》第二辑，

1985 年。

39. 政协亳州市文史资料研究委员会编：《亳州文史资料》第三辑，1987 年。

40. 涡阳县地方志编纂委员会办公室等编：《新四军第四师在涡阳》（《涡阳史志资料选编》第三辑），1983 年。

41. 政协商丘市委员会学习文史委员会编：《商丘文史资料》第三辑，2004 年。

42. 阜阳市政协文史资料委员会编：《阜阳文史》第十五辑，2012 年。

43. 政协安徽省涡阳县委员会文史资料委员会编印：《涡阳史话》第四辑，1986 年。

后　记

　　在纪念中国人民抗日战争暨世界反法西斯战争胜利 77 周年之际，中共亳州市委党史和地方志研究室编纂的《亳州抗战纪事》面世，这是亳州市深入挖掘地方党史资源，加大党史编研力度的又一重要成果，是新时期开展"四史"宣传教育的有效载体，是很好的党史教材和党史普及读物，必将对全市党员干部、青少年和广大读者坚定理想信念、赓续红色血脉、传承红色基因起到积极的促进作用。

　　全书以亳州抗战史实为时代背景，以彭雪枫带领的新四军在亳州建立的丰功伟业为主线，全景式、多角度地展示亳州抗战历史，对关系密切、影响全局的区外抗战史实有适量的延伸，以便读者对豫皖苏边区抗战的历史有个整体的把握，同时尽可能用比较宽的视角、客观的态度，全面地回顾发生在亳州大地上的抗日斗争，展示亳州抗战历史的风云变幻，重温亳州军民在中国共产党领导下，团结奋战，共御外辱，前赴后继，不屈不挠用鲜血和生命抵抗日本侵略者的英雄篇章。

　　在编写过程中，中共亳州市委党史和地方志研究室组织人员精心谋划，认真编写。时明金、张峡多次审定方案，严格把关，李之平反复修改，几易其稿。同时特聘魏腾飞副研究馆员执笔，感谢他为本书付出的汗水与心血。有关党史专家、学者也提出宝贵意见，在此表示诚挚的谢意。

由于编者水平有限，书中难免有疏漏和不妥之处，恳请广大读者给予批评指正。

编　者

2022 年 7 月